海外遗民竟不归
——明遗民东渡研究

韦祖辉 著

2017年·北京

图书在版编目（CIP）数据

海外遗民竟不归：明遗民东渡研究 / 韦祖辉著. —北京：商务印书馆，2017
ISBN 978-7-100-14687-6

Ⅰ.①海… Ⅱ.①韦… Ⅲ.①中国历史－研究－明代 Ⅳ.①K248.07

中国版本图书馆CIP数据核字（2017）第162494号

权利保留，侵权必究。

海外遗民竟不归
——明遗民东渡研究
韦祖辉 著

商 务 印 书 馆 出 版
（北京王府井大街36号 邮政编码100710）
商 务 印 书 馆 发 行
三河市尚艺印装有限公司印刷
ISBN 978-7-100-14687-6

2017年10月第1版　　开本 880×1230 1/32
2017年10月第1次印刷　印张 9 1/2
定价：38.00元

自 序

东渡日本的明遗民，多才多艺，他们推动了德川幕府时期日本文化的发展，是中日两国文化交流史上的重要组成部分。

有关明遗民东渡日本的问题，日本保存的资料最为丰富，日本学者论述比较多，但除中村久四郎在《史学杂志》上发表的《近世中国对日本文化的势力和影响》比较全面、详细外，其他都过于简要，专题探讨性著作更为少见。我国这方面的资料甚少，20 世纪 30 年代以来有些学者也撰写过文章，但大多局限在几个人物的事迹上。那么，我是怎样撰写这本书的呢？

此事要追忆到谢国桢先生逝世后不久，即 1982 年深秋，中国社会科学院历史所接到我驻日大使符浩先生签署使馆转来名古屋市张礼吉先生信，询问其始祖张振甫为崇祯太子的说法能否成立。历史所原明史室副主任刘重日先生授权我回复，我在查阅资料基础上，写出书面否定性意见。此事使我对明遗民东渡日本的课题产生了兴趣。日本名古屋市张礼吉先生函询的问题，是日本几十年来悬而未决的疑案。据 1938 年 3 月 2 日名古屋消息，"日本贵族院议员赤池浓氏曾查得中国明朝亡国后有王子东奔日本，受德川四代将军家纲的庇护，改姓张氏，任为尾张藩御典医官，并特准骑马登城。更赐给名古屋市千种区锅屋町之墓地，子孙辈辈仕尾张藩"①，此"改姓张氏"、"任为尾张藩御典医官"的"王子"，即指张礼吉先生始祖张振甫。1984年台湾中华书局出版徐尧辉先生专著《明太子、福王亡命在日本》，系统论证张振甫就是崇祯太子朱慈烺，似乎解决了搁置多年的悬案。但是，后来我有机会拜读了该书，认为徐尧辉先生论点颇难成立，遂写质疑性文章，并在台湾学术刊物发表。

多年来，我研究明遗民东渡日本的课题，相继写成《明遗民东渡述略》(《明史研究论丛》1985年第3辑)、《高寿觉寓日归明考》(《中国史研究》1986年第2期)、《〈明太子、福王亡命在日本〉献疑》(台湾《历史月刊》1988年第3期)、《朱舜水思想剖析》(《明史研究论丛》1991年第5辑)、《朱舜水与日本德川时代惺窝学派分化》(《中国史研究》1992年第2期)、《隐元与日本黄檗宗》(1995年陈智超、韦祖辉、何龄修编《旅日高僧隐元中土来往书信集》附录)、《明清社会变动和明遗民东渡日本》(《清史论丛》1995年)、《日本应郑成功请求大举出兵新证》(《明史论丛》1997年)，以上工作为撰写本书奠定了基础。应该指出，我的同事陈智超兄为了编排曹洞宗旅日高僧心越诗文集，1993年在宇治万福寺看到中土僧、俗致隐元书信原件。翌年由他领头、我与何龄修兄参加，共同对隐元收到的百余通书信影印件逐一整理注释，这使我获益匪浅，并为本书充实了不少颇有价值的史料。还应该指出，我的同事、原明史室副主任王春瑜兄很重视这个课题，给予我不少帮助和鼓励，在他督策下撰写此书，取名为《海外遗民竟不归——明遗民东渡研究》。

---

① 见《日本研究》1945年第4卷第4期彭鉴《二千年来中国遗民归化日本者之一考察》文内援引之资料。

明遗民东渡日本，为何能对日本文化产生影响呢？实际上这是关系到明代政治、文化的大问题，本书不惜笔墨分析有明一代政治、文化发展演变，意在论证明遗民多闻博学，其精神文化素质形成不是偶然的。明遗民问题，也是南明史研究一大课题，本书结合南明历史不同时期背景，揭示明遗民东渡前期、高潮、低潮三个时期特点，意在说明这是明清鼎革之际一种重要的社会政治和社会文化现象。"海外遗民竟不归，老来东望泪频挥。终身耻食兴朝粟，更胜西山赋采薇"①，本书力图说明他们作为中日两国文化交流使者，传播明代中国文化，在德川幕府时代日本文化领域产生了深远的影响。

　　本书舛误之处，企盼斧正。

2011 年夏天记于北京亚运村

---

① 黄遵宪：《日本杂事诗》。

目 录

第一编　明遗民精神文化素质和东渡日本的桥梁

第一章　明遗民精神文化素质的形成 3
　　第一节　明初鼎盛期文化教育和学术思想特点 3
　　第二节　明中衰时期文化教育和学术思想特点 10
　　第三节　明极衰时期文化教育和学术思想特点 15
　　第四节　明遗民精神文化素质 20

第二章　明遗民东渡日本的桥梁 26
　　第一节　明代中日关系 26
　　第二节　明遗民东渡日本的桥梁 34

第二编　明遗民东渡日本

第一章　"天远海空阔，人在一浮桴"
　　——明遗民东渡日本前期（1644—1650 年）..................41
第一节　时代背景..................41
第二节　明遗民东渡日本情况..................46

第二章　"任浮沧海去，心事付东流"
　　——明遗民东渡日本高潮期（1651—1661 年）..................60
第一节　时代背景..................60
第二节　明遗民东渡日本情况..................65
第三节　代表人物..................81

第三章　"大海无边圻，扁舟何处收"
　　——明遗民东渡日本低潮期（1662—1683 年）..................99
第一节　时代背景..................99
第二节　明遗民东渡日本情况..................103
第三节　代表人物..................123

第三编　明遗民对日本精神文化影响

第一章　朱舜水对日本学术思想影响 137
　第一节　朱舜水学术思想 137
　第二节　从藤原惺窝到朱舜水看德川幕府时期
　　　　　学术思想变化 151

第二章　明遗民对日本佛教影响 170
　第一节　明遗民东渡前日本临济宗、曹洞宗状况 170
　第二节　"广集龙象，大振纲宗" 173
　第三节　"只将一滴曹源水，随处为霖遍刹尘" 195

第三章　明遗民对日本医药学发展影响 209
　第一节　戴曼公、化林性英与日本医学 210
　第二节　明遗民与日本本草学 219

第四章　明遗民对日本艺术发展影响 227
　第一节　明遗民与日本书法、绘画艺术 228

第二节　明遗民与日本园林建筑 242
　　第三节　其他 249

附　录 268
　　高寿觉寓日归明考 268
　　《明太子、福王亡命在日本》献疑 273

参考文献 286
后　记 292

第一编 明遗民精神文化素质和东渡日本的桥梁

明遗民继承了其前辈的实学思潮，批判程朱传注，博学多闻，是明代政治、文化发展演变的结晶。浙江宁波、福建厦门等港口和日本长崎，是明遗民东渡日本的桥梁。

第一章
明遗民精神文化素质的形成

所谓明遗民，是指自明朝崇祯皇帝朱由检自缢煤山至清朝康熙皇帝爱新觉罗·玄烨统一台湾时期内，忠于明室的有文化修养的缙绅士大夫。这个阶层的出现，乃是明清动荡之际一种重要的社会政治和社会文化现象。明遗民多才多艺，他们对清初政治、文化产生着重要影响；他们中间有不少人亡命日本，对日本人民精神文化也产生了重要影响，其产生的影响力之大小，是由明遗民精神文化素质高低所决定的。可见，明遗民精神文化素质，是不可忽视的研究课题。它是有明一代固有的政治、文化发展演变的结晶，与明王朝的盛衰和明代文化教育、学术思想的发展有着密切关系。

第一节　明初鼎盛期文化教育和学术思想特点

明朝初年，明太祖朱元璋抱济世安民之志，创立法度，注重农桑，经明成祖朱棣继承，及至明仁宗朱高炽、明宣宗朱瞻基休养生息，这一时期（1368—1435年）国势鼎盛，仓廪赡足，生齿繁殖，吏治清明，社会安定。明太祖朱元璋、明成祖朱棣，为了与当时政治、经济发展相适应，都非常重视文化教育，注意制科取士。但一直被史学界忽视的是，洪武与永乐时期文化教育的内容是有差异的。

朱元璋称帝后注重收藏、阅读经史书籍，注重教育皇室成员，故"命有司访求古今书籍，藏之秘府，以资览阅"①，"洪武初，建大本堂，聚古今图书。……延四方名儒，教太子、亲王，分番夜直"②。朱元璋认为，"治国以教化为先，教化以学校为本"③，所以他十分重视兴办学校，培养人才。当时学校京师设国子监，地方设府、州、县学，此外还有社学、私塾等。各类学校课程主要有四书、五经等。洪武时代儒臣，如刘基、宋濂、叶琛、章溢、汪克宽、朱升、詹同、徐一夔、梁寅、刘三吾等人，都是元代遗留下来的人才，大多是朱熹学派传人，受到朱元璋重用。朱元璋对待经书可贵之处在于，他既看重汉唐以来古注疏，又没有片面推崇宋代程颐、朱熹传注，因此当时程朱理学并没有占据统治地位。如洪武三年（1370）开设科举，公布由朱元璋、刘基制定的《科举条例》，明确规定考试五经，"体用排偶，谓之八股，通谓之制义"④，各试本经一道，都保留古注疏，不偏重程朱传注，即：

《易》，程朱氏注、古注疏；《书》，蔡氏传、古注疏；《诗》，朱氏传、古注疏；《春秋》，左氏、公羊、穀梁、胡氏、张洽传；《礼记》，古注疏。四书义一道。⑤

---

① 余继登：《典故纪闻》卷1。
② 郑晓：《今言》331条。
③ 《明史》卷69《选举志一》。
④ 《明史》卷70《选举志二》。
⑤ 谷应泰：《明史纪事本末补编》卷2《科举开设》。

洪武十七年（1384），朱元璋命礼部颁行《科举条例》，仍然明确"五经皆主古注疏，不专宋儒"①，此即后代人所说："国初，朱注与古注疏同颁学宫，未尝定为一说"②，这是有利于当时经学继续发展。洪武十年（1377）朱元璋觉察到朱熹门人蔡沈《书集传》有误，就命刘三吾等人校订，书成《书传会选》。当时类似成果甚多，如朱升《周易旁注图说》、朱善《诗解颐》、张以宁《胡传辨疑》、石光霁《春秋钩元》、项霦《孝经述注》、蒋悌生《五经蠡测》、史伯璿《四书管窥》等学术著作就是例证。洪武时文化教育就在这一大背景下起步并健康发展起来，诚如《明史》卷69《选举志一》所说："盖无地而不设之学，无人而不纳之教。庠声序音，重规叠矩，无间于下邑荒徼，山陬海涯。此明代学校之盛，唐、宋以来所不及也。"洪武时文学艺术成就，有罗贯中《三国演义》、施耐庵《水浒传》长篇章回体小说，书法以宋克、宋璲、宋广最为著名，尤以宋克成就最高，开明代真、草书法艺术风气之先。

进入永乐年代，洪武耆儒饱学者大多丧亡，朱棣称帝后并非缺乏经学人才。如解缙幼年颖敏，洪武二十一年（1388），十九岁举进士，授庶吉士，上书万言对学术发展提出具体建议，建文帝时为翰林待诏，"删定《礼经》，凡例皆已留中"③。奇怪的是解缙在永乐年代官至侍读学士，却在经学方面没有任何作为，这是因为永乐时代文化教育"靖难"政治色彩极浓。朱棣"靖难"举兵，血腥杀害建文皇帝臣僚及其家属，少者一族，多者三族、五族，受戮最惨烈的是方孝孺，株连其亲友近九百人，即所谓"十族诛"。这是史无前例的暴行，引起

---

① 谈迁：《国榷》卷8。
② 焦竑：《焦氏笔乘续集》卷3《注疏》。
③ 《明史》卷147《解缙传》。

平民百姓的强烈不满。建文四年（1402）七月初一日，朱棣即位颁诏革除建文年号，是以：

> 漳州府教授茂名陈思贤闻诏至，曰："明伦正在今日"，率诸生伍性原、陈应宗、林珏、邹君默、曾廷瑞、吕贤，为旧君位，哭临如仪。郡人执思贤入京，死之。诸生皆以身殉国。①

漳州府学陈思贤教授率诸生"明伦"，谴责朱棣灭人伦，痛切追悼建文帝，这是朱棣称帝后非常严重的政治事件，直接危及朱棣的统治地位。故朱棣对陈思贤等师生采用镇压手段后，为了掩盖其弑帝的叛逆行径，他称帝后立即删改《太祖实录》，废弃经书详于度数和考证的汉唐古注疏，独尊强调义理的宋儒程朱传注，以束缚诸生独立思考能力，来巩固永乐政权所谓的"合法性"。因此永乐元年（1403）八月乡试、永乐二年（1404）二月会试，五经试题都是废弃古注疏而独主程朱传注，并于永乐二年二月修改国子监洪武时代不专主程朱传注的经书印版②。朱棣此举，遭到学者反对。永乐二年七月，"鄱阳儒士朱季友献所著书，专毁濂、洛、关、闽之说。上曰：'此儒贼也'，焚其书，罪之。"③。朱棣此举，实际是为后来成书《四书大全》、《五经大全》奠定了基调。

严格来说，永乐与洪武年间文化教育内容的差异，是以《四书大全》、《五经大全》成书为分界线的。翰林院学士胡广及侍讲杨荣、金幼孜根据明成祖朱棣旨意，于永乐十三年（1415）编成《四书大全》、

---

① 谈迁：《国榷》卷12。
② 参见谈迁：《国榷》卷13。
③ 查继佐：《罪惟录》帝纪卷3。

《五经大全》。《明史》说："永乐间，颁《四书五经大全》，废注疏不用。其后，《春秋》亦不用张洽《传》，《礼记》止用陈澔《集说》。"① 四书本来是朱熹首定书名，永乐与洪武时代不同，宋、元以来诸多阐述四书经义书籍均废弃掉了，胡广等人根据元代学宗、朱熹五传弟子倪士毅的《四书辑释》剽窃成《四书大全》，成为永乐以后明朝历代"取士之制者也"②。所谓《五经大全》，是《春秋大全》、《诗经大全》、《礼记大全》、《周易大全》、《书传大全》合称。《五经大全》废弃古注疏，取代洪武年间五经，这是明代文化教育史上的大退步，也导致了明代科举考试史和学术思想史上的退步。试作如下分析：

第一，洪武时《春秋》，除有《左传》、《公羊》、《穀梁》，还有郑玄、杜预、陆淳等古注疏，还有宋代程颐传人胡安国《春秋传》、朱熹传人张洽《春秋集注》，均成为当时科举考试《春秋》的内容依据。元末汪克宽根据胡安国《春秋传》编撰《春秋胡传附录纂疏》，入明后参修《元史》，死于洪武五年（1372）。没有想到，胡广等人名为纂修，实际是完全抄袭汪克宽《春秋胡传附录纂疏》，编成《春秋大全》。《春秋大全》废掉古注疏，所采诸说完全根据汪克宽《春秋胡传附录纂疏》中胡安国传注定夺，而不考论其是非，张洽《春秋集注》遂废而不用。所以，永乐以后明朝历代科举考试以《春秋》经文命题，实际是以胡安国传注立义，"使《春秋》大义日就榛芜"③。

第二，洪武时《诗经》，汉、唐以来有毛亨、郑玄、陆玑、孔颖达等人注疏，宋代朱熹《诗集传》都被朱元璋采用，成为当时科举考试的内容依据。本来，元代刘瑾根据朱熹《诗集传》撰成《诗传通

---

① 《明史》卷70《选举志二》。
② 《四库全书总目》卷36《经部·四书类二·四书大全》提要。
③ 《四库全书总目》卷28《经部·春秋类三·春秋大全》提要。

释》，明代胡广等人名为编撰，实际完全抄袭刘瑾《诗传通释》，编成《诗经大全》。《诗经大全》废掉古注疏，"采刘瑾之说太滥，犹未究其源也"[1]，遂成为永乐以后明朝历代科举考试《诗经》之依据。

第三，洪武时《易经》，采用程颐《易传》、朱熹《周易本义》，并采用汉、唐以来郑玄、王弼、韩康伯、李鼎祚等人古注疏，成为当时科举考试的内容依据。胡广等人所编《周易大全》，是根据董楷、胡一桂、董真卿、胡炳文阐述程颐《易传》、朱熹《周易本义》的著作，"杂为抄录"[2]成编，是"庞杂割裂之书，所言亦不尽可据也"[3]。

第四，洪武时《礼记》，采用汉郑玄注、唐孔颖达疏，成为当时科举考试的内容依据。本来《礼记》郑玄注皆有证据，向来被后人重视，如元代"行科举法，定《礼记》用郑玄注。故元儒说礼，率有根据"[4]。朱棣"靖难"弑帝，为礼所不容，故胡广等人根据朱棣旨意，所编《礼记大全》"始废郑注，改用陈澔《集说》，礼学遂荒"[5]。《礼记大全》所以改用元人陈澔《礼记集说》，是因为该书内容浅显，不知度数和礼制证据，更宜于朱棣避讳其悖逆行为。其结果是明代"礼学遂荒"，《礼记》研究逐渐荒芜。

第五，洪武时《尚书》，宋蔡沈《书集传》，汉唐孔安国、王肃、陆德明、孔颖达等古注疏，都被朱元璋采用，成为科举考试的依据。后来朱元璋发现朱熹门人蔡沈《书集传》有误，命刘三吾等人校订，

---

[1] 《四库全书总目》卷16《经部·诗类二·诗经大全》提要。
[2] 《四库全书总目》卷5《经部·易类五·周易大全》提要。
[3] 《四库全书总目》卷6《经部·易类四·周易本义通释》提要。
[4] 《四库全书总目》卷21《经部·礼类三·礼记正义》提要。
[5] 《四库全书总目》卷21《经部·礼类三·礼记正义》提要。

于洪武二十七年（1394）成书《书传会选》，取代了蔡沈《书集传》。胡广等人所编《书传大全》，主要内容来自元代阐述蔡沈《书集传》的著作，专主蔡沈《书集传》，所以《书传大全》不及刘三吾《书传会选》，这种退步，正与朱棣起兵"靖难"有关。朱棣厌恶刘三吾，这从侧面反映了朱棣及胡广等人编撰《五经大全》之良苦用心。

朱棣颁行《四书大全》、《五经大全》，独尊程朱传注，致使程朱理学占据了统治地位。自此，明朝历代"奉行者执泥，乃更甚于唐、宋"[①]，即通过学校教育和科举考试，严重地束缚人们独立思考，把文人学者的思路限制在程朱传注范围之内，不能随意引申发挥。这虽然对巩固永乐以来的明朝政权是十分有效的，但是所培养出来的只能是沉酣于富贵名利、不学无术的腐儒蠢材。正如近人梁启超所说：明朝一般士子除了永乐《大全》外，"几乎一书不读，学术界本身，本来就像贫血症的人，衰弱得可怜"[②]。当时整个思想和文化艺术领域，呈现着一片灰暗沉闷的现象，故学术著作和艺术创作相对岑寂。如文坛上出现了以杨士奇、杨荣、杨溥为代表粉饰太平的"台阁体"文风，书法艺术上由于誊写《永乐大典》而形成沈度、沈粲为代表的"台阁体"楷书，都极度平庸乏味。

必须指出，明代质疑永乐《四书大全》、《五经大全》之声从未停止过。如永乐年间姚广孝在晚年编撰《道余录》专诋程朱传注，实际是为当时《四书大全》、《五经大全》而发。明初理学家不是铁板一块，如永乐、宣德年间曹端所撰《辨戾》，反对朱熹所谓"理"乘"气"如人之乘马的比喻，不同意"理"与"气"二物之说，主张

[①] 焦竑：《焦氏笔乘续集》卷3《注疏》。
[②] 梁启超：《中国近三百年学术史·反动与先驱》。

"以力行为主","事事都于心上做工夫"①,对后代人新思潮形成起到先驱性启蒙作用。如永乐十三年(1415)进士、正统初以御史督南畿学政彭勖,一针见血地指出:"《大全》之谬,在于偏主一家之说,荒弃古来之经义"②,并且针对《四书大全》、《五经大全》错误,"删正自为一书,欲缮写以献"③。这种发自学者内心的声音,在明朝此后二百余年是愈加一发而不可收了。

第二节　明中衰时期文化教育和学术思想特点

正统至隆庆年间(1436—1572年),是明王朝由强盛渐趋微弱时期,而文化教育和学术思想却日趋发展。

正统至弘治年间(1436—1505年),虽然有过王振、汪直之流宦官专权,以及土木之役、皇室权贵占夺民田、农民流亡或局部起义,但明初鼎盛实力没有完全丧失,加以景泰时启用于谦守御,弘治时启用王恕、马文升、刘健、丘濬诸臣勤求治理,都尚可支撑大明江山。这时期质疑《四书大全》、《五经大全》,有正统十年(1445)进士、官至礼部尚书的周洪谟,所撰《群经辨疑录》指出《四书大全》、《五经大全》"训释与经旨违误者百有四条",并于成化十五年(1479)疏请修正《四书大全》、《五经大全》,但是"宪宗以《大全》诸书久为学者所诵习,不允所请"④。本来彭勖计划删正《四书大全》、《五经大全》,但书前朱棣序文成为彭勖的"紧箍咒",故成化、弘治年间陆

---

① 黄宗羲:《明儒学案》卷44《学正曹月川先生端》。
② 《四库全书总目》卷12《经部·书类存目一·书传通释》提要。
③ 陆容:《菽园杂记》卷3。
④ 《四库全书总目》卷34《经部·五经总义类存目·群经辨疑录》提要。

容为此事抱憾，批评彭勖说："订正经籍，所以明道，不当以是自沮也。"① 当时文化教育和学术思想都有所发展。如景泰、天顺年间，薛瑄针对学校偏重科举弊病，主张"各因所长取之"，"随其才器成就之"②。他还主张"专读各经、四书正文"③，对《四书大全》、《五经大全》传注持保留性意见，是永乐以来学术思想史上一个不小的进步，足可证明永乐以来理学家不是铁板一块。另外，还有吴与弼绝弃科举，居乡躬耕食力，尊严师道，讲学不止。由于景泰、成化时推行纳粟纳马入学，生员庸滥，使学校教育弊端积重而渐趋衰残，故薛瑄门人张杰开拓家塾讲学，主张教育在致知不在文辞，来学者日众；段坚，所到之处会友讲学，并在南阳建书院会讲。吴与弼门人胡居仁，终身布衣讲学，曾主讲白鹿书院、桐源书院。成化、弘治年间，陈献章讲学时出新意，其学虽以静为主，但强调"学贵知疑，大疑则大进，小疑则小进。疑者，觉悟之机也"④，这就冲破《四书大全》、《五经大全》程朱传注束缚，冲破记诵辞章的习气，从而促进了人们思想解放，使学术空气活跃起来，明代学院也兴盛起来。

正德至隆庆年间（1506—1572 年），明王朝衰微加深。如正德时宦官刘瑾、奸佞江彬专权，皇室、权贵占夺民田甚多；嘉靖时营缮工役最繁，经费不敷，增赋加派，严嵩盘踞相位二十余载，政治上腐败，更促使河北、四川、江西、山东等地农民起义声势较大，而且还有沿海倭乱，大同叛卒，边备久虚。总之，当时已经有了明亡的萌芽。然而，文化教育和学术思想的发展，却与明王朝衰微加深成了反

---

① 陆容：《菽园杂记》卷 3。
② 范鄗西辑：《理学备要》卷 1 辛集《薛公讳瑄》。
③ 薛瑄：《读书录》卷 4。
④ 陈献章：《白沙语要》；《白沙先生全集》卷 4《与张廷实主事六十八首》。

差。如正德年间，王守仁在陈献章学术思想影响下主张"知是心之本体"，"不假外求"①，力主"致良知"，从而形成了与程朱传注抗衡的流派，其影响很大，使学者彻底摆脱掉《四书大全》《五经大全》程朱传注束缚，使人们思想大为解放。诚如明末诸生张尔岐说："自良知之说起，人于程朱始敢为异论，或以异教之言诠解六经，于是议论日新，文章日丽。"②王守仁到处讲学，多次主持书院会讲，其门人遍及海内，分派很多，争论亦烈。一个随之而来的负面问题，是一些学者不肯认真读书，专务空谈。虽然程瞳曾"见阳明《传习录》与《朱子晚年定论》二书，又极力辨别其讹谬"③，懋深"当王氏学盛行，独不受其波靡，宗主程朱"④，还有夏尚朴等人与王守仁争论，但其性质纯属理学内部分歧。

正德、嘉靖年间，有一大批学者在与王守仁辩难或质疑《四书大全》《五经大全》程朱传注的过程中，已经超脱理学内部派系争论，形成反对空谈、主张务实的实学思潮。诸如许诰（1471—1534年）、罗钦顺（1465—1547年）、何瑭（1474—1543年）、王廷相（1474—1544年）、崔铣（1478—1547年）、吕柟（1479—1542年）等人，主张学习经书正文，批判"宋人理、气之分大谬也"⑤，"不止疑象山、白沙，而疑文公、文清，其疑处尽有理"⑥。他们矛头直指宋明理学，批评朱熹"格物穷理"乃"盖有所甚难者"⑦，"若事事物物皆要穷理，何

---

① 王守仁：《传习录》。
② 张尔岐：《蒿庵闲话》卷1。
③ 施璜：《紫阳书院志》卷9《程衺山先生传》。
④ 范鄗鼎：《理学备考》卷23《懋深传》。
⑤ 崔铣：《洹词》卷11《南京户部尚书赠太子少保谥庄敏许公墓表》。
⑥ 范彪西：《理学备要》卷5《罗公讳钦顺》。
⑦ 何瑭：《何柏斋文集》卷2《少司成郭杏东考绩序》。

时可了"[1];认为朱熹训解"格物致知"的"格"字"至"义是错误的,"不如训以'正'字直截明当,义亦疏通"[2];诋称王守仁"霸儒"[3]。他们针对当时空谈风气,力主"知即为行,事即是学"[4],"即事即学,即学即事"[5]。这种实学主张颇具特色,不但要通古知今,还要通天知地,"四方上下,山川草木,皆书册也。要之有所归也"[6],对此后明代科学技术、文化艺术发展起到了推进作用。除了上述诸人,舒芬(1484—1527年)、马理(1474—1555年)、张士隆(1475—1525年)、寇天叙(1480—1532年)、魏校(1483—1543年)、吴廷翰(1490—1559年)、张岳(1492—1552年)等人,也都具有实学思想。他们这些人重视经书正文而不迷信程朱传注,论学务为平实,反对空洞玄谈,强调实用,并且敢于反对宋明理学。他们中间陆续出现蔡清《易经蒙引》、袁仁《尚书砭蔡编》、马明衡《尚书疑义》、陆粲《春秋胡氏传辨疑》等质疑《四书大全》、《五经大全》程朱传注专著,从而打破了经学领域沉闷的局面。应该指出,吕柟当年讲学,门生遍于大江南北,盛况空前,正如冯从吾说吕柟"风动江南,环向而听者,前后几千余人"[7],黄宗羲说吕柟"讲席几与阳明氏中分其盛"、"东南学者尽出其门"[8],故吕柟称得上是实学兴起时期的代表人物。当时实学思潮影响很大,远远超过汉、唐古注和宋代理学兴起盛况,正如隆庆

---

[1] 吕柟:《泾野子内篇》卷10《鹫峰东所语》。
[2] 黄宗羲:《明儒学案》卷5《肃敏王廷相》。
[3] 黄宗羲:《明儒学案》卷48《文敏崔后渠先生铣》。
[4] 崔铣:《洹词》卷4《讲义十二首》。
[5] 吕柟:《泾野子内篇》卷17《鹫峰东所语》。
[6] 吕柟:《泾野子内篇》卷4《端溪问答》。
[7] 冯从吾:《关学编》卷4《泾野吕先生》。
[8] 黄宗羲:《明儒学案·师说·吕泾野柟》。

四年（1570）耿定向以"后学"为吕柟语录撰写《题泾野先生语录》一文，指出："明兴弘（治）、正（德）间，巨儒辈出，其奥论闳议，无论汉、唐，即宋理学称盛，亦远轶矣。"①耿定向出自泰州王艮，本宗阳明，道出实学思潮兴起盛况，并称赞吕柟"皭然无可疵颣者"。在实学思潮兴起背景下，虽然嘉靖十七年（1538）朱厚熜诏书仍然坚持永乐《大全》宗旨，重申"惟朱熹之学醇正可师，祖宗设科取士，经书义一以朱子传注为主"②，但是嘉靖、隆庆年间人们的思想已经发生了巨大变化。如何良俊结合自己读经书的教训，语言激烈地痛斥程朱传注"害人亦自不少"③，他说"今之学者易于叛经，难于违传（注）；宁得罪于孔孟，毋得罪于宋儒。此亦可为深痼之病，已不可救疗矣"④，深刻揭露《四书大全》、《五经大全》毒害学人的恶果。他还深刻揭露《四书大全》、《五经大全》败坏学风恶果，指出：

> 自程朱之说出，将圣人之言死死说定，学者但据此略加敷演，凑成八股，便取科第，而不知孔孟之书为何物矣。以此取士，而欲得天下之真才，其可得乎？呜呼！⑤

自永乐年间独尊程朱传注桎梏人们思想以来，严重影响了科学技术和文化艺术的发展。如传统数学研究冷落，故晚明徐光启指出"算数之学特废于近世数百年间"的重要原因"为名理之儒士苴天下之实

---

① 见国家图书馆藏清翻刻明版《泾野子内篇》书前耿定向《题泾野先生语录》文，并参见韦祖辉：《吕柟及其〈泾野子内篇〉版本和学术价值评述》，《明史论丛（二）》2003年。
② 余继登：《典故纪闻》卷17。
③ 何良俊：《四友斋丛说》卷4《经四》。
④ 何良俊：《四友斋丛说》卷2《经二》。
⑤ 何良俊：《四友斋丛说》卷3《经三》。

事"①，深中肯綮。如永乐时形成的馆阁体书法，长时间没有突破千字一同格式。这个时期传奇戏曲萎靡不振，如邵璨《五伦香囊记》充满八股文式才情，使艺术和思想内容受到束缚。但是正德以后，随着实学思潮形成、发展，整个学术思想界发生巨变，为科学技术和文化艺术发展扫除了思想上的障碍。与此同时，长江下游地区商品经济繁荣，更直接促进了明代科学技术和文化艺术发展，因而出现了一批诸如李时珍、潘季驯、朱载堉、徐光启、徐宏祖、宋应星等科学家，他们深入实际，调查研究，写出一批巨作，使明代科学技术有了进一步发展；出现了一批诸如祝允明、唐寅、梁辰鱼、吴承恩、徐渭、冯梦龙、汤显祖等书画家、文学家、戏曲家，他们追求艺术独创，使明代后期文学艺术非常繁荣②。

第三节　明极衰时期文化教育和学术思想特点

万历至崇祯年间（1573—1644 年），明王朝由极衰转向覆灭。

万历至天启年间（1573—1627 年），朝政腐败，各种矛盾更加突出、激化，但当时社会经济仍然有较大发展，商品经济活跃，市民意识正在觉醒，实学思潮势不可遏。程朱传注遭到愈益激烈批判的同时，王守仁心学体系也已经分崩离析，故"嘉（靖）、隆（庆）而后，笃信程朱不迁异说者，无复几人矣"③，"神宗末年，王氏之学愈远而愈失其真，邪说横兴，支离谬妄，无所底止"④。这是实学发展史上的

---

① 徐光启：《徐光启集》卷 2《刻同文算指序》。
② 参见韦祖辉：《中国文化小通史·明代卷》，福建人民出版社 2006 年版。
③ 《明史》卷 282《儒林传·前言》。
④ 程嗣章：《明儒讲学考》。

关键时期,以姚舜牧为代表。

姚舜牧(1543—1627年),字虞佐,号承庵,浙江湖州府乌程县人。他一生勤学,不守成说,顺应了正德、嘉靖以来的实学思潮。他对明代学术贡献,突出表现在撰写了《四书疑问》、《易经疑问》、《书经疑问》、《礼记疑问》、《春秋疑问》等系统质疑《四书大全》、《五经大全》程朱传注的专著,其质疑之广度、深度,为有明一代所罕见①。如《四书疑问》质疑朱熹传注《大学》,格外引人注目,通过对传之四章尾句"此谓知本"和传之五章首句"此谓知本"的透彻分析,指出"程子谓上句为衍文,朱子谓下句之上别有阙文,取程子之义补格致之义。愚曰此非衍文也,亦无阙文也"②,即程颐、朱熹"格物穷理"的理学根据实在站不住脚,这是向宋明理学理论基础挑战,冲击着明代封建君主专制统治,这当然也是正德、嘉靖以来实学思潮发展的必然结果。正因为如此,姚舜牧的学术贡献逐渐被社会认可,如万历四十一年(1613)徽州岩镇南山观竖立"姚舜牧始著四书五经疑问处碑",四十三年、四十八年徽州、杭州亦有类似纪念活动③,足见姚舜牧在当时的影响。

姚舜牧学术思想核心是,学习经书以正文为根据,不迷信宋儒程朱传注,这对晚明经学研究颇有影响。如郝敬《礼记通解》、黄道周注释《礼记》的《月令明义》等五种、陈第《尚书疏衍》、陈泰交《尚书注考》、高攀龙《春秋孔义》都不同程度地融会了姚舜牧有关专著旨意,颇有新义。

---

① 详见韦祖辉:《"自昔注疏知有几,于今向往岂无人"——明代学术弊端和万历、天启间姚舜牧学术贡献》,《中国社会科学院历史研究所学刊》2011年第7集。
② 姚舜牧:《四书疑问》卷1《此谓知本》章。
③ 姚舜牧:《姚承庵文集》卷16《自叙历年》。

姚舜牧现象，不是孤立、偶然的。于慎行（1545—1608年）说："近年以来，厌常喜新，慕奇好异，六经之训目为陈言，刊落芟夷，惟恐不力。"[1] 说明当时有相当一部分人视程朱传注为无用之陈言。应该看到，质疑程朱传注，是实学思潮形成、发展的主要因素，二者不可分隔。不少出自阳明学派的学者，也冲破心学樊笼，强烈反对明代理学。如邓元锡（1529—1593年），其学"渊源王守仁"，但"不尽宗其说"[2]，力排心学，其要归于六经，不迷信程朱传注，被誉为"明兴以来为六经之文，自先生始"[3]。祝世禄（1539—1610年），师事耿定向，说"经学支离，起于以传解经，不以经解经"[4]，与姚舜牧观点相似。章潢（1527—1607年），与姚舜牧观点一样，认为学术弊端是"乱之于诸家支离之说"，主张"圣门经典当一以孔子为宗，而诸家之训诂止存以备参考"[5]，提倡对经书传注"有疑必思，以思而悟。疑，其悟之门乎；悟，其疑之开乎"[6]。焦竑（1540—1620年），曾师事耿定向、罗汝芳，针对永乐以来崇尚程朱传注，借用唐代注疏掌故，说"奉行者执泥，乃更甚于唐、宋"，并为以姚舜牧为代表的批判程朱传注而喜悦，说"近日稍稍自出意见，以伸其说，此足以破前代之谬也"[7]。顾宪成（1550—1612年），早年师事张原洛，"授书不拘传注"[8]，后师事薛应旂。薛应旂出自阳明学派，自拜吕柟为师

---

[1] 于慎行：《穀山笔麈》卷8《诗文》。
[2] 《明史》卷283《邓元锡传》。
[3] 陶望龄：《歇庵集》卷3《潜学编序》。
[4] 祝世禄：《祝子小言》，见《宝颜堂秘笈》第21帙。
[5] 章潢：《图书编》卷9《总论》。
[6] 章潢：《图书编》附万尚烈《章斗津先生行状》。
[7] 焦竑：《焦氏笔乘续集》卷3《注疏》。
[8] 黄宗羲：《明儒学案》卷58《端文顾泾阳先生宪成》。

后向务实转化，力主"知即为行，事即为学"①，对顾宪成颇有影响。高攀龙（1556—1627年），为学"与程朱之旨异矣"②，力主"事即是学，学即是事"③。冯从吾（1557—1627年），针对明代学术弊端，主张以"改过"为"圣学第一义"④，说"昔泾野先生教人惓惓以甘贫改过为训，而溪田先生深以为然，此正前辈学问真切处"⑤，消化了吕柟、马理等人学术思想。冯从吾主持首善书院，顾宪成、高攀龙主持东林书院，大开会讲之风，突出了学在力行，培养了一批人，他们切磋学术，评议朝政弊端。天启是明朝政治最黑暗时期，书院发展受挫，但是文人学子以文会友，立盟结社风气应运而生，给晚明学风注入了活力。

与晚明学术思想对应，当时文学艺术完全不受程朱理学束缚，非常活跃。晚明奇书兰陵笑笑生《金瓶梅词话》于万历四十五年（1617）刊行，《原本金瓶梅》于天启年间刊行。冯梦龙《喻世明言》、《警世通言》、《醒世恒言》和凌濛初《初刻拍案惊奇》、《二刻拍案惊奇》，都是天启、崇祯年间在民间影响较大的话本小说。

西学东渐，给晚明实学带来巨大影响。如瞿汝稷、焦竑、祝世禄、李贽、徐光启、沈一贯、叶向高等人，希望从西学中找到解救晚明社会危机的途径。如曹于汴就受到启发，主张"士、农、工、贾皆学道之人，渔、牧、耕、读皆学道之事"⑥，"讲求兵、农、钱赋、边

---

① 黄宗羲：《明儒学案》卷25《提学薛方山先生应旂》附《薛方山记述》。
② 黄宗羲：《明儒学案》卷58《忠宪高景逸先生攀龙》。
③ 高廷珍：《东林书院志》卷5《会语三·高景逸先生东林论学语上》。
④ 冯从吾：《冯少墟全集》卷6《学会约》。
⑤ 冯从吾：《冯少墟全集》卷4《订士编》。
⑥ 黄宗羲：《明儒学案》卷54《曹真予先生于汴》附《论讲学书》。

防、水利之要，订经世实用"①，提倡经济实学。徐光启、李之藻等人用欧洲科学成果审视我国传统科学观念，容纳和传播西学，成为晚明实学一大特点，而且这也是明代理学衰微一大历史背景。

与晚明学术思想、文化艺术繁荣相反，天启、崇祯年间，连年天灾，再加上明廷"严为催科"②，农民生活陷入绝境，天启七年（1627）终于爆发陕北王二起义，揭开了明末农民战争序幕。值此明朝危亡时刻，书院虽兴建甚少，但仍有名儒讲学，如孙奇逢在易州五公山结茅授徒，门人王余佑颇有学行；早年受东林书院影响的吴钟峦，讲学从者如云，其门人朱舜水后来东渡扶桑；刘宗周主讲证人书院，门人成才甚多；等等。必须看到，当时"人谓明隆（庆）、万（历）以后而道学伪，姑且谓道学多误天下"③，批判明代理学非常激烈。如郝敬崇祯元年（1628）成书《时习新知》，对"二程子、朱子无不肆言诋斥"，攻击程朱理学"为浮屠之学"，"又斥良知为空虚"④。如黄道周（1585—1646 年），学贯古今，精天文历数，崇祯七年（1634）在《榕坛问业》指责宋代学者"皆为禅门所误"⑤，在"格物致知"命题上，说"象山诸家说向空去，从不闻空中有个止宿；考亭诸家说逐物去，从不见即事即物止宿"，"此义不明，虽祖朱、祢陆，到底不亲"⑥，强烈批判程朱、陆王理学体系。如鹿善继（1575—1636 年），其学颇近东林书院诸学者，不幸与清兵在河北定兴交战时牺牲。他生前针对程朱传注，指出："只是要醒，如何要记？""醒的

---

① 范彪西：《理学备要》卷 10《曹贞予公》。
② 计六奇：《明季北略》卷 5《马懋才备陈大饥》。
③ 陈材：《罗文毅一峰先生集书后》，见《罗文毅公全书》附编卷 1。
④ 《四库全书总目》卷 125 子部·杂家类存目二《时习新知》提要。
⑤ 黄道周：《榕坛问业》卷 7"甲戌冬十一月"条。
⑥ 黄道周：《榕坛问业》卷 1"甲戌五月十六日"条。

如何？是我则由我，而周程而孔孟而汤文尧舜，无不觌面以相质"①，提示要觉醒，不能迷信成说，而要穷源溯流，故他是有科学理念的。

晚明周文炜说："前辈无不读小注者，近日反目读者为迂矣。"②清初学者施璜说："慨自（正）德、（嘉）靖以迄（天）启、（崇）祯，新说盛行，而尊朱读注之学不讲，以至圣学不明，人心日坏。"③可以看出：天启、崇祯时代，人们已经觉醒起来，冲破程朱传注樊篱。诚如崇祯诸生张尔岐入清后作证说"天启、崇祯之间，乡塾有读《集注》者，传以为笑。《大全》、《性理》诸书，束之高阁，或至不蓄其书"④，连乡塾都鄙视朱熹《四书集注》、《四书大全》、《五经大全》、《性理大全》诸书，城乡都"束之高阁，或至不蓄其书"，这可真是明朝以来绝无仅有的一个时期。崇祯朝亡后，徽州府祁门县谢天达入闽游武夷山，见到山崖写有"不宗朱子原非学，看到武夷方是山"，喟然长叹说："今之学人务为新说，畔朱子者多矣。"⑤"看到武夷方是山"是面对实际的判断句，"不宗朱子原非学"，背叛朱子者多矣。理学衰歇与明朝灭亡，同样无可奈何，这是永乐大帝朱棣始料不及的。

第四节　明遗民精神文化素质

李自成、张献忠领导的明末农民战争，推翻了明朝统治。崇祯十七年（1644）三月十九日朱由检吊死煤山，崇祯朝遗臣和缙绅文人

---

① 范彪西：《理学备要》卷10《鹿忠节》。
② 周文炜：《观宅四十吉祥相》。
③ 施璜：《塾讲规约》。
④ 张尔岐：《蒿庵闲话》卷1。
⑤ 施璜：《紫阳书院志》卷12《谢处士传》。

极其悲痛,所谓地坼天崩,不外如是,自此开始出现明遗民社会现象。当时,明遗民积蓄力量图谋恢复,如保定府新城县(今高碑店市)王余佑(孙奇逢门人)与其父兄,配合雄县马鲁,传檄起兵。刘宗周从绍兴府山阴县徒步杭州,要求浙江巡抚发丧讨"贼"。史可法等人在南京筹划组建南明弘光政权。当然也有一批如倪元璐(与黄道周并出韩日缵门下)、李邦华(邹元标门人)等死于哭君,范箴听(高攀龙门人)等悲愤绝食而死,凡此不胜枚举。另外,北方还有一些地主缙绅,乘清兵入关后战局变化,擒杀农民军地方官吏。清廷定鼎北京后,明遗民总体说心情非常复杂,痛定思痛,忠于明室的情感至死不变。特别是后来清兵实施薙发令,明遗民黄淳耀、侯峒曾、陈子龙、夏允彝、王翊、张梦锡、李长祥等人纷纷起兵反抗,其中有不少是复社、几社成员。事败后,除了死难者外,他们为了固守民族气节,或为了图谋再举,大多隐居山林僻舍,也有不少人削发为僧。南明相继出现弘光、隆武、鲁监国、永历政权,马士英、郑芝龙、方国安、王之仁奸臣悍将之流专权,致使坚持抗清斗争的史可法、黄道周、钱肃乐等大臣备受排斥,政治腐败,是许多明遗民不愿出仕而退隐的重要原因。如吴钟峦说"当此之时,惟见危授命是天下第一等事","惟避世深山亦天下第一等事"[①],反映了明遗民复杂的心理状态。又如福建汀州府宁化县著名学者李世熊,经、史、子、集无所不读,隐居山中,隆武政权和清兵统帅累征不出,晚年自号愧庵。南直隶、浙江、福建有不少明遗民,相继驾舟分往日本、安南等地。他们远离故土,与隐居国内山林僻乡的明遗民一样,都忠于明室,不肯辫发髡首,其高风亮节,甚为感人。

---

① 全祖望:《鲒埼亭集外编》卷9《明礼部尚书仍兼通政使武进吴公事状》。

总之，崇祯皇帝自缢煤山，清朝定鼎北京，这两件事对明遗民心理上的打击非常大。一些有识之士，诸如朱舜水、黄宗羲、顾炎武、王夫之、李颙、唐甄、颜元等人，他们目睹宋明理学不能挽救明亡之灾祸，故他们在总结明朝灭亡教训时，几乎不谋而合地针对《四书大全》、《五经大全》清理宋明理学。他们沿袭明代前辈实学思潮，批判程朱传注，是明遗民精神文化素质重要组成部分。

如朱舜水说"明朝之失，非鞑虏能取之也，诸进士驱之也。进士之能举天下而倾之者，八股害之也"①，批评明成祖朱棣以后明朝历代"以制义取士……大失太祖高皇帝设科之意。以八股为文章，非文章也。志在利禄，不过借此干进"，"故其四书、五经之所讲说者，非新奇不足骇俗，非割裂不足投时，均非圣贤正义"②。他在明代前辈姚舜牧《四书五经疑问》基础上，批评《四书大全》、《五经大全》程朱传注中错误，详见本书第三编第一章第一节中"文恭务为古学，不甚尊信宋儒"。

如顾炎武，批评朱棣"靖难"举兵称帝，即"八股行而古学弃，《大全》出而经说亡，十族诛而臣节变"③，其结果是"世道"低落，独尊程朱传注，所以"秦以焚书而五经亡，本朝以取士而五经亡。今之为科举之学者，大率皆帖括熟烂之言，不能通知大义者也"④。

黄宗羲总结明朝历史，当然也包括总结朱棣以一己私利"靖难"举兵，指出其"屠毒天下之肝脑"，"敲剥天下之骨髓"，"以

---

① 朱舜水：《朱舜水集》卷11《答野节问三十一条》。
② 朱舜水：《朱舜水集》卷7《答安东守约书三十首》。
③ 顾炎武：《日知录》卷18《书传会选》。
④ 顾炎武：《日知录》卷1《朱子〈周易本义〉》。

天下之利尽归于己，以天下之害尽归于人"①，强烈批判君主专制制度。王夫之也接连撰写《读四书大全说》、《书经释疏》、《尚书引义》、《春秋家说》，批驳程朱传注中错误。李颙认为《书经大全》、《春秋大全》、《周易大全》"惜无折衷，亦在读者之善择"②，但他认为吕柟语录"学者不可不置之案头"③。李颙为了端正学风，非常重视吕柟"安贫改过"命题，不仅写出《悔过自新说》一文，而且在《关中书院会约》中强调"以改过为入门，自新为实际"④，实际是为批判程朱传注起到了推波助澜作用。颜元五十岁路过山海关时，面对明朝历史，感叹其灭亡在于"失以不仁"、"失以不智"、"失以不勇"⑤。这里需要着重介绍颜元，崇祯朝灭亡时他刚好十岁。他青年时代受到陆九渊语录、王守仁语录和《性理大全》影响，徘徊在陆王心学和程朱理学间。直到三十四岁方醒悟，认为"程朱、陆王为禅学、俗学所浸淫"⑥，力主学术实用，相继撰成《存性编》、《存学编》，批驳程朱陆王空谈心性。颜元以永乐初年因反对朱棣独尊程朱传注而获罪的朱季友自喻，说：

> 季友著书驳程朱之说，发州决杖，况敢议及宋儒之学术、品诣者乎！此言一出，身命之虞所必至也。然惧一身之祸而不言，委气数于终诬，置民物于终坏，听天地于终负，恐结舌安坐，不援沟渎，与强暴、横逆内人于沟渎者，其忍心害理不甚

---

① 黄宗羲：《明夷待访录·原君》。
② 李颙：《二曲集》卷8《读书次第》。
③ 李颙：《二曲集》卷7《体用全学·吕泾野语录》。
④ 李颙：《二曲集》卷13《关中书院会约》。
⑤ 李塨纂，王源订：《颜习斋先生年谱》之《甲子五十岁》。
⑥ 李塨纂，王源订：《颜习斋先生年谱》之《戊申三十四岁》。

相远也。①

可见，颜元肯定朱季友品行，对朱棣迫害朱季友的行径则给予谴责。颜元晚年撰《四书正误》、《朱子语类评》，分别辨析朱熹《四书章句集注》、《朱子语类》中的错误，在社会上产生了重要影响。如王复礼所撰《四书集注补书正误》，"驳朱注讹谬，内入颜先生说"②。

颜元批判程朱传注，当然离不开明代文化教育、学术思想和政治演变的影响，这是明遗民精神文化素质重要组成部分。可以说，明遗民批判程朱传注，要比其明代前辈更为激烈、深刻。另外，还应该看到，晚明实学思潮和科学文化发展的刺激，以及西学东渐刺激，使明遗民多闻博学，造就了多才多艺的文化人。

如太仓学子陆世仪、盛敬、陈瑚、江士韶四人，都务实学，他们早在崇祯九年（1636）就开始会讲，凡经史百家、天文、地理、礼乐、农桑、河渠、兵法无不涉及，所以明清之际陆世仪积其十余年之心得撰成《思辨录》，还撰成《三吴水利志》、《城守要略》、《八阵法门》、《书鉴》、《诗鉴》等。陈瑚相继撰成《圣学入门》、《开江筑围书》、《荒政全书》等。孙奇逢弟子王余佑，精礼乐、兵刑、农桑、医药。黄宗羲、顾炎武、王夫之，通晓天文、历算、地理等。李颙引导门人读经世致用和中西经济实学著作《经世挈要》、《武备志》、《农政全书》、《水利全书》、《泰西水法》、《地理险要》等。颜元22岁学医，23岁学兵法，24岁开始行医，35岁开始学《九章算术》，36岁表演拳法，41岁时明确弟子所习"六艺"包含"兵、农、钱、谷、水、

---

① 颜元：《习斋记余》卷3《上太仓陆桴亭先生书（甲寅）》。
② 李塨纂，王源订：《颜习斋先生年谱》之《己卯六十五岁》。

火、工、虞"①学问。颜元还为王法乾撰写《农政要务》,"耕耘、收获、辨土、酿粪以及区田、水利、皆有谟画"②。

总而言之,历史不能割裂,明遗民继承了明代前辈学者实学思潮和质疑程朱传注遗业,批判程朱传注,是明遗民精神文化素质重要组成部分。因此,明遗民对日本学术思想的影响不是偶然现象。而受经济实学思潮传播、发展的影响,明遗民大多博学多闻,多才多艺,这也是他们精神文化素质的重要基础。所以,明遗民对日本医药学、书法、绘画、园林、拳术、诗风、琴学等产生影响,也不是偶然的。

---

① 李塨纂,王源订:《颜习斋先生年谱》之《乙卯四十一岁》。
② 李塨纂,王源订:《颜习斋先生年谱》之《己酉三十五岁》。

第二章
明遗民东渡日本的桥梁

中日两国人民文化交流，已有两千余年的历史。在漫长岁月里，遗民东渡不胜枚举，如定居日本的秦、汉遗民中，传称有秦始皇嬴政、汉高祖刘邦、灵帝刘宏的后裔。然而历史上的遗民问题，则集中在宋末元初和明末清初之际。明遗民东渡日本，是中日两国文化交流史上最为活跃的时期。浙江宁波、福建厦门等港口和日本长崎，是明遗民东渡日本的桥梁。

首先，应该回顾明代中日关系。

第一节 明代中日关系

日本，古代称倭奴国。据查继佐说，"东高西下，势若蜻蜓，古亦曰蜻蜓国也"[1]。唐代咸亨初年，其国"恶倭名"[2]，更称"日本"，"以近东海日出而名也"[3]。日本"有五畿、七道、三岛，共一百十五

---

[1] 查继佐：《罪惟录》列传卷36《日本国》。
[2] 查继佐：《罪惟录》列传卷36《日本国》。
[3] 《明史》卷322《日本》。

州，统五百八十七郡。其小国数十，皆服属焉。国小者百里，大不过五百里。户小者千，多不过一二万"①。自汉、魏以来，历代都通贡市；独元代无朝贡，而市舶贸易却盛。

明太祖朱元璋开国即位时，适逢日本内乱，即南北朝对立三十余年。当时：

> 倭奴数掠海上，寇山东、直隶、浙东、福建沿海郡邑，以伪吴张士诚据宁、绍、杭、苏、松、通、泰，暨方国珍据温、台等处，皆在海上。张、方既灭，诸贼强豪者悉航海，纠岛倭入寇。②

洪武二年（1369）三月，明太祖朱元璋派遣使臣诏谕南朝良怀亲王，结果"日本王良怀不奉命，复寇山东，转掠温、台、明州旁海民，遂寇福建沿海郡"③。

翌年三月，朱元璋再次派遣使臣，以诏书责怪良怀，良怀气势沮丧，遂于建德二年即明洪武四年（1371）十月，"遣其僧祖来奉表称臣，贡马及方物，且送还明、台二郡被掠人口七十余"④，但是倭寇剽掠如故。当时浙江宁波可通航日本，洪武七年（1374）明廷特设宁波市舶司，"惟日本叛服不常，故独限其期为十年，人数为二百，舟为二艘，以金叶勘合为文为验"⑤。日本应安七年即洪武七

---

① 《明史》卷322《日本》。
② 张瀚：《松窗梦语》卷3《东倭记》。
③ 《明史》卷322《日本》。
④ 《明史》卷322《日本》。
⑤ 《明史》卷81《食货五·市舶》。

年、永和二年即洪武九年（1376），北朝持明天皇遣使朝贡，并且语责南朝良怀。南朝弘和元年即洪武十四年（1381），良怀遣使来贡。洪武十九年（1386），宁波卫指挥林贤狱成，供认胡惟庸狱案牵连良怀使节，故明太祖朱元璋"怒日本特甚"[1]，遂绝日本朝贡，加强沿海防务，即"自南直隶、山东、浙江、福建、广东西，咸置行都司，以备倭为名，犬羊盘错矣"[2]。但是，民间贸易未绝。

自日本南朝元中九年、北朝明德三年即明洪武二十五年（1392），足利义满将军统一南北朝开设室町幕府以来，明朝断绝日本朝贡直到明成祖朱棣时代才告终结。永乐元年（1403），"日本王源道义遣使入贡，赐冠服文绮，给金印"[3]，从而恢复日本朝贡，两国贸易通过贡市进行。日本贡使、客商，一般在浙江台州、定海、温州和福建泉州、漳州等地停泊。贡舶停泊后请验勘合，再移至宁波市舶司住候朝命。

明代倭患比较突出。洪武时不下十四起，永乐、宣德、正统、景泰、成化、弘治、正德时倭寇更为猖獗。如永乐二年（1404），"对马、台岐诸岛贼，掠滨海居民"[4]。十七年（1419），"倭船入王家山岛，……贼数千人分乘二十舟，直抵马雄岛，进围望海堝"[5]。正统四年（1439）五月"倭船四十艘连破台州桃渚、宁波大嵩二千户所，又陷昌国卫，大肆杀掠"[6]，倭寇杀戮抢劫，为害甚大。其中有不法商人，载方物、兵器出没海滨，乘机肆行侵掠，故《明史》称：

---

[1] 《明史》卷322《日本》。
[2] 罗曰褧：《咸宾录》卷2《东夷志·日本》。
[3] 谷应泰：《明史纪事本末》卷55《沿海倭乱》。
[4] 《明史》卷322《日本》。
[5] 《明史》卷322《日本》。
[6] 《明史》卷322《日本》。

倭性黠，时载方物、戎器，出没海滨，得间则张其戎器而肆侵掠，不得则陈其方物而称朝贡，东南海滨患之。①

当然也有少数贡使以朝贡为名行掳掠之实，如宣德十年（1435），日本"王遣使贡谢。倭自得我勘合，方物、戎器，备载而来，遇官兵，矫云入贡。……我无备，即四出杀掠，饱飏去"②；景泰四年（1453），"入贡至临清，掠居民货"③；成化四年（1468）夏，"使臣清启复来贡，伤人于市"④；弘治九年（1496）三月，"王源义高遣使来，还至济宁，持刀杀人"⑤。倭患为何如此严重呢？

据明人李言恭、郝杰说：

向之入寇者，萨摩（今鹿儿岛县西部）、肥后（今熊本县）、长门（今山口县西部）三州之人居多，其次则大隅（今鹿儿岛县东部）、筑前（今福冈县北部）、筑后（今福冈县南部）、博多（今福冈县）、日向（今宫崎县）、摄摩（播磨之误，今兵库县南部）、津州（即摄津，今大阪府西北、兵库县东南部）、纪伊（今和歌山县、三重县地区）、种岛（即种子岛），而丰前（今福冈县东部、大分县北部）、丰后（今大分县大部）、和泉（今大阪府南部）之人亦间有之，乃因商于萨摩而附行者也。⑥

---

① 《明史》卷322《日本》。
② 查继佐：《罪惟录》列传卷36《日本国》。
③ 《明史》卷322《日本》。
④ 《明史》卷322《日本》。
⑤ 《明史》卷322《日本》。
⑥ 李言恭、郝杰：《日本考》卷1《倭国事略》。

从而得知：倭寇多出自九州和本州西南、东南地区。为何倭寇多出自该地区呢？因为该地区商业发达，多出商人，多有出海之商舶、贡舶。而倭寇大多是该地区家境贫穷之人，他们附乘贡舶或商舶前来，或自己直接划舟前来。除了上述经济、地理原因外，还有其政治原因，即与日本国内动乱有关。如明初倭患就与日本南北朝对峙（1336—1392年）有关，足利幕府统一七十年后，日本进入以"应仁文明之乱"为开始的战国时期，群雄割据，战乱不休，直到天正元年（1573）足利幕府灭亡。日本长期内乱，给日本人民带来了灾难，自然也会影响到中日两国关系。明人张瀚说："彼贪中国贸易之利，或附贡舶，或因商舶。其在寇舶，率皆贫穷"[1]，"正统、弘治间屡屡入寇，嘉靖初，倭国内乱，诸道事入贡，会至宁波，自相雠仇"[2]，"大掠宁波沿海诸郡邑"[3]。明廷为了维护本国利益，遂于嘉靖七年（1528）罢市舶司。"市舶既罢，日本海贾往来自如，海上奸豪与之交通，法禁无所施，转为寇贼。"[4] 二十六年（1547），倭寇百艘久泊宁波、台州，数千人登岸焚劫。但是，据记载：

> 自罢市舶后，凡番货至，辄主商家。商率为奸利，负其责，多者万金，少不下数千，索急，则避去。已而主贵官家，而贵官家之负甚于商。番人近岛坐索其负，久之不得，乏食，乃出没海上为盗。[5]

---

① 张瀚：《松窗梦语》卷3《东倭记》。
② 张瀚：《松窗梦语》卷3《东倭记》。
③ 谷应泰：《明史纪事本末》卷55《沿海倭乱》。
④ 《明史》卷81《食货五·市舶》。
⑤ 谷应泰：《明史纪事本末》卷55《沿海倭乱》。

也就是说,当时:

> 滨海奸人遂操其利。初市犹商主之,及严通番之禁,遂移之贵官家,负其直者愈甚。索之急,则以危言吓之,或又以好言绐之,谓我终不负若直。倭丧其赀不得返,已大恨,而大奸若汪直、徐海、陈东、麻叶辈素窟其中,以内地不得逞,悉逸海岛为主谋。倭听指挥,诱之入寇。①

乃至倭患蔓延,给福建、浙江、南直隶地区社会经济生活带来了严重破坏。直到嘉靖四十三年(1564),戚继光、俞大猷在福建、广东大破倭寇,至此为害长达二百余年的倭患才算基本解除。

自嘉靖七年(1528)罢宁波市舶司以来,"倭自知衅重,无由得言贡市。我边海亦真实戒严,无敢通倭者"②,而福建、浙江、南直隶地区商人"乃皆走吕宋诸国,倭所欲得于我者,悉转市之吕宋诸国矣",但由于吕宋诸国距日本远,"市物又少,价时时腾贵"③,所以远远不能满足日本发展经济之需要。另外,倭寇在中国被肃清后,日本国内政局也发生了重大变化。在日本战国时代末期,丰臣秀吉势力崛起。丰臣秀吉,萨摩州人,在内战中消灭了割据的"群雄",统一了日本,于天正十三年(1585)任关白,相当于丞相。本来"朝鲜与日本对马岛相望,时有倭夷往来互市"④,而当时日本商业再度兴旺,日本国内资源不足,市场狭小。当时日本贵族、商

---

① 《明史》卷322《日本》。
② 徐光启:《海防迂说》,见《明经世文编》卷491。
③ 徐光启:《海防迂说》,见《明经世文编》卷491。
④ 《明史》卷320《朝鲜》。

人有向海外扩张、发展经济的需求,因而丰臣秀吉于日本文禄元年、朝鲜宣祖二十六年即明朝万历二十年(1592)发动了大规模侵略朝鲜的战争,其终极目标是侵略明代中国。是年五月,丰臣秀吉遣行长、清正率十万日军,分乘数百艘战船渡过对马海峡,在釜山登陆。"时朝鲜承平久,怯不谙战,皆望风溃"①。日军很快攻陷王京(汉城),攻占平壤,"八道几尽没,旦暮且渡鸭绿"②。朝鲜国王李昖退至义州,向明朝政府求援。明廷经过讨论,决定派宋应昌为经略,李如松为东征提督,出兵援朝。入朝明军在朝鲜军民配合下,于翌年正月取得平壤大捷,收复开城,迫使日军撤出王京,退守釜山。万历二十五年(1597),丰臣秀吉发兵十五万,"倭数千艘泊釜山"③,再次入侵朝鲜。明政府派邢玠、麻贵统率陆军,陈璘、邓子龙统率水师,再度援朝,由朝军配合,在王京、稷山、蔚山等地打败日军,迫使日军再度退守釜山。陈璘、邓子龙水师,则与朝鲜统制使李舜臣共同作战,几乎全歼日本水师。日本庆长三年、朝鲜宣祖三十二年即明朝万年二十六年(1598)七月初九日,丰臣秀吉死去,"各倭俱有归志"④,"诸倭扬帆尽归,朝鲜患亦平"⑤。明廷出兵援朝抗倭,历凡七年,使日本"丧师数十万,糜饷数百万"⑥,终以丰臣秀吉死和日本退兵告捷。

丰臣秀吉死后,日本国内政局又发生了重大变化。德川家康于庆长八年(1603)在江户(今东京)开设幕府,推动日本历史进入德川

---

① 谷应泰:《明史纪事本末》卷62《援朝鲜》。
② 谷应泰:《明史纪事本末》卷62《援朝鲜》。
③ 《明史》卷320《朝鲜》。
④ 《明史》卷320《朝鲜》。
⑤ 《明史》卷322《日本》。
⑥ 《明史》卷322《日本》。

幕府时期。德川幕府又称江户幕府，它对内控制诸藩维持一统局面，"志在休息，独其嗜利殖货异甚"①，故对中国期望通商，是非常迫切的，但明朝政府总结历史教训，"恐贡市往来，导之入寇"②，故海禁甚严，未能恢复勘合贸易。所谓海禁，也就是关闭了东南沿海诸如浙江宁波、福建厦门等通向日本的港口。日本庆长十五年、朝鲜光海君三年即明朝万历三十八年（1610），朝鲜釜山与日本对马岛开市，如果有封贡事宜，日本可通过此条线路直抵北京，这是当时明政府允许中土由辽东经朝鲜釜山之东渡日本航线，釜山与日本对马岛一水相隔，海上航线很短，但实际是中国、日本往来交通迂回的远距离路线。这正如明人沈德符说：

　　自朝鲜之役，我来彼往，俱从朝鲜之釜山径渡。海面既无多，亦无湍险。至封贡事起，则直自山海关入京，日本几成陆路通衢矣。③

但是，"官市不通，私事不止"④，故"私市之商，方舟连舰"⑤。明人朱国祯说："自（万历）三十六年至长崎岛，明商不上二十人，今不及十年，且二三千人矣。"⑥ 万历末年明商至长崎人数大增，证明政府海禁效果非常有限，东南沿海或黄海、渤海商舶私自东渡贸易逐年增多。另外，德川幕府于庆长十六年（1611）严禁天主教，宽永十四

---

① 徐光启：《海防迂说》，见《明经世文编》卷491。
② 徐光启：《海防迂说》，见《明经世文编》卷491。
③ 沈德符：《万历野获编》卷17《兵部·日本》。
④ 徐光启：《海防迂说》，见《明经世文编》卷491。
⑤ 徐光启：《海防迂说》，见《明经世文编》卷491。
⑥ 朱国祯：《涌幢小品》卷30引刘凤岐言。

年（1637）发生天主教徒暴动。德川幕府平息天主教徒暴动后，严禁西方传教士活动，严禁与外国通商，于宽永十六年（1639）开始推行锁国政策。但是，德川幕府对中国放宽限制，允许明朝船舶出入长崎港口，明朝灭亡后又允许明朝遗民进入长崎，并定居下来。凡此均使东南沿海商船，在明朝灭亡前后，能自由东渡长崎，开展贸易活动。

从明代中国与日本文化交流方面看：明朝之前的宋、元和明初时期中国书画流传到日本，在日本南北朝对峙（1336—1392年）局面结束以后，推动其出现了"北山文化"。明中后期，同时期的日本处于长达百余年战国动乱时代（1467—1573年），"文教扫地"，与中国也谈不上有什么交流，而这一时期正是中国明朝成化、弘治、正德、嘉靖年代，精神文化领域有了显著发展。明末期，日本进入德川幕府时期（1603—1867年），众多文化名流辈出，文化成就和影响远远超过了往昔，而这种转机是与明遗民东渡日本弘扬中国精神文化分不开的。

第二节　明遗民东渡日本的桥梁

明朝遗民除以浙江宁波、台州、温州为起点直抵长崎外，还有由福建之厦门、泉州、漳州或广东、台湾横渡，但以浙江、福建起点居多。浙江、福建明遗民东渡，大多经过舟山群岛，故宁波至长崎航线在明遗民东渡中作用甚大。宁波，明太祖吴元年（1367）十二月称明州府，洪武十四年（1381）二月改称宁波府，其东北部临海。长崎属日本西海道，位在对马岛东南、五岛列岛西部，即九州西部南端，临海。宁波至长崎，这座跨海的桥梁是怎样形成的呢？

宁波府，唐时始称明州，以其西南有四明山而名，宋时因仍，元时改称庆元路，属浙东道宣慰司。其海域东接朝鲜、日本，为历代对日本通商之港口。港口位在宁波东北之定海县（清代改称镇海县），与海中舟山群岛（清代改称定海县）相对应，凡是海中船舶自福建、广东而来北上的，或是由日本而前来的，必然经过舟山，故舟山为咽喉要地。正由于其位置重要，所以明初设定海卫、昌国卫，置烽堠、塔山，由重兵把守。设宁波市舶司，职掌日本朝贡市舶事项，如辨其勘合真伪，征其私货，平其交易，严禁边民下海，等等。日本贡舶、商舶经过舟山后，入定海港口，其人员除留守船舶外，均上岸入市舶司办理入境手续。距定海县城东北三里的候涛山，由于贡市贸易非常活跃，当时人们遂称候涛山为招宝山。

另外，宁波成为对日本通商港口，还有其航路近的历史、地理和自然等方面的原因。如明代佚名者说"始倭之通中国也，实自辽东。由六朝及今，乃从南道浮海，率自温州、宁波以入"，还说日本"去辽甚远，而去闽、浙甚迩"[1]；徐光启说："倭去我浙、（南）直路最近，走闽稍倍之"[2]；罗曰褧亦说："其地去闽、浙近，去辽东远，故今入贡者不从辽路。"[3] 以上足可证明：明代人们知道，日本距辽东远，距福建、浙江、南直隶沿海航线近，其中尤以宁波是东南沿海地区距日本最近的航点。从历史上看，秦、汉、魏时取道辽东，由朝鲜渡海，是以陆地为主，路程较远，消耗时间，故自六朝建都建康（今南京）将航路南移海上，缩短了距离，是中日两国交通史上的一大进步。自此以后，两国先人逐渐积累了航海经验，懂得利用季候风助航。"风东北迅，自彼（日本）来此（宁波），可四

---

① 佚名：《制御四夷典故》（明代手抄本）。
② 徐光启：《海防迂说》，见《明经世文编》卷491。
③ 罗曰褧：《咸宾录》卷2《东夷志·日本》。

日里程。而西（南）风迅，自此（宁波）至彼（日本），约四五日程。"① 也就是说，过清明节后三、四、五月间东北风多日不变，重阳节后九、十月间亦有东北风，从日本顺风驾舟，四日就可到达宁波。从宁波东渡，以夏季六、七月间最佳，当时西南风盛行，四、五日就可到达日本。中、日两国先人，在千余年航海实践中摸索到利用季节性的东北风或西南风，这对促进历史上中日两国交通发展，无疑是巨大贡献。

日本最初的港口，是位于大阪湾西的兵库（今神户）。从兵库通过濑户内海，经过博多（今福冈县）、五岛横渡东海，直达宁波。后来，大阪湾东的堺商人，也对明朝通商，使堺成为港口。然而日本进入战国时期，由于内乱和各道争贡，航行起点比较复杂。据记载：

> 南海道应贡，土佐州（今高知县）造船，至秩子坞（即种子岛）开洋；山阳道应贡，于周防州（今山口县东部）造船，花旭塔（即博多）开洋；西海道应贡，丰后州（今大分县）造船，五岛开洋。②

另外，明朝商舶从宁波前来贸易，使日本出现了"人烟辏集"、"集聚商船货物"的"三津"③。所谓"三津"，乃指九州西南的博多、坊津（今属鹿儿岛县）和本州伊势湾的洞津（今属三重县），其中尤以博多闻名。明朝商舶直抵博多，乃至博多"有一街名大唐街，

---

① 佚名：《制御四夷典故》（明代手抄本）。
② 李言恭、郝杰：《日本考》卷2《贡船开泊》。
③ 李言恭、郝杰：《日本考》卷2《商船所聚》。

而有唐人留恋于彼,生男育女者有之"①。"唐人",系指明朝商人。博多还有方长十里之松树林,明朝商人称其为"十里松",当地日本人名其为"法哥煞机"。"法哥煞机,乃廂先(箱崎)是也"②。到战国末期,即元龟二年(1571),长崎开始形成直通宁波的港口。

一般来说,日本贡舶、商舶航途遇到风向变化,其航行方向是不会变化的。

> 如值逆风,卸却篷帆,任其荡行,力不可挽。倘不幸遭暴风坏之,复回本国,造船再行。如不坏船,纵风不便,不过半月有余,已到中国(宁波)。③

明代倭寇祸害突出,倭寇船与日本贡船、商船不同,是随风向变化而变移其航行方向,如途中遇南风则犯辽阳、天津卫,遇到东南风则犯淮安府、扬州府、登州府、莱州府,遇到北风则犯广东,遇到东风则犯福建。毫无疑问,倭寇之祸害,致使中日两国经济文化交流的桥梁,遭受到严重破坏。

德川家康开创江户幕府时期,当时明朝人评称:"彼国安富"、"无意内犯"④,"志在休息,独其嗜利殖货异甚,故求市愈益切"⑤。左春坊左赞善兼翰林院检讨徐光启,特别以明初"高皇帝绝其贡,不绝其市,永乐以后,仍并贡、市许之"为例,向明政府建言:"惟市而

---

① 李言恭、郝杰:《日本考》卷2《商船所聚》。
② 李言恭、郝杰:《日本考》卷2《商船所聚》。
③ 李言恭、郝杰:《日本考》卷2《贡船开泊》。
④ 沈德符:《万历野获编》卷17《兵部·日本》。
⑤ 徐光启:《海防迂说》,见《明经世文编》卷491。

后可以靖倭,惟市而后可以知倭,惟市而后可以制倭,惟市而后可以谋倭"①,主张开放滨海与日本通商。徐光启这个建言没有被采纳,明政府仍然维持海禁政策,这就出现了有趣的现象:明政府坚持由辽东经朝鲜釜山赴日本航线,而民间商船却私自启用黄海和东南沿海浙江、福建东渡日本航线。因而,万历末年,天启、崇祯年间浙江、福建、南直隶地区商人、医师、艺术家、僧侣东渡不绝。其中知名度比较大的,万历末年有林楚玉、陈性乾、高寿觉、卢君玉、刘有恒、张振甫等,泰昌元年(1620)有真圆禅师,天启年间有俞惟和(俞大猷后裔)、林公琰、马荣宇、王心渠、陈明德等,崇祯年间有何毓楚、觉海禅师、超然禅师、如定禅师、陈元赟、俞立德等,以上诸人只有高寿觉、卢君玉后来回国,而他们的后代则定居在日本。他们大多住居长崎,有的是任唐通事职务,还有不少人后裔任唐通事职务,也有成为日本科学文化某方面行家。他们与崇祯朝灭亡后东渡日本的明遗民关系密切。当然,东渡者商人居多数,回国者亦多,但是他们的姓名大多无可考证。

　　德川幕府颁行锁国令,只开放长崎一个港口。崇祯朝灭亡以后,明遗民东渡起航点,仍然集中在浙江、福建有关港口,因而长崎与浙江、福建航线,就成为明遗民东渡日本的桥梁。宁波海上要冲舟山,是中国距日本最近的航点,也是浙江、福建民间商舶东渡日本必经之处,当然也是明遗民跨海桥梁重要组成部分。康熙十五年(1676)清兵占据浙东后,杭州西湖孤山之永福寺曹洞宗高僧东皋心越禅师,就是经过舟山停帆后直抵长崎的。

---

① 徐光启:《海防迂说》,见《明经世文编》卷491。

第二编 明遗民东渡日本

明遗民东渡日本，依据其当时历史背景和实际情况，大抵上可以分成前期、高潮期、低潮期三个阶段。这一时期是南明史重要组成部分，当然也是中日两国文化交流史上最为活跃的年代。

第一章
"天远海空阔，人在一浮桴"
——明遗民东渡日本前期（1644—1650年）

这一时期，东渡日本的明遗民，以南直隶、浙江、福建商人和僧侣，以及南明政权使者为主。"天远海空阔，人在一浮桴"诗句，出自蒋兴俦长篇史诗《东渡述志》，反映出明清鼎革之际，明遗民孤怀苦楚的复杂心境和东渡日本史实。

第一节 时代背景

南京，元代为集庆路，属江浙等处行中书省。元至正十六年（1356）三月，朱元璋攻取集庆路，改为应天府。洪武元年（1368）八月建都，称南京。自明成祖朱棣迁都北京后，南京就成为明朝陪都。此后，称直隶北京的府、州、县地区为北直隶，称直隶南京的府、州、县地区为南直隶。崇祯朝灭亡后，南京就成为崇祯皇帝朱由检死后遗臣、遗民仰赖和寄托所在。所以，崇祯十七年（1644）五月，正当清兵占领北京之际，原崇祯朝凤阳总督马士英，依靠江北四镇兵力，在南京拥立福王朱由崧（崇祯皇帝朱由检堂兄、万历皇帝朱翊钧孙）监国、称帝，并以翌年为弘光元年，开始了南明政权与清廷对峙的局面。

福王朱由崧监国后，不顾清兵压境危急局势，在南京大修宫殿，诏选淑女，"深居禁中，惟渔幼女，饮火酒，杂伶官演戏为乐"①，昏庸至极，时人冠称"蛤蟆天子"。奸贼马士英、阮大铖浊乱朝政，排挤史可法、姜曰广、徐石麒、刘宗周、张慎言等受到东林党影响的正派臣僚，诛杀周钟、周镳、雷缜祚，逮捕吴应箕、侯方域、陈贞慧等复社名流。史可法虽然督师扬州，但四镇或内讧，或不听调用，或大掠地方，结果使清兵南下连破徐州、亳州、泗州等地，如入无人之境，史可法孤守扬州与城共亡。弘光皇帝朱由崧改元不久，即弘光元年（1645）五月，清兵渡江占领南京，弘光朝灭亡。

其实，弘光朝寿命并非不能延长。当大顺军受清兵追击撤出北京西走山西、陕西之际，李自成"闻南京立天子，欲归附，不知所介绍"②，并且给史可法写信③，流露出联合抗清的愿望。如果弘光朝与大顺军真能联合，清兵渡江占领南京，绝非轻而易举之事，弘光朝局面也将会大为改观。但是，在以"报君父仇"为举朝大纲的特定年代里，史可法断然拒绝了李自成的建议，这是史可法也是弘光朝的历史性悲剧。

顺治二年（1645）二月，大顺军潼关大败后，李自成由西安撤出向东南方向转战，他对弘光朝的腐败了如指掌，对东南地区深感忧

---

① 计六奇：《明季南略》卷2《朝政浊乱》。
② 王夫之：《永历实录》卷13《高李列传》。
③ 见林春胜、林信笃编：《华夷变态》卷1《李贼复史军门书》，东洋文库铅印本。

虑，说"西北虽不定，东南讵再失之"①，故"声言欲取南京"②。但李自成在清兵追击下屡战屡败，五月间在湖广通山县遇难。六月，清兵入杭州，颁布薙发令。明遗民举起"头可断，发不可薙"旗帜，进行了反抗。如学者刘宗周绝粒而死，浙东孙嘉绩、熊汝霖、章正宸、钱肃乐、王家勤、华夏、黄宗羲、沈宸荃等人起事抗清。又如陈子龙、夏允彝起兵松江，败后夏允彝赴水死，陈子龙被捕后乘间投水死；吴易起兵吴江，转战太湖一带；侯峒曾、黄淳耀死守嘉定与城共亡；顾炎武、归庄起兵昆山，败后得脱；阎应元起兵江阴激战而亡；金声、吴应箕起兵徽州、休宁，被捕后遇害；杨廷枢因谋起兵事露被捕，临刑时大呼"生为大明臣"，刑后头坠地时从项中传出"死为大明鬼"③。以上起兵者，大多是受到明代实学思潮影响和书院会讲、结社风气熏陶的文化人，没有军事经验，除浙东义军和太湖义军外，均限于一城一地固守，给清兵以围歼之机会，然而这些文化人之精神可歌可泣。

顺治二年（1645）闰六月，唐王朱聿键在黄道周、郑芝龙拥戴下，在福州称帝，改元隆武；以钱肃乐为首的浙东义军，拥护鲁王朱以海在绍兴监国。李自成余部在高必正、李过领导下，归附楚抚何腾蛟，从而增强南明兵力，可以与清兵抗衡。但是鲁王朱以海在绍兴监国，满足逸乐，深宫养优，悍将方国安、王之仁排斥义军，搜山刮海；隆武皇帝朱聿键在福州大兴土木，建造宫殿，与鲁监国政权交恶，郑芝龙排挤黄道周，错过抗清大好时机。是年年底，清兵破徽州，黄道周赴救，被清兵俘后杀害。顺治三年（1646）六月

---

① 吴伟业：《绥寇纪略》卷9《通城击》。
② 蒋良骐：《东华录》卷5"顺治二年闰六月英亲王奏报"条。
③ 李聿求：《鲁之春秋》卷13《杨廷枢》。

清兵破浙东，鲁监国朱以海移驻舟山；七月，郑芝龙降清；八月，清兵攻入福建擒斩隆武帝朱聿键，隆武朝灭亡。郑成功在南澳岛举兵抗清。鲁监国朱以海进入福建，福建明遗民募兵响应。十月，桂王朱由榔由瞿式耜、丁魁楚拥戴，在广东肇庆称帝，并于鲁监国二年即顺治四年（1647）改元永历。朱以海由钱肃乐辅弼，在福建军事大振，先后收复福州府、建宁府、兴化府、福宁州二十七县，迫使清廷"大兵之备浙江，颇抽以备闽"①，驻守浙江清兵有一多半被调往福建应战。浙东明遗民王翊等人，趁清兵守备空虚，倚山结寨，举起抗清义旗。朱以海于鲁监国四年（1649）返回浙东，入驻舟山。当时鲁监国悍将专权，如郑彩不与诸将同心协力，杀害熊汝霖、郑遵谦，福建所恢复的地方接连陷落，钱肃乐忧愤而死去。顺治七年（1650），清兵攻破桂林，瞿式耜遇难。郑成功转战福建厦门、泉州、漳州、同安和广东潮州、揭阳等地。

当年李自成攻取北京时，张献忠率领农民军进入四川，建立大西政权。由于弘光朝、隆武朝派驻四川的地方官员和当地顽劣乡绅、生员，极端仇视大西军，各地大小武装"亦以拥众诛贼官"②，对大西政权威胁极大，故大西军收复失地，镇压反对者，屠城在所难免。顺治三年（1646）正月，清廷命豪格为靖远大将军，率领清兵径直征伐大西军。五月，清兵直取汉中，随即就可入川。当时川南、川东、川北有南明重兵扼守，大西军只占据成都一区。张献忠在此十分危急情况下，沉溺于"弃蜀出秦"③，很不理智，在成都劫掠后，向北转移，是年十一月在与清兵交战时中箭身亡。孙可望、李定国率领大西军余

---

① 李聿求：《鲁之春秋》卷16《董志宁》。
② 费密：《荒书》。
③ 佚名：《纪事略》。

部，向云贵地区撤退，于永历三年（1649）联合永历政权，走上共同抗清道路。

这一时期，弘光朝灭亡后，有两起事件，使明遗民情感受到极大挫伤。一是当清兵接连攻破浙东使朱以海出逃、攻破福州使隆武朝灭亡，许多明遗民非常悲伤，感到复明无望，于是就隐居起来。如浙江庄元辰"狂走诸深山中，朝夕野哭"[1]；倾尽家产资助钱肃乐起兵的周元懋"自沉于水，以救得苏，乃削发入灌顶山"[2]；福建明遗民"或入山，或入海，或溷迹缁流，或埋名屠贩"[3]。二是鲁监国政权悍将专横，内部派系纷争不息，如张名振杀害黄斌卿，排挤张肯堂，又杀害黄斌卿旧部王朝先，还排斥王翊，许多明遗民则对此深恶痛绝。如黄宗羲感叹说"今方寸乱矣，吾不能为姜伯约矣"[4]，遂过着退隐生活；吴钟峦亦满怀惆怅说"避世深山，亦天下第一等事"[5]，遂退居舟山普陀山。另外，鲁王朱以海当初在绍兴监国，悍将方国安、王之仁搜山刮海，军饷尽归方国安、王之仁，迫使钱肃乐弃军披发入山。当时朱舜水愤怒揭露这种腐败情况，说"如此剥民而曰救民，吾弗信也；如此残民而图恢复，吾不知也"[6]，因而屡次授官均不受。所以，这一时期东渡日本的明遗民，正是怀着极为复杂的心情，即"或入海"，离开了自己的祖国。

---

[1] 全祖望：《鲒埼亭集》卷27《庄太常传》。
[2] 全祖望：《鲒埼亭集》卷27《周思南传》。
[3] 计六奇：《明季南略》卷8《附闽事纪》。
[4] 全祖望：《鲒埼亭集》卷11《梨洲先生神道碑文》。
[5] 全祖望：《鲒埼亭集外编》卷9《明礼部尚书仍兼通政使武进吴公事状》。
[6] 朱舜水：《朱舜水集》卷11《答安东守约问三十四条》。

第二节　明遗民东渡日本情况

这一时期，明遗民通商和《李贼复史军门书》、《大明兵乱传闻》，均以年代顺序叙述。

一、通商和《李贼复史军门书》、《大明兵乱传闻》

本来明代倭患比较严重，明廷海禁甚严，而南明政权由于反清复明的政治需要，就废除了海禁。故南明时期，中土商船往来长崎不绝。

这一时期，除福王朱由崧监国称帝到桂王朱由榔称帝改元永历（1644—1647年），这四年东渡船舶数量不详外，永历二年至四年（1648—1650年）分别为20艘、59艘、70艘[①]。这里除南明使者官舶或官商舶外，还有民间商舶，装有江南方物，也经常搭载着明遗民，直接抵达长崎。当时日本人称这些船舶为"唐船"，明遗民为"唐人"。"唐"乃受盛唐影响当时海外诸国泛指中国，系盛唐时国际影响遗留下来的习称。但称明遗民为"唐人"，又兼有特殊意义，即当时明遗民以来自福建者居多，取自明藩唐王（隆武帝朱聿键）之"唐"，以表达明遗民不肯薙发髡首屈辱于清廷之民族精神。

东渡的南明商船，根据起航点位置，分别称南京船、宁波船、厦门船、福州船、漳州船、广东船、广南船，郑成功收回台湾后有台湾船，船体构造大小不同。大船可载货物五六十万斤，乘员一百多人。中船可载货物二三十万斤，乘员六七十人。小船载货物十万斤，乘员三四十人。南明商船欲经南洋诸国至长崎，其船体更大，可载货物

[①] 参见木宫泰彦：《日中文化交流史·明清篇》第四章。

二百万斤，乘员二百多人。以上各类商船，都有本帆、弥帆，可不受季候风影响，一年四季都能自由航行。当时航海和造船技术，有了长足的进步，注意到了航程、气候、海域的综合影响关系。另外，商船乘组成员层次分明，如设有正船主（亦称"大船头"）、副船主（亦称"协船头"）、财副（掌管货物、贸易账目），这些人都有一定文化教养和丰富的航海经验。下设有总管（负责船内若干具体事项）、板主（掌管舢板）、夥长（负责航向、方位测定）、舵工（即掌舵）、帆役（操纵风帆）等人员。搭乘船中的明遗民，其职业有僧侣、学者、医师、艺术家、商人等，统称为"客长"或"船客"，这些人多半还携带书籍、字画。商船所载货物，诸如药材、生丝、织物、砂糖、矿物、染料、涂料、皮革、香料、纸等，尤以织物、药材比重大[①]。一般来说，若经南洋来的明遗民大商船，则载砂糖、皮革、香料等货，而从浙江、福建来的商舶，则载药材、生丝、织物、书籍等货。商船返回浙江、福建时，从长崎所载货物，有金、银、铜、刀、硫黄、油、酒等南明政权需要的战略性物资，其中尤以银、铜比重大[②]。

明遗民东渡日本，以南直隶、浙江、福建居多，而福建尤以福州、漳州居多。他们到达长崎后，皆用本籍方言说话，所以当时日本长崎翻译官即"唐通事"，均由与上述籍贯有关，并有相当文化修养的定居日本的明朝侨民担任。

当时，日本德川幕府针对明遗民东渡和中土明清战乱动态，推行"唐船风说书"制度。所谓"唐船风说书"，是指"凡唐船入港，即日

---

① 参见浦廉一：《华夷变态解题——唐船风说书的研究》；大庭修：《江户时代唐船持渡书研究》第二章第一节。
② 参见木宫泰彦：《日中文化交流史·明清篇》第四、五章。

邮报"①,即南明商舶抵达长崎,当天就由船主、财副或客长口述,或书面报告中土内外形势见闻,以及起航地点、起航日期、乘组员额、渡航经验、航线或航途等状况,然后均由唐通事翻译,并且经过长崎奉行检阅后,直接呈送到江户幕府。此项制度是日本统治当局在明清鼎革之际,及时了解中国动荡情况的主要渠道,故"唐船风说书"颇有史料价值。

日本延宝二年(1674),江户幕府弘文院学士林恕(号春斋、鹅峰,乃林罗山第三子)回顾说:

> 崇祯登天,弘光陷虏,唐、鲁才保南隅,而鞑虏(按:指清兵)横行中原,是华变于夷之态也。云海渺茫,不详其始末,如《剿闯小说》、《中兴伟略》、《明季遗闻》等概记而已。按朱氏失鹿,当我正保年中,尔来三十年所,福、漳商船来往长崎,所传说有达江府者。②

延宝六年(1678),林恕又说:

> 福、泉商船济至长崎,译鞮(按:即唐通事)通语,津司(按:即长崎奉行)驿传具达,故余辈窃有闻焉。③

林恕以上的话语,说明日本当局关切中国"华变于夷之态",显示日本正保元年(1644)清兵入关定鼎北京以后三十年来南明商舶来

---

① 平泽元恺:《琼浦偶笔》卷6《唐船互市杂记》。
② 林恕:《华夷变态序》,见林春胜、林信笃编:《华夷变态》。
③ 《鹅峰先生林学士文集》卷48《吴郑论》。

往长崎、明遗民"风说书"和有关晚明史事书籍流传概况,实际情况也是这样的。

通过林春胜、林信笃编辑《华夷变态》,得知崇祯十七年(1644)五月弘光朝在南京建立后,可能是冬季,南明商舶抵达长崎。该船明遗民中某位商人,依照日本"唐船风说书"制度,将其所知道的重要消息,抄录成《李贼复史军门书》,经唐通事翻译后,由长崎奉行呈送江户幕府。当年林恕将此文,编在《华夷变态》卷一之头篇。

《李贼复史军门书》,即李自成致史可法书。李自成这通书信,首先说"天命无常,任人自为",称史可法"忠于朱皇帝之职分"、"真朱家第一人也"。然后,李自成针对史可法请恢复疏中引夏代少康、汉代光武故事,指出史可法"远引往事,近援昭代,如某某兴废,以谕孤。孤岂不知然?"然而"时势不同,而攻取之术非也。今以屯概孤,谬矣"。李自成还指出,过去包括史可法等人"众公",镇压农民起义,"耗有限之帑金,杀无辜之赤子。孤虽死罪万,亦由众公激云也"。接着,李自成自述:

夫孤起兵贰拾年,少者壮,壮者老。当时岂无议灭孤而朝食者,而势有不可。诚恐大师一动,安危倚伏,稍有败乱,即孤乘胜之余,谁敢当敌?雷震风疾,天下可席卷而附矣。①

《李贼复史军门书》针对史可法讨"贼",说:

孤之略步兵六十万,马四万匹,无明公(按:指史可法)

---

① 林春胜、林信笃编:《华夷变态》卷1《李贼复史军门书》,东洋文库铅印本。

会猎于襄江，此太行之左，法河南之右，前向武当，复皆广水东南西北阵伍俱齐，旗帜金鼓号令森严，兵有纪律之先，复何敢诲明公而夸口哉。①

《李贼复史军门书》以大顺军所谓"步兵六十万，马四万匹"实力，劝告史可法大敌当前，不要自相仇杀。《李贼复史军门书》，最后希望弘光朝：

能割襄阳一带以属孤，自此以往，奉诏代律令，万明朝之历朝，有逆事即为外援，无事即为内镇，至便也。给赏虽小必加，罪过虽微不宥，至当也。所谓独坐穷山，放虎自卫，此之谓也。明公若奉之，
奏之朱天子，得孤无异心，彼此两休。何待战服？②

《李贼复史军门书》全信重点在结尾，流露出李自成领导的大顺军，有意与弘光朝联合抗清的愿望。李自成致史可法书信，为中土所佚，就更显得其史料价值之珍贵。书信里当然有舛误，如李自成自称"孤本山东人"、"二弟乘骏、乘虎皆读书，独孤屡试不遇"等，当是当时明遗民辗转传抄以讹传讹之故。

林春胜、林信笃编辑《华夷变态》卷一，有《大明兵乱传闻》二通。
第一通《大明兵乱传闻》，是日本正保元年即明崇祯十七年、清顺治元年（1644）八月初四日，南明弘光朝民间商船抵达长崎，由

---

① 林春胜、林信笃编：《华夷变态》卷1《李贼复史军门书》，东洋文库铅印本。
② 林春胜、林信笃编：《华夷变态》卷1《李贼复史军门书》，东洋文库铅印本。

上岸明遗民向日本口述：明末陕北农民，年年向官府纳银和饥馑状况，以及由李自成为代表的农民起义兴起、发展状况；李自成攻入北京，崇祯皇帝在煤山自尽，以及御衣有"文武不可留，百姓不可灭"字样；山海关总兵吴三桂联合鞑靼人，占领了北京；李自成在北京当天子，没有玺印；四月二十二日，南京文武诸臣议立福王，五月十五日福王在南京即位，年号弘光；等等。以上内容，经唐通事翻译成文后，由长崎奉行呈送江户幕府。

第二通《大明兵乱传闻》，是日本正保二年即南明弘光元年、清顺治二年（1645）六月三日，南明商船抵达长崎，明遗民上岸向日本作如下三方面口头介绍：第一，崇祯十七年（1644）三月十九日李公子占领北京，崇祯帝自杀。崇祯帝臣下吴三桂依赖鞑靼人入关，李公子前去迎战。李公子有七八十万兵力，四川、湖广都有他的势力。李公子回北京，取了金银就到陕西去了。鞑靼人追击李公子至陕西。第二，崇祯皇帝自杀后，大明无主，故福王去年五月十三日在南京即位，年号弘光，然如今南京城却陷落了。鞑靼人并吴三桂等追击李公子，北京、山西、山东、陕西已被鞑靼人占领。五月初八日夜，数万鞑靼兵编筏张灯，于翌日晨渡江，占领镇江。十一日，鞑靼兵攻取南京，弘光皇帝出逃。五月二十四日，鞑靼已拥兵数百万，占领苏州、常州、松江和浙江嘉兴诸城。第三，崇祯皇帝第三太子，先是吴三桂在北京时隐逸民间，后辗转来到南京。弘光皇帝不让位，认为太子是假冒。现在鞑靼渡江征战，弘光帝已经跑了。以上明遗民口授内容，经唐通事翻译成日文书面资料，由长崎奉行呈送江户幕府。

明遗民在那个动荡年代，不可能及时有邸报可读，《大明兵乱传闻》二通本为明遗民口传资料，口传有误在所难免。如福王即位，第一通说五月十五日，第二通说五月十三日，矛盾说法就是例证。但是，这种民间口传的史料价值，当有其珍贵之处。如当时民间称李自成为"李公子"，康熙十年（1671）计六奇说："予幼时闻贼信急，咸云李公子乱，而不知有李自成。及自成入京，世犹疑即李公子"①，足见《大明兵乱传闻》称"李公子"有重要历史参考价值。

南明弘光元年（1645），南直隶官商苗珍实等人"奉旨过洋，往贾日本"②。弘光朝亡后，苗珍实等人不敢回国，"转投交趾，行商为业"③。

另外，据邵廷寀《东南纪事》卷一记载，隆武二年（1646）正月间，"交趾、日本，皆遣使入贡"。但据日本史料记载，此乃琉球使者所为，送来硫黄四千斤④。

日本正保三年（1646）十一月初十日，有福州商船抵至长崎，使日本当权者及时获悉清兵在福建"连战皆捷"、福州和泉州均"被火烧毁"，引起明遗民"很大的恐怖和悲痛"⑤，是年隆武政权灭亡。

南明永历二年、鲁监国三年、清顺治五年即朝鲜仁祖二十六年（1648）福建商人徐胜等五十一人去长崎，漂到朝鲜。当时东渡长崎，往返要经过朝鲜济州岛附近海域，故徐胜等五十一人遇风船破，漂至朝鲜。

南明官商贸易，大多具有外交和军事意义，从属于南明政权反清复明战略需要。如鲁监国三年（1648）十月十七日，鲁王朱以海重臣郑彩，致书日本国王、德川幕府将军，要求通商，并派遣施赞等人乘船载运药材、丝绸，以换回日本鸟铳、刀、甲、硝、铅等军用物资。

---

① 计六奇：《明季北略》卷23《李自成死罗公山》。
② 朝鲜《李朝实录》孝宗三年三月苗珍实自供。
③ 朝鲜《李朝实录》孝宗三年三月苗珍实自供。
④ 林春胜、林信笃编：《华夷变态》卷1《琉球人平川左波仓口上闻书之觉》，东洋文库铅印本。
⑤ 厦门大学郑成功历史调查研究组编：《郑成功收复台湾史料选编》，第185页。

第二年五月二十一日，郑彩又致书琉球国中山王世子，以"贵国与日本国实逼处"为由：

> 咨移贵国，其有长枪、大剑、衣甲、硝药等物，立刻制办赍到本藩军前，或应偿银，或应兑货，本藩俱听其便。并烦移咨日本国王，俱相成倡义，明罪致讨。异日成凯奏，贵国不世之勋，当有特酬。此系军机重物，毋得泛视迟延。①

又如鲁监国四年（1649）十一月，"遣太常卿任甲、御史余图南，往日本通好"②，进行贸易活动。但是，乞求援兵，始终是南明对日本的重要外交活动，亦是明遗民东渡日本重要内容之一。

二、日本对南明乞兵冷淡

这个时期，南明政权为了乞求援兵，比较重视与日本的外交活动。

隆武元年（1645）十二月十二日，隆武水军都督周崔芝，派遣参将林高出使日本，"乞借三千之师"③。然而，江户幕府最终以"日本与大明无往来，已有百年之久"和"日本御法度森严"④ 两个理由，拒绝出兵，林高无功回国。

南明隆武二年（1646）六月二十日，郑芝龙派遣黄征明等人出使日本。其出使船队途中遇暴风被冲散，有的船漂到浙江沿海，为清

---

① 林春胜、林信笃编：《华夷变态》卷1《建国公遣琉球国书》，东洋文库铅印本，东京秀光社铅印本。
② 查继佐：《罪惟录》附纪传19《鲁王》。
③ 林春胜、林信笃编：《华夷变态》卷1《崔芝请援兵》，并参见黄宗羲《日本乞师记》，邵廷寀《东南纪事》卷10《周崔芝》。
④ 林春胜、林信笃编：《华夷变态》卷1《崔芝请援兵》。

兵俘获，而黄征明等人返回福州。八月十三日，黄征明等人再次出航，九月初到达长崎。黄征明转交书信有致日本"正京皇帝"二通、致德川幕府将军三通、致长崎奉行三通，并送去缎、绫、丝、绒、绸等礼品。据林罗山回忆，致日本"正京皇帝"信附隆武皇帝朱聿键敕旨，引周代彭濮，唐代回纥典故，意在借兵反清。但是，十月十七日德川幕府接到长崎奉行根据东渡明遗民最新消息报告，得知"八月下旬清兵入闽，攻入延平。唐王出奔中为清兵所捕，或自杀。郑芝龙降清"①，因而责令黄征明等人回国。

鲁监国三年（1648），鲁王监国御史冯京第出使日本，此行乃受四明山寨义军王翊影响。王翊反清复明颇有抱负，并对日本存有幻想，故深感责任重大，对冯京第说："我灭则舟山无援，而舟山危我亦无援"、"今诚得包胥其人，痛告日本以讨敌复仇，兴灭大义，使发兵二道，一趣南京，一指天津，则天下扰动。我悉山中、岛中军，以扫江东、西，淮扬以南可坐有也"②。虽然冯京第此次使命未果，但他回国时"日本致洪武钱数十万"，"舟山之用洪武钱比由也"③，使鲁监国政权经济危机暂时获得缓解。

据翁洲老民《海东逸史·遗民传》云，朱舜水是年陪同冯京第出使日本。日本史学家原善公道说朱舜水几次来日本，"其意素在海外援兵，以举义旗"④；朱舜水门人今井弘济、安积觉也说："先生所以屡至日本者，欲以王翊为主将乡导，而借援兵也。然在日本，未尝露

---

① 林春胜、林信笃编：《华夷变态》卷1《郑芝龙请援兵》，东洋文库铅印本。
② 邵廷寀：《东南纪事》卷7《王翊》。
③ 黄宗羲：《日本乞师记》。
④ 原善公道：《先哲丛谈》卷2《朱之瑜》。

情泄机。"[1] 看来，《海东逸史·遗民传》的记载是有根据的。

鲁监国四年（1649）冬天，鲁王朱以海"命澄波将军阮美使日本，以兵部右侍郎冯京第及（黄）宗羲监其军以行"[2]，此事载《海东逸史》书内。按黄宗羲《日本乞师记》记载，是年十一月乞师日本以阮美为大使，没有记录冯京第、黄宗羲姓名。不过，全祖望据黄宗羲《避地赋》"历长崎与萨斯玛兮，……胡为乎泥中"诗句，认为是黄宗羲"尝偕冯（京第）以行而后讳之"[3]。据日本史料记载，阮美一行赍《鲁监国致长崎奉行书》、《一切经》和观音像一尊[4]，但终因"湛微欲以此举自结于日本"，使得阮美等人此次使命未果，"载经而返"[5]。

另外，永历二年即鲁监国三年（1648），郑成功亦派遣使节乞求援兵。据日本史籍引郑成功乞兵书，云"贵国怜我，假我万兵，感义无限矣"，但是长崎奉行"有故，不报"[6]。

当时，日本与清廷没有外交关系。但是，日本德川幕府通过长崎"唐船风说书"，及时了解到清廷与南明战局发展、变化情况，并对南明使者乞求援兵一事一直反应冷淡，可见其所持的态度是非常冷静，非常慎重的。

三、寓日明人和东渡僧侣的关系

明遗民东渡前期，除了南明商人、南明使节，则以僧侣最为突出。僧侣来到长崎后，均住在唐三寺，即兴福寺、崇福寺、福济寺。

---

[1] 今井弘济、安积觉：《朱舜水先生行实》。
[2] 见翁洲老民：《海东逸史》卷2《监国纪下》、卷18《遗民·黄宗羲》。
[3] 全祖望：《鲒埼亭集》卷11《梨洲先生神道碑文》。
[4] 林春胜、林信笃编：《华夷变态》卷1《大明鲁王谕长崎奉行》。
[5] 黄宗羲：《日本乞师记》。
[6] 川口长孺：《台湾郑氏纪事》卷上。

长崎唐三寺,是怎样兴建起来的呢?

兴福寺,是以明代僧侣真圆禅师为开山祖。真圆禅师俗名刘觉,江西饶州府浮梁县人,万历四十八年即日本元和六年(1620)来到长崎,结庵市东。"时江、浙客商及商船船主,欲创一寺于崎,便侨商念佛,兼厝旅榇,爰共鸠资,即真圆隐居之所建兴福寺。"[①] 兴福寺创建于元和九年(1623),又称南京寺,或称东明山。兴福寺地址,原来是长崎"吉氏废宅"[②],日本元和初年年间(1615—1617),为明代寓居日本的江西财力雄厚客商船主欧阳云台(其后裔则说福建漳州府人)买后改为别庄[③]。看来欧阳云台(?—1644年)与创建兴福寺颇有关联。

福济寺,是以明代福建泉州府觉海禅师为开山祖。崇祯元年即日本宽永五年(1628),泉州府觉海禅师在了然、觉意僧侣陪同下东渡长崎,不久在寓居日本的明朝漳州府侨商和商船主赞助下,在分紫山创建了福济寺,亦称漳州寺。如寓居日本的明朝福建漳州府医师、船主陈冲一(?—1624年)的儿子陈道隆,其日本名颖川藤左卫门,后来成为福济寺一大檀越。

崇福寺,是以明代福建福州府超然禅师为开山祖。崇祯二年即日本宽永六年(1629),超然禅师抵达长崎,不久在寓居日本明朝福州府侨商林太卿(字楚玉,1572—1645年)、何高材(字毓楚,1598—1671年)、马晟(字荣宇,?—1654年,其子北山寿安是日本后来医界名流)、王心渠(别名王引,1594—1678年)、俞惟和(字道通,1605—1674年)和多年来往安南、长崎间的福州府巨商兼船主魏毓

---

① 高罗佩:《东皋心越禅师传》。
② 宫田安:《唐通事家系论考》第13章第1节"开祖欧阳云台"。
③ 宫田安:《唐通事家系论考》第13章第1节"开祖欧阳云台"。

祯（？—1654年）赞助下，在圣寿山创建了崇福寺，亦称福州寺。上述崇福寺大檀越林太卿等人，实际上也是兴福寺、福济寺大檀越。来往长崎、安南巨商、船主魏毓祯之弟魏之琰后来定居长崎，被称为长崎明清乐祖。

寓居长崎的明朝侨民，对兴建唐三寺即兴福寺、福济寺、崇福寺，所作出的贡献甚大。唐三寺，完全是依照明朝寺院风格设计和建筑的。唐三寺，是东渡长崎明朝同乡僧侣参究禅法处所，亦是寓居长崎明朝侨民修禅处所。另外，唐三寺还各在寺内择地，开辟墓园，供本寺僧侣示寂，同时也供明朝同乡侨民檀越及其后裔殁后埋葬。

明代崇祯朝灭亡后，唐三寺成为明遗民包括僧侣东渡长崎后的活动中心。需要指出，林太卿等老一辈明代侨民，及其二代晚辈侨民，与东渡长崎的明遗民，在思想感情上有相通处，给予明遗民不少关怀和帮助。

日本正保元年即明崇祯十七年、清顺治元年（1644）九月，长崎林太卿主持崇福寺海天门建筑落成仪式，并以七十三岁高龄为海天门匾额亲笔书写"海天华境"四个大字，这对寓居日本长崎的明朝侨民、遗民，意味深长。林太卿儿子林守壂，字大堂，日本名林仁兵卫，时升进大通事职，亲笔书写寺门横额"崇福禅寺"四字。是年，崇福寺开基住持超然禅师圆寂，终年七十八岁。

是年，浙江杭州府僧侣逸然性融抵至长崎，驻锡兴福寺。逸然，法名性融，俗姓李，杭州府仁和县人。本来兴福寺开山真圆禅师，于宽永九年（1632）示寂，第二代住持如定禅师也于宽永十八年（1641）退职，故逸然性融禅师驻锡兴福寺后，被举为第三代住持。逸然性融禅师依靠唐三寺檀越资助，是年修复兴福寺。逸然性融善画，还在寺内兴建园林式东庐庵，成为后来明遗民和日本文人即景赋诗处。

日本正保二年即南明弘光元年、隆武元年、清顺治二年（1645），林太卿殁，终年七十四岁，埋葬在长崎崇福寺墓地内。他于明隆庆六年（1572）生在福清县（今福清市），三十八岁时为避战乱，于万历三十七年即日本庆长十四年（1609）东渡日本九州岛南部鹿儿岛，翌年生子林守壂。元和五年（1619）四十八岁，率全家移居长崎。当初超然禅师东渡长崎开创崇福寺时，林太卿为殿堂、方丈室、斋厨、法堂、马祖堂兴造出力甚大。是年，清兵过江、弘光朝灭亡后，朱舜水自浙东舟山抵达长崎，不久又浮海直去安南。是年，江户幕府御文库收藏崇祯年间刻本沈泰《盛明杂剧》。

日本正保三年即南明隆武二年、鲁监国元年、清顺治三年（1646）正月，长崎崇福寺由何高材资助，单层大雄宝殿上梁。是年八月，清兵打到福建汀州，隆武朝亡。福州府僧侣百拙如理、净达觉闻抵达长崎，住入崇福寺。百拙如理嗣超然崇福寺法席，净达觉闻为寺主（监寺）。是年，陈元贇"于江户城南西久保国正寺教徒"[①]。陈元贇曾于天启年间东渡后归明，崇祯十一年（1638）再次东渡，应召至尾张藩，曾与林罗山唱和，并传授中土拳技。是年，江户御文库收藏《吴骚合编》，还收藏汤显祖《牡丹亭记》、臧懋循《元人杂剧百种》、李渔《双瑞记》等书。

正保四年即永历元年、鲁监国二年、顺治四年（1647）八月，崇福寺由林守壂、王心渠、何高材和巨商兼船主魏之琰资助，铸造梵钟。据该寺梵钟铭文介绍魏之琰捐银一百五十两，居众檀越之首。是年，卢君玉之孙卢草硕出生在长崎，长大后习医，颇有名气。

---

① 原善公道：《先哲丛谈》卷 2《陈元贇》。

庆安元年即永历二年、鲁监国三年、顺治五年（1648），福济寺檀越、大通事陈道隆，与寓居日本的明代侨民父老商议后，决定邀请福建蕴谦戒琬禅师东渡长崎。同年，朱舜水与冯京第出使日本。

庆安二年即永历三年、鲁监国四年、顺治六年（1649），泉州府开元寺蕴谦戒琬禅师应邀抵达长崎，入福济寺开山，宣扬中土福清县黄檗山万福寺禅风。是年，兴福寺僧侣湛微，回中土浙东后又复来。

庆安三年即永历四年、鲁监国五年、顺治七年（1650）春，由陈道隆等人资助，建成福济寺观音堂，并修建寝室、僧堂、厨房、马祖祀堂、关帝祀堂等。

这一时期东渡长崎僧侣，凡南直隶、浙江、江西籍的住入兴福寺，福建泉州府、漳州府籍的住入福济寺，福建福州府籍的住入崇福寺，这也是与各寺檀越籍贯基本上一致。尽管长崎唐三寺兴起、发展，基本上是以同乡关系为基础，但是在明遗民东渡日本高潮时期，中土僧侣入住唐三寺的籍贯限制被打破了。

第二章
"任浮沧海去，心事付东流"
——明遗民东渡日本高潮期（1651—1661年）

明遗民东渡日本高潮期特点，是明遗民东渡数量多，包括了各方面的文化人。出现这种情况，与鲁监国六年（1651）浙东四明山寨义军失败有关。鲁王朱以海监国，实际是依靠四明山寨义军支撑，鲁王朱以海去监国号后，张名振、张煌言和郑成功北伐相继失败，所以明遗民纷纷东渡。

"任浮沧海去，心事付东流"诗句，录自蒋兴俦长篇史诗《东渡述志》，反映出明清鼎革之际明遗民孤忠隐痛深情和东渡史实。

这一时期，南明官商、民商对日本的贸易活动，是非常活跃的。

第一节 时代背景

鲁监国四年、永历三年即顺治六年（1649）四月，清兵连破鲁监国控制的福建三府一州二十九县，平定全闽后，浙东清兵实力有了增强。浙东四明山寨义军由王翊统率英勇战斗，支撑着鲁王朱以海监国舟山。鲁监国五年即顺治七年（1650）九月间，清兵由奉化、余姚围攻四明山寨，王翊义军累战不能抗。王翊赴舟山治水师，四明山寨破。王翊在舟山备受悍将排斥，一无所展，于鲁监国六年即顺治八年（1651）七月返回四明山时，为清兵所捕，惨遭杀害。是年八月清兵出定海，九月清兵攻破舟山。鲁王朱以海在张煌言保护下入闽，以寓公身份居住金门岛，于鲁监国九年（1654）自去监国号[①]。

必须指出，明遗民在清兵接连攻破四明山、舟山之际，做出了巨大的牺牲。如王翊惨遭杀害后，其头颅被清兵割下来，悬挂在鄞县城楼门；吴钟峦、张肯堂、李向中、朱永佑、董志宁、林瑛、阮进、张名扬等南明著名人士，都死在此难中。另外，清廷又调集兵力入闽，加强攻击郑成功，并搜剿浙、闽抗清义军余党，凡与海上或山寨义军有牵连者就行翦除。明遗民处境更加危殆，故不少人隐匿踪迹，或隐于浮屠。东南沿海地区笼罩着清兵强制性白色高压恐怖气氛。时为辛卯年，故史称"辛卯之难"。辛卯之难，禅门也不能独免，这是当时历史特点。

当时，清廷对僧侣控制很严。如顺治五年（1648），曹洞宗高僧觉浪道盛禅师论道书内，有"我太祖高皇帝"句[②]，结果为清兵所捕拘禁狱中，后来查明觉浪道盛禅师论道书编撰于崇祯年间，冤狱始解。其实，弘光朝灭亡后，浙江、福建等地有僧兵抗清，觉浪道盛禅师，以及临济宗隐元隆琦禅师、继起弘储禅师都有反清复明意识，他们的门徒里明遗民甚多，故辛卯之难波及东南禅门。许多僧侣为了免于被清兵捕杀，不得不避匿下山，正如当时人徐枋说是东南寺宇"合

[①] 见韦祖辉：《浙东义军抗清运动与鲁监国兴亡》，《宁波师院学报》1990年第2期。按鲁监国九年三月有玺书召朱舜水，故以是年去监国号为妥。

[②] 陈垣：《清初僧诤记》卷2《灵岩树泉集诤》。

众下山之时"①，全祖望亦说"辛卯之难，寺中星散"②。总之，辛卯之难以后，清兵控制寺宇非常严厉，是这一时期众多僧侣东渡日本的一个重要原因。

辛卯之难以后，东南沿海地区，只有张名振、张煌言、郑成功军队掎角海上。如永历六年、鲁监国七年即顺治九年（1652），郑成功同清廷浙闽总督陈锦，在漳州府龙溪县九龙江江东桥激战，清兵大败，陈锦死于此役。后来郑成功收复漳州府、泉州府所属各县，从而巩固了郑成功在厦门、金门二岛的战略地位，使郑成功军队在沿海地区屡有战绩。也正因为有这样的原因，才使清廷海禁效果甚微，南明商船和明遗民在郑成功军队保护下，出海不绝。如隐元隆琦禅师，就是在郑成功保护下，出海去日本的。

据顾诚先生考证，永历八年、鲁监国九年即顺治十一年（1654）正月、四月、十二月，张名振、张煌言相继三次北伐进入长江，曾震动南京地区，但因战况不利，或因上游义军愆期不至，三次北伐都不敢深入而退师③。张名振病死后，其军由张煌言统率。永历十二年即顺治十五年（1658）五月，郑成功在明遗民魏耕等人积极活动和极力劝说下，并且收到永历朝李定国书信约定"自闽、浙图南京"④，就决定率全军北上，号十余万众，战船八千艘，于是年七月与张煌言会师，组成北伐军。当时李定国在云南与清兵激战，曾遣人联络李来亨与北伐军会师荆州⑤。永历十三年即顺治十六年（1659）五月，郑

---

① 据陈垣《清初僧诤记》引徐枋《与月涵和尚书》文。按：徐枋当明亡后，在继起弘储禅师帮助下，隐居苏州支硎山白马涧上。
② 全祖望：《鲒埼亭集》卷14《南岳和尚退翁第二碑》。
③ 参见顾诚：《顺治十一年——明清相争关键的一年》，《清史论丛》1993年。
④ 王夫之：《永历实录》卷14《李定国列传》。
⑤ 王夫之：《永历实录》卷14《李定国列传》。

成功、张煌言北伐军进入长江，六月攻破瓜州、镇江，仪真吏民归附，包围江宁（南京）。七月张煌言直趋芜湖等地区，攻下徽州、宁国、太平、池州四府以及广德、和、无为三州共达二十四县，部署沿江西进，欲直取九江。李来亨等人，亦如约在西部地区出击，曾攻入襄阳。此即所谓"江右、江北、蕲黄、汉沔，已云合响应"①，北伐形势是不错的。再从民心看，对北伐军也有利，如"杭州及江西九江等处，俱有密谋举义前来给札者"②，"金坛诸缙绅有阴为款者"③，"四方响应，皆谓中兴。闻扬州百姓有以大明皇帝龙牌"等待北伐军入城④。另外，清廷从沿海调兵增援江宁守军，所经太仓、苏州、无锡、常州、丹阳等地，均大肆搜刮民间，所谓"兵所过，靡不残灭无遗，数百里几绝人烟"⑤，与当初清兵屠城"惨状相似"⑥，故三吴地区人民迫切希望北伐告捷。当时清兵处劣势，江宁指日可下，故清廷"欲出京兵"援江宁⑦，但郑成功在此关键时刻犯下了严重错误，如围江宁而未发一镞，亦未出兵夺取江宁咽喉之地，结果"苏、常援虏得长驱入石头"⑧，使江宁清兵实力加强。兵法切忌骄傲轻敌，切忌军纪松弛，而郑成功军队围江宁半月，"士卒释兵而嬉，樵苏四出，营垒为空"⑨。江宁守城清兵侦知后，"用轻骑袭破前营"、"虏倾城出战"⑩，

---

① 朱舜水：《中原阳九述略》。
② 阮旻锡：《海上见闻录》卷1。
③ 娄东无名氏：《研堂见闻杂记》。
④ 娄东无名氏：《研堂见闻杂记》。
⑤ 娄东无名氏：《研堂见闻杂记》。
⑥ 娄东无名氏：《研堂见闻杂记》。
⑦ 阮旻锡：《海上见闻录》卷1。
⑧ 张煌言：《北征录》。
⑨ 张煌言：《北征录》。
⑩ 张煌言：《北征录》。

七月二十三日大败郑军。本来胜败乃兵家常事，关键是要化被动为主动，倘若郑军能退守镇江，牵制清兵，等待张煌言兵至，亦不失转化时机，何况芜湖等地区为张煌言军队据守，仍然有优势。然而七月二十八日郑成功军队从镇江扬帆而去，结果使清军集中兵力攻击张煌言部队，北伐终因郑成功的错误而失败。当时，李来亨等人战况不利，"遂屯巫山巴东之西山"①。反过来说，若郑成功军队攻克江宁、扩大江南战果，李来亨等人就能在荆州、襄阳地带打开局面，与张煌言军队控制地区连成一片，西南地区李定国战况也将大大改观，从而为恢复中原创造条件。所以，这次北伐失败，意味着南明最后一次复明的希望破灭了，对明遗民精神上打击很大。如太仓州遗民王家祯，以悲愤心情批评郑成功："宜乎一战而溃，胜势都失也。"② 参与北伐的朱舜水，事后也严厉批评郑成功辜负了明遗民愿望，指出："恐不复取信于天下"，"民心之迫切，亦甚可怜矣。"③

永历十五年即顺治十八年（1661）四月，郑成功以丧败之师，退入台湾。是年十二月，西南地区永历政权，为清兵所灭。这表明事关南明全局的东南地区、西南地区反清势力失利、败落，因而明遗民大有"五岳之志不可期"的悲伤情感。如读书"尤精考索"、不徇古人成见的南明学者杨秉纮绝望，悲叹说："我已无国、无家"，"是天多我也"，遂自称"天多老人"④。因而，这一时期明遗民东渡日本数量甚多，不是偶然的。

---

① 王夫之：《永历实录》卷1《大行皇帝纪》。
② 娄东无名氏：《研堂见闻杂记》。
③ 朱舜水：《中原阳九述略》。
④ 全祖望：《鲒崎亭集》卷14《天多老人墓石志》。

第二节　明遗民东渡日本情况

一、通商

这一时期（1651—1661年），南明使节船、官商船、民商船抵达长崎，先后依序有40艘、50艘、56艘、51艘、45艘、57艘、51艘、43艘、60艘、45艘、39艘①，平均每年超过48艘。另外，在此十一年间，经南洋直往长崎的南明商船，先后依序达到13艘、13艘、19艘、11艘、5艘、18艘、19艘、13艘、10艘、20艘、7艘②，平均每年超过13艘。这两项合起来，平均每年超过60艘，是南明对日本贸易最为活跃的时期，也是明遗民东渡日本数量最多时期。

前文述及苏州南明官商苗珍实一行，弘光朝亡后往返日本、南洋间，经商七年，为鲁监国政权提供资金、军需品。苗珍实一行的商舶，永历五年、鲁监国六年即日本庆安四年、朝鲜孝宗二年（1651），再次从安南抵达长崎贸易。翌年正月二十二日，苗珍实商舶离开长崎，向浙江、福建方向航行，不料二月初九日途经朝鲜旌义县济州岛海域，"忽遇飓风，船败大洋中，溺死者一百八十五人。幸而生者只二十八人，而其所沉没财货甚多"③。苗珍实等二十八人，漂到旌义县海岸边，"旁有积尸，葬以彩帛"④。全船二百一十三人，溺死者一百八十五人，船、货俱亡，明遗民东渡日本艰险之状，由此可见一斑。

---

① 参见木宫泰彦：《日中文化交流史·明清篇》，第四章。
② 参见岩成生一：《近世日支贸易数量的考察》，日本《史学杂志》第62编11号。
③ 朝鲜《李朝实录》"孝宗三年三月辛丑"条。
④ 朝鲜《李朝实录》"孝宗三年三月辛丑"条。

当时，浙东经常有水、旱灾害，是江南经济比较落后的地区，鲁监国政权财政始终窘厄，故重视对日本通商贸易。鲁监国六年（1651）"秋七月，旱、饥"，鲁王朱以海派遣使节东渡"乞粟于日本，为航粟数千斛，济舟山"①。然而，是年八月清兵发动攻势，九月破舟山，鲁监国政权"乞粟于日本"也就不了了之。

清廷在攻破四明山寨、舟山后不久，推行海禁政策。但是，郑成功军队活跃在福建沿海岛屿，"并以众驻思明（按：即厦门），传箭洋舶，各国诸税骈集，养军"②。可见此后，郑成功控制了南明海外贸易，他重视与日本贸易。如永历五年即鲁监国六年（1651）十二月，郑成功派遣使节东渡"乞饷日本，以足军实"③，这类贸易活动，使郑成功获得日本铅、铜等军需物资，"令官协理，铸铜熕、永历钱、盔甲、器械等物"④。另外，郑成功还从日本进口白银，如郑成功号称十余万众的军队通行的军饷"银币"，就是用日本白银铸造成的。

郑成功对日本贸易规模比较大，并且形成了郑氏官商势力。如永历九年（1655）五月，郑氏官商曾定老从郑氏银库内"领出银五万两，商贩日本，随经算还讫"，十一月又"领出银十万两"⑤，贸易成本高达五万两或十万两，足见郑氏对日本贸易规模之大。又如郑泰将这一时期，即永历十五年、日本宽文元年（1661）以前郑氏官商在长崎贸易所得银币，以每箱银一千二百两装，一百一十七箱寄存在唐通事林守壂处，另一百四十四箱外加每箱银一千两的四小箱，寄存在唐

---

① 查继佐：《罪惟录》附纪卷19《鲁王》。
② 查继佐：《罪惟录》列传卷9下《郑成功》。
③ 沈云：《台湾郑氏始末》卷2。
④ 江日升：《台湾外纪》卷3。
⑤ 《明清史料》丁编第3册《五大商曾定老等私通郑成功残揭帖》。

通事陈道隆处①,这就是史称"郑泰存银"事件。不难看出,这一时期郑氏官商对日本贸易规模大,且相当活跃。

总之,郑成功开展海外贸易活动,特别是通商日本,使得他能在福建沿海地区养兵,这正如郑成功自己说:"东、西洋饷,我所自生自殖者也。"② 所以,郑成功通商日本,是他抗清战略的组成部分。

二、郑成功致日本书

南明永历十二年、清顺治十五年即日本万治元年(1658)夏季,当郑成功为北伐积极备战、准备与张煌言会师时,派遣僧侣桂梧、如昔为使节,东渡日本乞求援兵,这是郑成功北伐计划重要组成部分。

僧侣桂梧、如昔一行,共一百四十七人,于六月二十四日出海,七月十日抵达长崎。桂梧、如昔代表郑成功奉献礼物,递交了郑成功致江户幕府德川家纲书信一通。书信原文如下:

> 启上日本国上将军麾下:伏以:洲同瞻部,就一水以判东西;境迩蓬莱,连三岛而囊天地。域占为雷之位,光拂若木之华。百篇古文,早得嬴秦之仙使;历代列史,并分上国之车书。道不拾遗,风欲追乎三代;人重然诺,俗尤敦于四维。恭惟上将军麾下,才擅擎天,勋高浴日。铸六十五州之刀剑,雌雄为精;服五百一郡之段图,砾沙皆宝。文谐丹府,屡有表使至金台;释辅儒宗,再见元公参黄檗。虽共临乎覆载,还独奠其山河,成功生于日出,长而云从,一身系天下安危,百战占

---

① 林春胜、林信笃编:《华夷变态》卷5(第二种)《郑祚爷预金始末觉书》、《龚、黄二姓递书》,并均将林守壑、陈道隆称为林仁兵卫、颍川藤左卫门。

② 杨英:《从征实录》。

师中贞吉。叨世勋之赐李，恩重分茅；效文忠之祚明，情深复旦。马嘶塞外，肃慎不数余凶；虏在目中，女真几无剩孽。缘征伐未息，致玉帛久疏。仰止高山，宛寿安之在望；溯洄秋水，怅沧海之太长。敬勒尺函，稍伸丹悃。爰赍币筐，用缔缟交。旧好可敦，曾无赵居任于令复往，中兴伊迩，敢望僧桂梧、如昔重来。文难悉情，辞不尽意。伏祈鉴炤，可任翘瞻。成功载拜。慎余。①

郑成功书信，首先追颂中日两国历史久远的传统友谊外，赞颂了幕府德川家纲将军"才擅擎天，勋高浴日"。鉴于日本儒、释不分习俗，故提及"释辅儒宗"，充分肯定隐元隆琦在日本弘扬黄檗禅风。然后，结合自身经历，说："成功生于日出，长而云从，一身系天下安危，百战占师中贞吉"，并以唐初名将徐世勣赐姓李的典故自喻，以颜真卿忠于唐室的气节自励，寓意自己抗清之决心。接着指出："缘征伐未息，致玉帛久疏。仰止高山，宛寿安之在望；溯洄秋水，怅沧海之太长。敬勒尺函，稍伸丹悃。爰赍币筐，用缔缟交。旧好可敦"，希望在抗清斗争中发展与日本的友好关系。书信结尾，表示："中兴伊迩，敢望僧桂梧、如昔重来。文难悉情，辞不尽意。伏祈鉴炤，可任翘瞻。"其实，这通书信，关键是结尾部分。"中兴伊迩"，乃暗喻郑成功要兴师北伐，这是书信全文中心所在。"文难悉情，辞不尽意"，自有乞师曲笔之隐，寓意将由桂梧、如昔去长崎面叙。

郑成功这通书信，是事关重要的急件，来不及由唐通事翻译，同

---

① 林春胜、林信笃编：《华夷变态》卷1《朱成功献日本书》。

桂梧、如昔到长崎时面叙口信，当天均由长崎奉行呈送到江户。这次非同寻常的北伐计划，引起了德川幕府重视，经过长达两个月考虑后，决定不复信，表面上对郑成功乞师要求不予理睬，并责令郑成功使船于九月十二日归帆。因而，日本平凡社编《世界大百科事典》第18卷说，德川幕府拒绝了郑成功借兵请求。粟田元次郎《日本近代史》第四章亦说德川幕府没有答应出兵。但是，当时对德川幕府决策影响甚大的尾张、纪伊、水户藩侯已经主张出兵助战，所以德川幕府实际上响应了郑成功乞师请求，只是出兵越海，需要有准备过程，这是至今中日两国史学界一直没有察觉到的问题。

李氏朝鲜与清廷有外交关系，故对郑氏乞兵日本非常敏感。据朝鲜手抄本李墈《漂人问答》援引明遗民曾胜三十六字供词，云："庚子夏初，日本大举兵，随汉人之客于日本者，以向北京矣。洋中忽遇狂风，舟不得前，乃回师。"[①]这就是说，"庚子夏初"，系当南明永历十四年即清顺治十七年、日本万治三年、朝鲜显宗元年（1660）夏初，日本大举出兵，在寓居日本的"汉人"即明遗民向导下，"以向北京矣"，意味着日本在中国明清交战中，已经公开站在南明郑成功一方，与清廷单方面处于战争状态。然而，途中"忽遇狂风，舟不得前"，显然"忽遇狂风"使不宣而战的日军"舟不得前"，船沉、遇难者不少，方使这非同寻常的"大举兵"以"回师"了之。这纯属德川幕府绝对机密，并且未遇清兵交锋就回师，与清廷安宁如故，所以没有引起中日两国史学界注意。研究历史，不能离开史料，也不能盲目依赖史料，重在广泛搜索，去伪存真。李墈当时为朝鲜济州特使，

---

① 李墈《漂人问答》手抄本，现为日本天理图书馆珍藏。1982年日本《关西大学东西学术研究所纪要》第15辑松浦《在李朝时代漂着中国船的资料》文内，附有照片李墈《漂人问答》手抄本全文。

所撰《漂人问答》，是根据他亲自讯问林寅观、曾胜、陈得等人而成书。本来林寅观回答李墭询问时，顺便说出"前年日本王，许兵相助"、"先王（按：指郑成功）之借兵于日本久矣"，接着曾胜就不禁说出上引三十六个字的供词。曾胜供词，一字千金，可弥补中日史乘记载之不足，充实了明清史和中日关系史有关日本应郑成功请求出兵的内容。有关这方面，可参阅1997年《明史论丛》刊登宁生《日本应郑成功请求大举出兵新证》一文。虽然"日本大举兵"是在郑成功北伐失败之后，未与清兵交锋就回师，对明清交战双方没有实际战略意义，对当时中日关系也没有产生复杂化的消极影响，但这毕竟是明清史和中日关系史上重大事件。

永历十四年即日本万治三年（1660）七月，北伐败后退师厦门、金门的郑成功，再次派遣使节，东渡日本乞师。据阮旻锡《海上见闻录》卷1记载："命兵官张光启往倭国借兵，以船载黄檗寺僧隐元及其徒五十众。时倭人敦请隐元，故载与俱往。"隐元隆琦是南明永历八年、清顺治十一年即日本承应三年（1654）东渡，故此阮旻锡《海上见闻录》记载有误，而是隐元门徒慧门如沛派遣高泉性潡、晓堂道收等人，随同张光启东渡。这次乞师情况，据江日升《台湾外纪》卷5记载："七月，（郑）成功遣兵官张光启，往日本借兵"，"十一月，出使日本，张光启回称：'……（日本）上将军以其前出兵损失，坚意不允，仅助铜熕、鹿铳、倭刀而已。'"沈云《台湾郑氏始末》也有类似记载。按江日升《台湾外纪》记载德川幕府将军德川家纲说"其前出兵损失"，即朝鲜李墭《漂人问答》引曾胜三十六个字供词所说，"洋中忽遇狂风，舟不得前"，日军海上船沉、遇难者不少，被迫回师，此即成为德川家纲将军"坚意不允"的理由。亦可证实，张光启出使日本，是"庚子夏初，日本大举兵"即所谓"其前出兵损失"几个月后的事情。张光启借兵未成，却从日本获得一些武器，所以仍是有成果的。

三、明遗民沓至长崎

这一时期，南明抗清斗争失利、败落，清兵控制了浙江、福建，东南地区明遗民没有安全保障。诚如隐元隆琦说："此时唐土正君子道消之际，贤达豪迈之士尽付沟壑，唯吾辈乘桴海外，得全残喘。"[①]所以明遗民东渡数量甚多，形成了高潮。当时，这种现象与南明通商日本，是成正比例的。故定居日本的明遗民，靠此海上通道，与中土保持联系，几乎年年有书信往来。

南明永历五年、鲁监国六年、清顺治八年即日本庆安四年（1651）七月，朱舜水离开舟山去安南，得知舟山破后，又转去长崎。朱舜水抵达长崎后，在《上长崎镇巡揭》云："今瑜（按：即朱舜水）归路绝矣"，"或使瑜暂留长崎，编管何所，以取进业；或附船往东京（按：即今越南河内、海防地区）、交趾，以听后命。"[②]是年，中土福州府福清县黄檗山万福寺隐元隆琦弟子也懒性圭，应日本长崎崇福寺邀请东渡，海上遇风，不幸溺死。福建兴化府莆田县僧侣道者超元抵达长崎，入崇福寺，继嗣百拙如理法席，为崇福寺第三代住持。道者超元后来又去肥前平户智门寺、金泽天德寺传法，铁心道胖（明代侨民陈朴纯之子）和日本僧侣越传、普峰、慧极、潮音等追随者，受益甚多，使日本禅宗开始有了生气。山西太原籍医师王宁宇抵达长崎，后去江户行医，传播明代药剂包裹方法。

---

① 陈智超、韦祖辉、何龄修编：《旅日高僧隐元中土来往书信集》（下简称《来往书信集》）054号信"参考资料"。

② 见朱舜水：《朱舜水集》卷3。

永历六年、鲁监国七年、顺治九年即日本承应元年（1652）年初，朱舜水离长崎去安南。后来想回厦门，只因郑成功在漳州府、潮州府一带作战，师行无定，故秋季再次抵达长崎后，又去安南。朱舜水与郑成功、张名振有书信联系。是年，"日本后光明天皇欲创一禅林"①，又由于福清县黄檗山万福寺住持隐元隆琦，在中土名气很大，日本临济宗僧侣对他也很敬仰，故长崎大通事、浙江绍兴府侨民陈性乾（日本名颍川官兵卫）和福建福州府福清县侨民何高材等人，联名以长崎唐三寺檀越名义，上书江户幕府邀请隐元隆琦东渡②。江户幕府授权长崎兴福寺逸然性融住持，礼聘隐元隆琦。逸然性融禅师派遣其弟子，浮海前往福清县黄檗山万福寺，并以书、币礼聘隐元隆琦，但隐元隆琦东渡决心未下。是年张道济殁于长崎。张道济日本名清川久右卫门，是郑成功童年时代好朋友，二人曾在福州"同起卧三年"③。张道济之父张三峰，乃四川人，约明朝万历天启年间东渡，定居长崎，殁于宽永五年（1628）。是年，江户御文库入藏锄兰忍人《玄雪谱》、沈采《千金记》、无名氏《寻亲记》等书。

永历七年、鲁监国八年、顺治十年即日本承应二年（1653）三月，浙江医师、书法家戴曼公到达长崎，寓居同乡医师陈明德（日本名颍川入德）家里。五月，唐通事、福济寺檀越陈道隆，建成"一濑桥"，为长崎十二景之一。七月，朱舜水由安南直抵长崎，在陈明德家与戴曼公会晤④，十二月又去安南。是年十一月，长崎通事刘三

---

① 高罗佩：《东皋心越禅师传》。
② 见宫田安：《唐通事家系论考》第3章"陈九官颍川氏家系"、第17章"何毓楚何氏家系"。
③ 宫田安：《唐通事家系论考》第29章"初代张三峰"。
④ 见戴曼公《跋安南供役纪事》云："岁癸巳秋，易（按：即戴曼公）与先生（按：即朱舜水）天涯把臂，共寄足于颍川居士之门。"

官（日本名彭城太兵卫）[①]等十二人，联名写信邀请隐元隆琦。逸然性融再次派遣其弟子持信，浮海前去，恳请隐元隆琦东渡，隐元隆琦为其诚意感动，在福清县黄檗山万福寺特意上堂法语许之。是年，明朝侨民高一览（日本名深见久兵卫，乃寓日归明高寿觉之子）为长崎唐通事，其子高玄岱刚五岁，"幼有瑰奇"[②]，开始在戴曼公培育下成长。是年野田弥次右卫门，据明朝崇祯年间武林钱衙版本，翻刻李时珍《本草纲目》。江户御文库入藏明朝传奇剧本《花筵赚》。

永历八年、鲁监国九年、顺治十一年即日本承应三年（1654）二月，中土福清县黄檗山万福寺住持隐元隆琦，把法席让给其高徒慧门如沛承嗣，并将鲁监国重臣钱肃乐遗骨迁葬在福清县黄檗山麓后，以三年为期，于五月初十日离开黄檗山，率领慧林性机、大眉性善、独湛性莹、南源性派等名僧启行。隐元隆琦一行，六月三日到厦门时，受到郑成功款待，郑彩等人络绎参谒，二十一日由郑成功备船护送起航，七月初五日到达长崎。隐元隆琦一行登岸，受到刘焜台、陈九官、陈道隆、刘三官、刘宣义等侨民热烈欢迎，并于初六日入住兴福寺。时逸然性融退职，隐元隆琦为兴福寺第四代住持，开堂说法，十月十五日结制。日本僧侣七十人、寓日明侨居士二十余人参禅，乃至兴福寺"狭窄弗能广容"[③]，使日本禅宗出现耳目一新局面。当隐元上堂时，大通事、檀越陈九官请教"三玄三要"旨意，颇受启迪。戴曼公亦参谒，并于冬季脱俗，拜隐元隆琦为师，释名性易，法号独立。隐元隆琦念念不忘故国，如钱肃乐墓碑事项未竣工，他就利用"冬船

---

① 刘三官，乃洪武时诚意伯刘基后裔。其父刘凤岐，乃淮安人，宽永四去死去，葬在长崎兴福寺后山墓地。详见宫田安：《唐通事家系论考》第11章"刘凤岐彭城氏家系"。
② 原善公道：《先哲丛谈》卷5《高天漪传》。
③ 性派：《黄檗开山普照国师年谱》卷下。

归唐"之便"寄金","以完厥事"①。

是年，善水墨佛画的画家陈贤，僧侣柏岩道节东渡长崎。六月二十一日，定居日本的明代福建福州府长乐县医药商、崇福寺檀越马晟（字荣宇）殁，葬在崇福寺后山墓地。马晟之子北山寿安，后来成为日本名医。是年九月二十七日，福建独耀性日致书隐元隆琦，说："独往已同定西侯往北矣。"②隐元隆琦弟子独耀性日，俗姓姚，名翼明，鲁监国职方主事。独往释名性幽，亦是隐元隆琦弟子，俗姓欧，名琪，是年八月跟随张名振北伐抗清。是年冬季，福建高僧亘信行弥致书师兄隐元隆琦，说："普天下俱推重黄檗（隐）元法兄，道播寰区，声驰东震，真如此土达磨为彼土初祖也"③，高度评价隐元东渡日本弘扬黄檗禅风之举。经常往来东京、长崎并资助兴建崇福寺的福清县巨商、船主魏毓祯，是年殁于安南东京。是年，江户御文库入藏明朝传奇剧本张凤翼《红拂记》。

永历九年、顺治十二年即日本明历元年（1655）正月十五日，隐元隆琦在长崎兴福寺解制，嗣后铁心道胖和日本僧侣独本、独照、铁眼、慧极、潮音等人复集，人数倍前。隐元隆琦派遣兴福寺僧侣古石、惟仁回国，至苏州府常熟县维摩寺拜谒费隐通容，至浙江嘉兴府海盐县广慧寺拜谒孤云行鉴。当年春、夏之际，费隐通容、孤云行鉴相继致书隐元隆琦④，函告古石、惟仁在国内活动情况。陈九官辞去大通事职，脱俗拜隐元为师，法名性乾，法号独健。五月二十三日，隐元隆琦辞去兴福寺住持职务，由林守壂、王心渠、何高材等十四名

---

① 性派：《黄檗开山普照国师年谱》卷下。
② 《来往书信集》012号信。
③ 《来往书信集》014号信。
④ 见《来往书信集》002号、023号信。

崇福寺檀越陪同，进入崇福寺。崇福寺住持道者超元改职寺主，拥戴隐元隆琦为住持。崇福寺僧侣普定、净达觉闻回国。林守壂在崇福寺内建造园林式"卧游居"，供隐元隆琦起居。福清县侨民、长崎唐年行司、崇福寺檀越林公琰之儿子林应寀，时年十六岁，谒见隐元隆琦。隐元隆琦以五言绝句，赠此善童法语："性具法通达，心空道自荣；炤临千万国，尽在一念诚"①，林应寀从此以道荣为自己之名字，后来为大通事，是日本著名书法家。

是年夏季，福建泉州府名谓自公的商人抵达长崎，拜访隐元隆琦，并递交其兄道岳（郑彩之婿）、其弟道海二居士写给隐元隆琦的信②，而隐元隆琦在复道岳信中指出："令弟自公来，询及故土，仍尔纷纷。天未厌乱，理数丁否，奈之何哉？"③经江户幕府批准，七月初七日竺印赍妙心寺住持龙溪宗潜信前来长崎，邀请隐元隆琦住摄津州富田（今高槻市）普门寺，信云："吾国近古不闻宗师来临，不见衲子远游，有志之士无不嗟叹"，"伏愿象驾早到邦畿，雷化遍行四裔。至祝至祷"④。隐元隆琦想三年如期回国，拒绝前往。七月初十日，隐元隆琦高徒木庵性瑫，率其门徒慈岳琛抵达长崎，被蕴谦戒琬、陈道隆迎入福济寺。隐元隆琦经长崎奉行、竺印再三恳请，又喜木庵性瑫来到长崎，就应允前往普门寺。

隐元隆琦居长崎一年一月有余，是年八月初九日应日本高僧龙溪宗潜邀请，在门徒慧林性机、大眉性善、独湛性莹、南源性派、独立（戴曼公）等和日本僧侣独照、月潭、越传等陪同下，前往摄津州

① 宫田安：《唐通事家系论考》第14章"林公琰林氏家系"。
② 见《来往书信集》016号、017号信。
③ 《来往书信集》016号信"参考资料"。
④ 鹫尾顺敬：《龙溪与黄檗宗开创》，日本《史学杂志》第33编。

富田普门寺。出发前，长崎奉行从百余名唐通事中间，选定刘宣义随从隐元隆琦，萨摩侯锅岛直能出大船供隐元隆琦航用。隐元隆琦一行出发，经马关（今下关）入濑户内海时，隐元隆琦触景有感，当即题诗，云："我是支那老比丘，随缘应化赴东游。相知惟有江头月，一夜清光伴客舟。"① 九月初五日，在大阪川口改乘小船，翌日到达富田普门寺。普门寺檀越、京都所司代板仓重宗多次前来谒见，"谦恭致重，恨相见之晚"②，并与龙溪宗潜等人共同推举隐元隆琦为普门寺住持。普门寺是日本临济宗名刹，但是禅风败落，梵钟亦毁之，故隐元隆琦着手铸造梵钟，撰写钟铭，弘扬禅宗旨意。十一月初四日，隐元隆琦在普门寺开堂说法，就任住持。是年，浙江僧侣澄一抵达长崎，入住兴福寺，被推举为第五代住持。澄一禅师精通医术，对后来水户藩臣今井弘济医术有影响。

永历十年、顺治十三年即日本明历二年（1656）四月初二日，隐元隆琦弟子无上由惟仁陪同，自中土渡海抵达长崎，带来福清县黄檗山万福寺僧侣、居士恳请隐元隆琦回国书信，入住福济寺。木庵性瑫派遣福济寺僧侣唯玄，将中土万福寺僧侣、居士书信送往富田普门寺。隐元隆琦收阅，由是有回国之意，复木庵性瑫书云："闻无上至，老朽又添一足，涉险履危，擎波还国，可无患矣。"③ 但在龙溪宗潜再三恳切抑留下，隐元隆琦应允结制一期即告归回国，并特意回复故土黄檗山万福寺诸檀越及弟子慧门如沛等书信三十余通。八月二十日，独耀性日致隐元隆琦信，由东渡商船转致，内云："恭迎法驾还

---

① 鹫尾顺敬：《龙溪与黄檗宗开创》，日本《史学杂志》第33编。
② 鹫尾顺敬：《龙溪与黄檗宗开创》，日本《史学杂志》第33编。
③ 《来往书信集》057号信"参考资料"。

山。"① 秋冬间，福建泉州府商人自公赍道海致隐元隆琦书信东渡长崎，告示：道岳"抱病靡有愈刻，不幸于四月示寂"②。是年，福济寺大雄宝殿，在陈道隆等人资助下落成。冬季，木庵性瑫主持福济寺开堂法会，就任住持，蕴谦戒琬改职寺主。是年，心盘真桥自福建致书隐元隆琦，云"即非首座师，当与幼节居士同造于彼岸也"③，告示即非如一将东渡长崎。是年十月，隐元隆琦由日本僧侣秃翁、竺印陪同，去山城（今京都）游仙寿庵、龙华庵、妙心寺、南禅寺、东福寺。

永历十一年、顺治十四年即明历三年（1657）二月十六日，隐元隆琦弟子即非如一，率其门徒千呆性安，由福建抵达长崎，被王心渠、何高材、林守壂等人迎入崇福寺。林道荣此后经常参谒即非如一，并请教书法艺术。四月，隐元隆琦请龙溪宗潜去江户，向幕府转达归国之意。七月，若一赍费隐通容书信东渡长崎，催促隐元回国。八月间，江户幕府裁断隐元隆琦滞留普门寺，隐元隆琦回国念头遂作罢。本来费隐通容这通书信，写于去年二月二十日，经一年多才由若一送到长崎，又被长崎奉行扣留，直到隐元隆琦答应留住，到十月间才转送到富田普门寺。隐元隆琦读之欷然，只得复信慰问④。是年，兴福寺第二代住持如定禅师示寂，大通事刘三官（日本名彭城太兵卫）殁。陈道隆在长崎稻佐海岸近丘处，建造"水月居"别庄，专供东渡长崎的僧侣借宿之用。

永历十二年、顺治十五年即日本万治元年（1658）六月，中土黄檗山万福寺住持慧门如沛派遣僧侣前来长崎，敦请隐元隆琦回国，费

---

① 《来往书信集》013号信。
② 《来往书信集》018号信。
③ 《来往书信集》009号信。
④ 见《来往书信集》003号信"参考资料"。

隐通容催简亦至，隐元隆琦一一裁答。隐元隆琦经龙溪宗潜再三邀请，九月去江户天泽寺（妙心寺末寺）说法，十一月初一日谒见幕府将军德川家纲，并会晤大老酒井忠胜以下诸官员，十二月十四日回到普门寺。千呆性安去普门寺拜谒隐元隆琦，并告知唐通事刘宣义的父亲刘有恒十一月初一日殁于长崎。刘有恒，号一水，中土福州府长乐县人，万历四十六年（1618）东渡日本。隐元隆琦为刘一水之死，专门写信慰问刘宣义。隐元隆琦弟子南源性派，挥笔写成《吊刘一水居士》，云："吾唐一水东向流，桑国滔滔四十秋。此日骤然复东逝，应入大海归潮头"①，概括了刘有恒一生经历。是年夏季，朱舜水从安南抵达长崎，日本学者安东守约执弟子礼问学。朱舜水后应郑成功召唤，于十月十九日在安东守约和兴福寺住持澄一禅师协助下回国，参加郑成功、张煌言领导的北伐。道者超元回国。卢草硕时年十二岁，在长崎从小野昌硕学医，其祖卢君玉是明末寓日归明闽商。八月间，福济寺山门落成，木庵性瑫为其门额，亲笔书写"福济禅寺"四个大字。十一月初七日，东京船主、巨商魏之琰抵至长崎，并与何高材等人拥戴即非如一上堂，为崇福寺住持。福建僧侣悦山道宗来到长崎，入住崇福寺，后又去大阪舍利寺。

永历十三年、顺治十六年即日本万治二年（1659）二月，隐元隆琦由永井信斋居士陪同，游山城宇治。六月，江户幕府令隐元隆琦留住山城，开创禅寺。龙溪宗潜请选择地址，隐元隆琦选中宇治太和山，经与龙溪宗潜策划，着手创建新寺，大眉性善任都寺司工。木庵性瑫得悉，七月二十五日致书隐元隆琦，说：

---

① 宫田安：《唐通事家系论考》第9章"刘一水彭城氏家系"。

拜读示诲："孟春烦寺主辞谢，而国主并诸居士有尊道重法之诚，留住京师，故不违航海本愿，从权而承命。"是知开化无类，去住任运，益见慈风荡荡，无入而不自得者也。然事既成，则龙天忻荷，弘扬祖道，翻转三百年之狂澜，唯在兹矣。①

是年秋冬间，亘信行弥弟子良义性询，自福建致书隐元隆琦，云：

近知嗣江府之请，俯鉴敦诚，殊难固却。惟高年将登古稀，虽行道之念殷殷，此邦迄今五载，弘愿谅必普周。祈速驾归航。②

是年冬季，朱舜水再次抵至长崎。朱舜水因参加郑成功、张煌言北伐失败，而深感复明无望，遂在安东守约挽留下，决意定居日本。

永历十四年、顺治十七年即日本万治三年（1660），三月二十九日，木庵性瑫致书隐元隆琦，云：

太和山既锡，必开山定矣。唯和尚主裁，当以缓慢待渠兴创，再三推请而后应之，为千古榜样，其妙莫大焉。③

六月初七日，费隐通容从中土嘉兴府崇德县福严寺致书隐元隆琦，云："吾侪主法人，彼此一天，其道无二"④，支持隐元隆琦弘法日本。十月初六日，木庵性瑫离开长崎，前往摄津州富田普门寺，协

---

① 《来往书信集》058 号信。
② 《来往书信集》085 号信。
③ 《来往书信集》059 号信。
④ 《来往书信集》005 号信。

助隐元隆琦开创宇治新寺。蕴谦戒琬再次任福济寺住持。是年，福建泉州府晋江县塑造佛像工匠范道生，东渡长崎，为福济寺、崇福寺塑造佛像。无上示寂。戴曼公在长崎养病，与朱舜水相晤，热泪盈眶。朱舜水在长崎，孤身飘然，没有固定处所，曾受到兴福寺逸然禅师款待。朱舜水致书逸然，表达谢意，云："和尚多恙，且身自拮据，而举以饷野人，不安之意，过于感颂。"① 当时朱舜水穷困不能自支，安东守约"乃分禄其半"②，赡养朱舜水。朱舜水致安东守约书，指出明代理学"非新奇不足骇俗，非割裂不足投时，均非圣贤正义"③，开始了他对宋明理学的清算、批判。

永历十五年、顺治十八年即日本宽文元年（1661）五月，隐元隆琦在山城宇治建造新寺大工告竣，取新寺寺名"黄檗山万福寺"。隐元隆琦八月进山，为开山住持。从此以后，宇治黄檗山万福寺成为长崎唐三寺本山，成为寓日中土僧侣活动中心，日本禅门开始有黄檗宗。当时，中土福清县黄檗山万福寺住持慧门如沛，派遣其弟子高泉性激、晓堂道收等，由其法兄弟未发性中带领东渡日本，其使命一是祝贺隐元隆琦七十大寿，二是恳请隐元隆琦回国。紧接着，慧门如沛又致书隐元隆琦，云："太和山为新开黄檗，工程浩大，千古德业，愧如沛不能亲侍左右，微效其劳"，"祈大和尚法驾早回祖山，以慰内外咸瞻而慈悲莫大矣"④。未发性中为师祝寿后，回到中土。不过，高泉性激等人看到隐元隆琦寓日法缘久熟，最终打消请他回国念头。

---

① 朱舜水：《朱舜水集》卷4《与释逸然二首》。
② 今井弘济、安积觉：《舜水先生行实》。
③ 朱舜水：《朱舜水集》卷7《答安东守约书三十首》。
④ 《来往书信集》077号信。

是年九月，林道荣拜别即非如一，陪同长崎奉行妻木彦右卫门，前往江户。朱舜水为此，特意题写《送林道荣之东武序》。"东武"即江户代称，林道荣时年二十二岁，名声开始大振。秋冬间，隐元隆琦弟子慧门如沛，法弟韬明行宗、百痴行元来信，告示费隐通容三月二十九日圆寂于浙江福严寺，以及寂后舍利在福清县黄檗山进塔情况①。隐元隆琦收阅后，"不能言者久，既而设位"②追悼。

是年，朱舜水在长崎与安东守约交谈学术，指出阳明心学"时杂佛书语"，指斥程朱理学"有吹毛求疵之病"③。朱舜水又在致安东守约书信中，指出程朱理学"圣狂分于毫厘，未免使人惧"，"使智者诋为刍狗，而不肖者望若登天"④。朱舜水这些言论，对安东守约、木下贞干等人，影响甚大。如安东守约六十岁时，回顾自己在朱舜水教育下，"见解异于昔者多矣"⑤，认为读四书不能"画蛇添足"靠朱注，摆脱了程朱理学束缚。是年，画家陈清斋、书法家俞立德东渡长崎。

第三节 代表人物

这时期，定居日本的明遗民，可分为学者和僧侣两类。学者或精医学，或在书法、绘画、诗词方面造诣很深，或长儒学，尤以戴曼公、朱舜水最为突出。戴曼公五十余岁才脱俗为僧，但他在禅学领域没有大的作为，因此实际上是学者类型人物。僧侣，实际大多是禅门

---

① 见《来往书信集》078号、098号、099号信。
② 性派：《黄檗开山普照国师年谱》卷下。
③ 朱舜水：《朱舜水集》卷11《答安东守约问三十四条》。
④ 朱舜水：《朱舜水集》卷7《答安东守约书三十首》。
⑤ 安东守约：《上朱先生二十二首》，见《朱舜水集》附录三《有关信札》。

化的学者，他们不仅禅学造诣深厚并且有突出作为，而且在书法、绘画、诗词、医学方面也有很深的造诣，其中以隐元隆琦、木庵性瑫、即非如一等，为杰出的代表。

一、戴曼公

戴曼公，生于万历二十四年（1596），浙江杭州府仁和县人。原名观胤，字子辰。崇祯朝灭亡后，改名笠，字曼公。东渡长崎后，拜隐元隆琦为师，法名性易，法号独立。

戴曼公幼年时候，天资颖悟，过目成诵。他在明末实学思潮影响下，不迷信程朱传注，放弃举子业。天启元年（1621），拜名医云林龚廷贤为师。龚廷贤字子才，江西抚州府金溪县人，县东四十里有云林山，故自称"云林"。曾在太医院任职，将医术传授戴曼公时，年八十余岁，身体强健。戴曼公尽学龚廷贤医术，攻痘科，并且还"潜究《素问》、《难经》诸书"[①]，对祖国传统医学基础理论颇有研究。

戴曼公早期从来没有习词作赋，年三十岁时候，"一日诸友迫使为诗，即应声曰：'我来溪头坐，溪月留我宿。晴景十分清，江山竞俊秀。'众皆惊异。由是寄情声律，遂以诗名"[②]。戴曼公还有非凡巨腕，书法、篆刻自成一体。

南明弘光朝灭亡时，戴曼公年五十岁。当时江南局势，瞬息万变，他虽然以行医糊口，但是却与诸方面名流，来往甚密。如曾与顾炎武、归庄、钱肃润、戴耘野、潘柽章等人，共同列名于吴江惊隐诗

[①] 徐秉义：《康熙桐乡志》卷4，另见光绪《桐乡县志》卷15《寓贤》。
[②] 见谢国桢：《顾炎武与惊隐诗社》引大田成子《白醉余谈》。

社①。清兵攻破四明山、舟山后，东南地区明遗民处境孤危，广东广州府番禺县某人劝说戴曼公东渡日本。戴曼公遂于永历七年即鲁监国八年（1653）春，乘船浮海，三月间抵达长崎。翌年，隐元隆琦东渡长崎，戴曼公遂拜他为师，脱俗为僧。

戴曼公定居日本后，经常往返江户、岩国、长崎间，"所至为缘，文墨之外，以岐黄济世，起废愈痼，远近目为神医"②。

戴曼公有深厚爱国情怀，他对朱舜水反清复明生涯，深有了解。如永历十三年即万治二年（1659）冬季，朱舜水抵达长崎。翌年夏季，戴曼公见到朱舜水，并有机会阅读朱舜水撰写的《安南供役纪事》。戴曼公阅毕，特意写出《跋安南供役纪事》，云：

> 乾坤亟覆，惨出奇常；大地翚群，荷存遗迹。岁癸巳秋，易与先生天涯把臂，共寄足于颍川居士之门。冬杪，先生遽以南服分行，翩翩振手，一瞬目间，竟成八载。甲午冬，易自改观安禅，为容客老。乙未秋，游行神洛，飘然异国，野鹤孤踪，不靳东西南北。齿黄发白，缘难再亲。顷戊戌夏，先生应监国召，问渡长崎，易时旷观东武，三千里外，荷出慰言缕缕者，不胜肉骨；即欲半面襟期，附之神驰而梦越矣。己亥春，易以养病还崎，又复附书珍重，山高海阔，地远天空，而先生倦倦于鄙人者若是。自患脚根病痼，乃尔闭关，究心摸索。今夏忽逢先生再临，几何觐面，非天与作缘，当莫能焉。园光一隙，屡屡倾心。至闻有《安南纪事》，再至请观，幸出披读，为不胜嘉叹。③

---

① 见杨凤苞：《书南山草堂遗集后》。
② 见谢国桢：《顾炎武与惊隐诗社》引大田成子《白醉余谈》文。
③ 戴曼公：《跋安南供役纪事》，见《朱舜水集》卷2。

"易",即戴曼公脱俗为僧法名性易之简称,"颍川居士"即同乡医师陈明德。跋文首先写出"癸巳冬抄"与朱舜水自长崎"分行",已经"一瞬目间,竟成八载"。接着记载这八年内,自己"甲午冬"剃度,"乙未秋"跟随隐元隆琦前往富田普门寺等地。本来鲁监国九年(1654)三月鲁王朱以海以玺书召朱舜水,而当时朱舜水正在安南,丁酉年(1657)正月有日本船来到安南,朱舜水才收到鲁王朱以海特召之玺书,计划当年夏季乘船由日本再归厦门,但不幸遭安南供役之难。直到戊戌年(1658)夏朱舜水才到日本,这就是所谓"顷戊戌夏,先生应监国召,问渡长崎"之来由。戴曼公高度评价朱舜水安南供役之不屈气节,故在跋文中又说:

> 今先生以遗臣客轨,执义自高,不为磬折,死亡不顾,言夺气争,铮铮铁石,今古上下,无其事,无其人。自视孤虚一命,益挫益坚,得俾从容履蹈,使荒裔知有凛凛大节,不因国破,全斯中外高风,可称今古第一义帜。[①]

以上可见戴曼公与朱舜水交往多年,戴曼公对朱舜水非常了解,而且感情是深厚的。

戴曼公定居日本后,主要以行医为业,如宽文六年(1666),他致隐元隆琦书信,云:

> 去秋自拟上觐法颜,忽被丰州太守相留,不逾月,崎主岛田公书促往岩,并丰主亦莫能留,是迟匍候之愆。春日已乞岩主

[①] 戴曼公:《跋安南供役纪事》,见《朱舜水集》卷2。

发船上觐,至初八日,崎中通事连名书促回崎为医镇主。苦从奔迫,春夏连秋,老病顿作,恍惚莫任,杜门却谢。迩者天气清肃,甫及少安,及欲上候法体,又以天寒不敢劳役。且新任两镇主未去谒见,至其严御通事,似属犬马。易乞托之先声,畏莫敢向。假以催船事,严不能便通,既不能见,遂不及行。一晤之缘,天不与便,方知因缘犹在不偶,端俟明春以行也。迩闻老人法体万安,手为加额。必在上拜慈颜,可逭久违之罪。是知不昧于明春之觐矣。适闻既白到山,便附绵䌷夹袍一件,以伸在御之敬,仰祈一笑衣之,可胜祷切。外又沉香一封,并求叱入履。兹山寒松冷,万冀法体善为珍重。草草布候。临楮不胜悚格之至。弟子性易百拜。上本师老和尚大人杖下。①

戴曼公信内,除慰问隐元隆琦外,还透露自己近年行医的情况。"岩",指日本地名岩国。"岩主",指岩国吉川广嘉侯。"苦从奔迫,春夏连秋",乃指宽文四年(1664)四月十三日、五年(1665)八月二十七日,两次赴周防州(今山口县东部)之岩国,为吉川广嘉侯医病。"为医镇主",指长崎奉行稻生氏病危,故戴曼公于宽文六年二月初八日应唐通事联名书信请求,急回长崎,自己终因这种连轴转式"苦从奔迫,春夏连秋",而"老病顿作"。"新任两镇主",指稻生氏不治死后,河野氏、松平隆见新任长崎奉行。不难看出,戴曼公医术高明,在当时颇有威望。信中还透露"既白"即明遗民陈元赟,前去宇治万福寺探望隐元隆琦信息。

戴曼公精医,亦精书法,并且将自己的医术和书法艺术,传授

---

① 《来往书信集》113号信。

给高玄岱、北山寿安、池田正直等人。他晚年，自称"天涯戴笠人"，又有"就庵"、"天外老人"、"独立一闲人"、"偈芳"诸多称号。他在中土的儿子，曾经东渡长崎探亲，"乞同父归，不许"，"其国厚赠，其子而还"①。宽文十二年即康熙十一年（1672），戴曼公因病而殁，终年七十七岁，安葬在山城宇治万福寺墓地。戴曼公生平著作，有《一峰双泳》、《就庵独语》、《痘科治术传》、《痘科键》、《痘疹不死传》、《独立禅师石印（篆刻）》等书。

但是，中土有关戴曼公的事迹和名声流传不广，甚至有些史籍，错把吴江戴笠（字耘野，史学家）当成戴曼公，所谓戴耘野即戴曼公是也，如《桐乡县志》、朝鲜手抄本《皇明遗民传》就是这样记载的。又如木宫泰彦《日中文化交流史》也是这样，将戴耘野的史学著作，说成是戴曼公写的。殊不知，戴曼公是医学家、诗人、书法家、篆刻家，他对日本医学、书法艺术发展，有着重要的影响。

二、朱舜水

朱舜水，名之瑜，字楚屿，复字鲁屿，浙江绍兴府余姚县人。万历二十八年（1600）生。晚年在日本自号舜水。

朱舜水青年时代，受到明代实学思潮影响，不迷信程朱传注，故研读经书，有经国济民之志向。师事昆山朱永祐、武进吴钟峦，崇祯年间以恩贡生贡于礼部。但是，他看到当时朝政日非，百弊丛集，慨然断绝进仕功名的念头。如崇祯十六年（1643），镇守贵州等处总兵官、右军都督府署都督金事方国安征辟监纪同知，朱舜水不受。

在南明弘光、隆武和鲁王监国年代，由于不愿与马士英之流同

---

① 光绪《桐乡县志》卷15《寓贤》。

党，又对悍将打家劫舍深恶痛绝，故征召授官一十二次，朱舜水始终不接受。四明山寨义军王翊军令明肃，因地养兵，没有横征，没有盗粮，战斗力强，时常奇袭清兵，故朱舜水与王翊相知很深，结为默契。所以，朱舜水"屡至日本者，欲以王翊为主将乡导，而借援兵也，然在日本未尝露情泄机"①。鲁监国六年（1651）八月十三日，王翊英勇牺牲，朱舜水以八月十五日为王翊完节殉忠纪念之日。每年这一天，他都深情哀悼王翊，因而他"终身废中秋赏月"②。永历十一年（1657），他在安南遭受供役之难，被俘五十余天，"执义自高，不为磬折，死亡不顾，言夺气争，铮铮铁石"③。由于这个事件，"关于国，则不敢不记"④，他就将其经过写成《安南供役纪事》。永历十二年（1658）夏，朱舜水又去长崎，后因郑成功召唤，回国参加北伐。本来鲁监国九年（1654）三月，鲁王朱以海玺书以"中兴局面，应远过晋、宋"，"召尔可即言旋，前来佐予"⑤，实际是征召朱舜水回国参加张名振、张煌言北伐，但朱舜水时在安南失掉了参战机会。永历十三年（1659）北伐战争失败，朱舜水以参战者身份感慨不已，于永历十五年（1661）撰写《中原阳九述略》，指出：

  己亥年，同国藩入长江，南京未下，兵律尚未严，而江右、江北、蕲黄、汉沔已云合响应，翘首而望时雨。即家室、妻孥、躯命，事事可捐，而惟望大明之光复。民心之迫切，亦

---

① 今井弘济、安积觉：《舜水先生行实》。
② 今井弘济、安积觉：《舜水先生行实》。
③ 戴曼公：《跋安南供役纪事》，见《朱舜水集》卷2。
④ 朱舜水：《朱舜水集》卷2《安南供役纪事》之自序。
⑤ 《监国鲁王敕》，见《朱舜水集》卷2。

甚可怜矣。倘能不毁其家室，不污其妻女，不戕其躯命，民心之爱戴不言可知矣。瑜身在行间，亲知而灼见，日与各处士大夫相接，已自与耳食而途说者不同，况瑜又拳拳恳恳，梦寐饮食于此者哉！有人焉，果能以仁义之师，过之枕席之上，而又雷厉风行，譬则鼓洪炉以燎毛，决冲波而漂炭，咄嗟而办耳。然而万有一虑者，即以己亥之秋之故也。攻城不能拔，而去之如弃敝履，使天下戴香盆供馈饷之父老，人受毒痛，海上之师，恐不复取信于天下。然国藩入江之初，有识者已先策其必败矣。今若议定下手吃紧之处，更其弦，易其辙；威之以武，附之以文；诛其残贼，绥其士庶；玉帛无所贪，子女无所幸。而又号令严信，处置得宜，则垂绝之百姓，忽然更生，民情鼓舞欢乐何如也。……前日南都之败，乃闽师之自溃，非虏者胜之，亦何得借以为口实也。①

"国藩"、"海上之师"、"闽师"，均指郑成功及其北伐军队。本来这次北伐初期形势不错，如大顺军余部李来亨等人在上游地区配合，曾攻入襄阳城，张煌言率军直趋芜湖地区，接连攻下四府三州之当涂、芜湖、繁昌、宣城、宁国、南宁、南陵、太平、旌德、贵池、铜陵、东流、建德、晋阳、石埭、泾、巢、含山、舒城、庐江、高淳、溧水、溧阳、建平二十四县，郑成功军队围南京指日可下，清兵处劣势，此即朱舜水说"江右、江北、蕲黄、汉沔已云合响应，翘首而望时雨。即家室、妻孥、躯命、事事可捐，而惟望大明之光复"。但朱舜水在亲历行阵中，发现郑成功有不能用贤的弱点，还亲眼见到

---

① 朱舜水：《朱舜水集》卷1《中原阳九述略·灭房之策》。

郑成功将吏和寄居荐绅"皆侻达自喜"①，为此感到忧虑。郑成功军队行近南京时，"其下骄而不戢，涣而不萃"②，兵律松弛，有所谓"毁其家室"、"污其妻女"、"戕其躯命"抄掠民间现象。这在别人看来似乎平常，然而"瑜身在行间，亲知而灼见"，指出北伐失败乃"闽师之自溃，非虏者胜之"，批评郑成功"恐不复取信于天下"。朱舜水深深感觉到复明没有希望，于是决定去日本定居了下来。永历十五年（1661）南明政权灭亡，朱舜水怀着悲愤心情，撰写《中原阳九述略》，剖析明朝灭亡和南明反清失败原因。

朱舜水儒学造诣深厚，他与中土同代著名学者一样，继承和发展了明代实学思想，不迷信程朱传注，所以他在定居日本后就清理、批判宋明理学，提倡实理实学。安东守约通过接触，知道朱舜水学殖德望，故经常向他请教，使安东守约学术顿进。朱舜水民族气节和儒学造诣，逐渐为日本人所认识。水户藩藩主德川光国就藩时，就聘召他，尊他为国师，礼接郑重。朱舜水为德川光国诚意所感动，遂在江户、水户讲学至终，从而影响着日本人民精神文化。

当时，日本学者对明朝历史、文化颇有兴趣。朱舜水向日本学者介绍了明朝典章制度和儒学知识，日本文化也深深感染着朱舜水。如他"能倭语"③，还酷爱樱花，故他"庭植数十株，每花开，赏之。谓（安积）觉等曰：'使中国有之，当冠百花'"④。他希望日本文化兴隆，国力强盛，也希望日本与中国世世通好。朱舜水反对大国主义，反对厚古薄今，认为"古人高于今人，中国胜于外国"的看法，是"眼界

---

① 朱舜水：《朱舜水集》卷5《答明石源助书》。
② 朱舜水：《朱舜水集》卷7《与安东守约书二十五首》。
③ 原善公道：《先哲丛谈》卷2《朱之瑜》。
④ 原善公道：《先哲丛谈》卷2《朱之瑜》。

逼窄"、"三家村语"①，应该面对现实，放眼世界。

朱舜水深深怀念故土，热爱自己的祖国。他时刻关心国内反清复明活动，如他在答寓居长崎的明遗民欧阳某书信中，说："昨闻新岁有二舟到港，倘有好消息，于祈速速示知，感谢不尽。"②他平时穿戴，乃明代中国衣冠，生活俭朴，"遂储三千余金"③，意在为国内"充举义兵，以图恢复之用"④。本来朱舜水在故土有家，但他自明朝灭亡以来奔忙于海内外活动，故从未写过家书，亦未回过家。德川光国"常念先生客居他邦，精节厉操，乡信阻绝，而言不及子孙；乃谕先生寄书于家，问其家信，且召一孙侍养焉"⑤。因而，朱舜水于日本宽文六年即清康熙五年（1666）寄家书《与男大成书》，又于延宝五年即康熙十六年（1677）寄家书《与诸男书》，审问祖宗坟墓、家族和亲友存亡情况。朱舜水踪迹既闻于家中，长孙朱毓仁就在康熙十七年即延宝六年（1678）直抵长崎探亲。朱舜水悲喜交融，但年老患疾不能去长崎，而朱毓仁碍于日本法规限制，不能去江户，祖、孙唯以书信通情。朱毓仁返归故土前，德川光国派遣今井弘济，专程抵达长崎会晤朱毓仁，慰劳赐赉甚厚。德川光国有意让朱毓仁留下来侍祖，朱毓仁答允日后来侍祖。朱毓仁再次东渡长崎，其祖朱舜水已经作古。

朱舜水于天和二年即康熙二十一年（1682）在江户逝世，终年八十三岁。朱舜水晚年病魔缠身，深得他教益的德川光国非常关

---

① 朱舜水：《朱舜水集》卷4《与陈遵之书》。
② 朱舜水：《朱舜水集》卷4《答欧阳某书二首》。
③ 原善公道：《先哲丛谈》卷2《朱之瑜》。
④ 原善公道：《先哲丛谈》卷2《朱之瑜》。
⑤ 今井弘济、安积觉：《舜水先生行实》。

注,"屡使人问候,馈以果毂,且使医官奥山玄建诊察进药"①。朱舜水病殁时,德川光国叹息不已,亲自率领世子德川纲条及水户藩诸名流,临葬致祭,"亲题神主","依明朝式成坟焉",并且"谥曰文恭先生"②。后来,德川光国以朱舜水门人身份,搜集、汇总朱舜水遗文,刊成专集,即水户版本《舜水先生文集》面世。然而,朱舜水事迹在我国几乎失传,直到清末传播他的事迹、著作以来,才逐渐被国内学者重视起来,研究和评价朱舜水始终是我国学术界不可忽视的课题。

三、隐元隆琦

隐元,名隆琦,俗姓林,万历二十年(1592)生于福建福州府福清县灵得里东林村。父亲林德龙,号在田,母亲龚氏有贤行,喜施济。六岁时,父亲"客于湘未归",隐元"自是家产日耗,难以攻读。至九岁,入学。十岁废读,遂渐学耕樵为业"③。二十三岁,到浙东舟山普陀山礼拜观音,祈求冥助,崇佛之心油然而生。

隐元隆琦三十岁时,入本县黄檗山万福寺,拜鉴源禅师,落发为僧。鉴源,俗姓许氏,晋江人,黄檗重兴法钦禅师弟子,万历四十三年(1615)鼎建大殿、法堂,"万历帝赐万福寺匾"④,自此寺名流传至今。鉴源是黄檗山寺高僧,法缘成熟,天启六年(1626)示寂,而晚年启迪隐元隆琦"心光灿发"⑤,这对隐元隆琦之后的禅门生涯影响

---

① 今井弘济、安积觉:《舜水先生行实》。
② 今井弘济、安积觉:《舜水先生行实》。
③ 隐元原著,性幽独往等编讫:《福清黄檗山万福禅寺志》(下简称《黄檗山寺志》)卷3。
④ 《黄檗山寺志》卷3《鉴源》。
⑤ 喻谦:《新续高僧传》卷56《隐元》。

巨大。天启四年（1624），名高望重的临济宗第十三代禅师密云圆悟，驻锡浙江海盐县金粟山之广慧寺，上堂说法，阐述禅宗宗旨来源。时隐元隆琦前往道场听讲，并研究禅学。崇祯三年（1630）春天，密云圆悟禅师在隐元隆琦陪同下到福建，三月二十七日进驻福清县黄檗山万福寺，八月间返回浙江。此时，隐元隆琦见到万福寺凄凉状态，惆怅不已，挥笔题赋：

> 檗山苍翠叠层层，难掩孤贫一个僧。
> 堪笑化工又未瞥，春来秋去大忙生。[1]

未几，密云圆悟法嗣门徒费隐通容来到黄檗山万福寺，隐元隆琦当即拜费隐通容为师，进一步研究禅学。崇祯四年（1631），隐元隆琦前往狮子岩，习静，怡然自得。崇祯九年（1636）夏，天启时曾受到魏忠贤迫害的御史林汝翥，以檀越名义，请隐元隆琦继承黄檗山万福寺法席。翌年，隐元隆琦作为费隐通容法嗣，在黄檗山万福寺开堂说法。崇祯十三年（1640），隐元隆琦重建黄檗山万福寺，大殿落成。崇祯十六年（1643），黄檗山万福寺山门、寮舍竣工。崇祯十七年（1644）三月，往浙江海盐县广慧寺，省觐费隐通容。十月，隐元隆琦驻锡嘉兴府崇德县福严寺。弘光元年即顺治二年（1645），南明、清廷兵戈纷扰，三月，隐元隆琦驻锡福州府长乐县龙泉寺。隆武二年即顺治三年（1646）正月回到福清县黄檗山，使万福寺进入中兴时代。

黄檗山，位在福州府福清县城西之清远里，以山多产黄檗而名之。其地势林峦重叠，风景优美。黄檗山万福寺历史，据《福清县

---

[1] 光绪《福清县志》卷15《仙释》。

志》记载：

> 唐贞元五年，沙门正干开山，创名般若堂，德宗赐名建福禅寺。洪武间，僧大休募缘建。万历间，敕赐藏经六百七十八函。崇祯十三年，僧隆琦重建。①

可知黄檗山万福寺，是唐代正干禅师在贞元五年（789）开创，时称般若堂，唐德宗李适赐名建福寺。而断际希运承正干开创黄檗余光，使该寺禅风大振，以及自义玄开创临济禅风以来，黄檗山寺就与临济宗同盛衰，如以后隆盛于宋代，衰落于元代，明代初期复兴。自大休禅师募缘修建黄檗山寺，后经中天正圆禅师开山、法钦禅师重兴，到鉴源禅师时明神宗朱翊钧赐名万福寺，黄檗山寺寺名才固定下来。何乔远居士曾赠诗称颂鉴源，而鉴源晚年对隐元隆琦是有影响的。崇祯十年（1637），隐元隆琦继费隐通容后，为万福寺住持，后又重建该寺殿堂。从黄檗山寺嫡裔继承和寺院发展规模看，当时可以说是进入了黄金时代。

崇祯末年，临济宗发生了一件大事，即天童寺塔铭之诤。其经过是这样的，密云圆悟禅师在浙东天童寺开堂传法最久，崇祯十五年（1642）示寂。崇祯十七年（1644）春，鄞县社会名流徐之垣撰写天童寺塔铭，但没有列入天童寺十一位嗣法人员的名字，因而黄檗山寺志记载是年隐元隆琦"有天童扫塔之行"②。隐元隆琦与费隐通容，同到鄞县，敦请徐之垣详列天童寺法嗣人员名字。天童寺塔铭，乃据木

---

① 光绪《福清县志》卷20《杂事志·寺观》。
② 《黄檗山寺志》卷2。

陈道忞旨意撰写，因而引起了费隐通容和隐元隆琦之不满，指责木陈道忞"欺昧诸方"、"自作主宰之事"①，详细情况，见陈垣《清初僧诤记》。隐元隆琦等人与木陈道忞分歧、争论，明朝灭亡后随着木陈道忞降清，就具有是否保持民族气节的政治色彩了。

　　黄檗中兴，除上述隐元隆琦嫡裔继承和禅学造诣的作用外，还与隐元隆琦弟子中的新成分分不开。本来清兵占领北京以后，许多明遗民不愿薙发背叛自己的民族气节，就削发为僧，这也是清兵占据北京后，黄檗山万福寺僧侣增多的历史政治原因。如千呆性安，俗姓陈，名昰瑞，福州府长乐县人，崇祯朝灭亡时年方九岁，削发受戒，师事隐元隆琦弟子即非如一；南源性派，俗姓林，号香林，福州府福清县人，隆武元年（1645）在黄檗山万福寺剃度；等等。另外，也有慕隐元隆琦盛名而来的僧侣，如木庵性瑫，俗姓吴，泉州府晋江人，崇祯时离俗，于鲁监国三年（1648）赴福清县黄檗山万福寺，拜隐元隆琦为师。隐元隆琦门徒众多，如慧门如沛、也懒性圭、即非如一、木庵性瑫、慧林性机、南源性派、独湛性莹、大眉性善等人，都是一代名僧。因而，《福清县志》记载隐元隆琦"庚辰重建大殿，越四载，山门、僧寮咸备，成大禅刹。入斯门者，莫不皈依，大振临济之风，中兴黄檗之道。其功于此，殆有加矣"②。

　　由此我们可以看到，隐元隆琦受到明末实学思想的影响，不保守，有进取心，故明朝灭亡后他与诸明遗民心理状态合拍。所以，隐元隆琦有强烈的反清意识，曾在鲁监国政权不利形势下掩护过其抗清大臣钱肃乐。钱肃乐曾在清兵破绍兴时转移到福建，并在隆武朝灭亡

---

① 陈垣：《清初僧诤记》卷2《天童塔铭诤》。
② 光绪《福清县志》卷15《人物志·仙释》。

时"避难于福清"、"祝发以免物色"①，得到了隐元隆琦掩护。当鲁王朱以海进入福建时，钱肃乐下山抗清，兵威顿振，接连攻下兴化、福清等城，曾赠诗隐元隆琦，称颂说：

> 法乳垂垂第一宗，深山深处白云封。
> 慧珠散朗三千界，德泽飞悬十二峰。
> 天际花光分法相，岩前潭影落疏钟。
> 生平檗味尝难尽，不及登临谒瑞容。②

"德泽飞悬十二峰"之"十二峰"，是指福清县黄檗山之十二峰；"岩前潭影落疏钟"之"潭"，是指福清县黄檗山之九渊潭。非常明显，钱肃乐赠诗，字里行间流露出对黄檗山万福寺周围景色的喜爱，表达出对隐元隆琦之深情厚谊。但是，鲁监国政权由于悍将专权暴横，使福建所恢复的地方，接连陷落，钱肃乐于鲁监国三年（1648）六月忧愤而殁。鲁监国八年（1653），隐元隆琦在万历、天启时名相叶向高之孙叶进晟、姚翼明协助下，将钱肃乐遗体迁葬在福清县黄檗山万福寺旁，显示出对这位著名抗清大臣情感之深厚。

鲁监国六年即日本庆安四年（1651），也懒性圭应长崎崇福寺邀请东渡，不幸海上遇难，隐元隆琦深为悲痛。日本承应元年即鲁监国七年（1652），日本江户幕府授权长崎兴福寺住持逸然性融，礼聘隐元隆琦。隐元隆琦考虑到清兵控制浙江、福建寺宇情况，准备答应逸然性融东渡邀请。隐元隆琦之师费隐通容，俗姓何，福州府福清县

---

① 全祖望：《鲒埼亭集》卷7《明故兵部尚书兼东阁大学士赠太保吏部尚书谥忠介钱公神道第二碑铭》。

② 《黄檗山寺志》卷7。

人，万历二十一年（1593）生，小隐元隆琦一岁。当时费隐通容驻锡浙江杭州府余杭县径山万寿寺，得悉后，特意致书隐元隆琦，云：

> 闻日本国王以厚礼，请首座到彼国弘扬祖道。此诚美事，多动时听。但广漠汪洋，风迅莫测，当以懒也为戒，决不可往，应修书以谢。况首座数年来，江外名闻甚佳，当守名闻，以荫后人。且老僧尚在世，岂可远域异陬之游乎？故曰"父母在，不远游，游必有方"，此之谓也。幸以吾言神照。《严统》大部书将完，不知纸事何如？亦当与南山商之为望。隐公首座公知之。十一月廿一日径山费隐容老人合十书。①

"日本国王"，此乃指日本江户幕府。"懒也"，为也懒之笔误，也懒（嬾）法名性圭。《严统》，指《五灯严统》，为当年费隐通容所撰，是书未详曹洞宗无明慧经（1548—1618年）法嗣，遂引发曹洞宗、临济宗之诤。"南山"，指费隐通容弟子亘信行弥（1603—1659年）。费隐通容以"广漠汪洋，风迅莫测，当以懒也为戒"，劝告隐元隆琦"决不可往，应修书以谢"。隐元隆琦听取了这个劝告。翌年冬，日本长崎兴福寺住持逸然性融，再次派遣其弟子到福清县黄檗山万福寺，并且携带有长崎唐通事刘三官等十二人署名信，恳请隐元隆琦东渡。隐元隆琦最终答应，于永历八年、鲁监国九年即日本承应三年（1654）七月到达长崎，入住兴福寺。逸然性融退职，隐元隆琦为兴福寺住持。日本明历元年即南明永历九年（1655）正月，隐元隆琦派遣兴福寺僧侣古石、惟仁回国，携有致费隐通容书信。当时费隐通容

---

① 《来往书信集》001号信。

驻锡苏州府常熟县维摩寺,隐元隆琦《上径山本师和尚书》云:

> 日本之请,原为懒首座弗果其愿,故再聘于某,似乎子债父还也。前承和尚严训,即修书辞之。不意前岁,又着僧亲到山中,恳请再四,念其远诚,故许之。于甲午夏五月十日,辞众启行。六月朔至中左,念一日发舟,七月初五登岸。合国檀信,忻庆无量。十月十五结制,虽众百余,行业纯一,似可教也。第音语不通,落于传译,未免有失当机,可以从渐而入也。而檀那长者,护念斯道,无不尽心,谅不至狼藉以玷从上来事。某生平虽无过人,但一味率真为人,亦有率真者从之,故远游异域,与家舍无二。在此在彼,无非扩充和尚之道,自有龙天相诸,不致大人远怀也。兹特着僧前来恭候兴居万福外,奉微物数种,聊伸寸忱。伏乞俯垂鉴纳,下情无任踊跃感戴之至。①

"懒首座",系指也懒性圭。"前承和尚严训",系指鲁监国七年(1652)十一月二十一日费隐通容来信,说"当以懒也为戒,决不可往"。"前岁又著僧,亲到山中",系指鲁监国八年即日本承应二年(1653)长崎兴福寺逸然性融再次派遣弟子,来到福清县黄檗山万福寺。"中左",即厦门。隐元隆琦信,向费隐通容汇报东渡前及到达长崎后之情况,并说"远游异域,与家舍无二。在此在彼,无非扩充和尚之道,自有龙天相诸,不致大人远怀也"。本来费隐通容继密云圆悟之后,为万福寺第二代住持,隐元隆琦乃继费隐通容之后,为万福寺第三代住持,以弘扬佛法为己任,故费隐通容"得书甚喜",对在

---

① 《来往书信集》001 号信之"参考资料"。

场僧侣说："（隐）元长老远应无虞，吾道东矣。"① 当年六月初一日，费隐通容复隐元隆琦信，云：

> 吾徒既应扶桑国主敦请开法，为彼土禅宗鼻祖，固为一时重任，亦系千载大事。宜体达磨初祖来入我土，待机数年，接得神光二祖以续慧命，便乃携履西归。吾徒亦当如是，若接得一二大根器，兼有学识，亦有福报，便须拽杖东归，作逸老计。故曰叶落归根，此之谓也。……②

"扶桑国主"，系指日本江户幕府。"神光二祖"，系指禅宗第二祖神光（487—593年），俗姓姬，北魏洛阳高僧，又名僧璨，师事嵩山少林寺达摩，受达摩衣钵，传继禅宗法统，又名慧可。本来隐元隆琦东渡前打算三年即回归，故费隐通容希望隐元隆琦若有法嗣者，即"拽杖东归，作逸老计"、"叶落归根"。但是，当时日本僧侣把振兴日本禅宗希望寄托在隐元隆琦身上，日本僧侣龙溪宗潜邀请他去普门寺说法。清代乾隆年间学者全祖望，了解隐元隆琦人品和作为，说："隆琦亦异僧，既葬公（按：指钱肃乐），弃中土居日本焉。"③ 后来，隐元隆琦在宇治开创日本黄檗宗，为日本佛教史增添了光彩。延宝元年即清康熙十二年（1673），隐元隆琦圆寂，终年八十二岁。其著作，有《隐元禅师语录》、《云涛集》、《弘戒法仪》等书。

---

① 《来往书信集》附录《隐元年谱》（节录）。
② 《来往书信集》002号信。
③ 全祖望：《鲒埼亭集》卷7《明故兵部尚书兼东阁大学士赠太保吏部尚书谥忠介钱公神道第二碑铭》。

第三章
"大海无边圻，扁舟何处收"
——明遗民东渡日本低潮期（1662—1683年）

明遗民东渡日本转入低潮，是与郑成功退守台湾后，清廷实行迁界令，严禁东南沿海地区出海政策分不开的。

"大海无边圻，扁舟何处收"诗句，录自蒋兴俦长篇史诗《东渡述志》，反映出明清鼎革之际明遗民东渡日本时心境悲愤、低沉。

这一时期，台湾郑氏对日本贸易很活跃。

第一节 时代背景

郑成功北伐失败以后，虽然在永历十四年即顺治十七年（1660）五月厦门海域战役，利用清兵不熟悉海战而获胜，击败清兵，"尸浮海岸万余"[1]，清兵统帅达素畏惧"吞金而死"[2]，但是郑成功兵力远不如北伐以前强盛。从大的范围讲，当时永历小王朝濒临灭亡，清廷基

---

[1] 阮旻锡：《海上见闻录》卷1。
[2] 阮旻锡：《海上见闻录》卷1。

本上控制全国内陆，郑成功兵员、军粮补给很成问题。特别是清廷封锁和孤立了厦门，以进一步削弱郑成功兵力，于九月"以海氛未靖，迁同安之排头、海澄之方田沿海居民八十八堡，及海澄（居民）内地安插"[1]，形势对郑成功非常严峻。

顺治十八年（1661）正月，清顺治皇帝爱新觉罗·福临殁，康熙皇帝爱新觉罗·玄烨即位，这也正是"赐姓议取台湾"[2]时际，郑成功决定实施退守台湾的战略。当时张煌言引军入闽，遣幕客罗子木致书劝阻郑成功"宁进一寸死，毋退一尺生。使殿下奄有台湾，亦不免为退步。孰若早返思明，别图所以进步哉"[3]，郑成功终不听从劝告。是年四月，郑成功率领二万余名将士和数百艘战船，抵达台湾外沙线，并由鹿耳门登岸。经过多次战斗，迫使荷兰殖民军投降，年底完全控制台湾。

郑成功退守台湾后，东南沿海地区抗清势力被严重削弱。清廷为了隔断郑成功势力与东南沿海地区人民联系，以便进一步孤立郑成功，就在是年十月诏令，"尽迁山东、浙江、福建、广东滨海居民于内地，立边界，著令寸板毋入海，粒米毋越疆，犯者死连坐"[4]，同时"沿边江、浙、闽、粤，多设水陆官兵"[5]。所谓"立边界"，是指沿海地区向内地退移三十里，筑短墙，立界碑，即"迁沿海三十里于界内，不许商舟、渔舟一舨下海"[6]，出界者"死连坐"。清廷这个"坚壁清野"措施，给沿海地区人民带来了深重的灾难，"致万姓弃田园，

---

[1] 蒋良骐：《东华录》卷8。
[2] 阮旻锡：《海上见闻录》卷1。
[3] 张煌言：《张苍水集》第1编《冰槎集·上延平王书》。
[4] 邵廷寀：《东南纪事》卷11《郑成功》。
[5] 施琅：《靖海纪事》上卷《边患宜靖疏》。
[6] 魏源：《圣武记》卷8《国初东南靖海记》。

焚庐舍，宵啼路处，蠢蠢思动"①、"烟花萧条千里孤"、"万户千门空四壁"②，失业、流离、死亡者无法计算。

康熙元年（1662），南明政权的头面人物，相继退出历史舞台。如四月二十五日，永历帝朱由榔在云南被吴三桂杀害；五月初八日，郑成功病殁于台湾；六月二十七日，李定国在云南边境病殁；十一月二十三日，鲁王朱以海病殁于台湾。

郑成功病殁时，其子郑经发丧，自称招讨大将军，嗣立。尽管永历朝已经灭亡，但台湾郑氏仍然奉永历朝正朔，台湾实际成为当时中土抗清根据地，郑经不时返入沿海地区征战。

康熙二年（1663）六月，郑经杀其伯父、督饷户官郑泰，郑泰弟郑鸣骏等人率八千余兵和战船二百艘返入泉州，降清。是年十月，清兵进攻厦门、金门两岛，郑鸣骏为清兵先锋出泉州港，十一月在荷兰战船掩护下，与郑经水师相遇于金门海域。郑经寡不敌众，遂退回台湾。清兵攻占厦门、金门两岛，"遗民尚数十万，多遭兵刃，男、妇系累，童稚成群，若驱犬羊，连日不绝。……坠城焚屋，斩割树木，遂空其地"③，所谓"两岛之民烂焉"④，场面可谓惨绝人寰。

作为坚持抗清时间最久、才气横溢的鲁监国大臣张煌言，感到大势已去，复明毫无希望，遂于康熙三年（1664）六月遣散军队，隐居浙东南田海域荒凉无人的悬嶴岛。是年七月被清兵捕获，九月七日于杭州英勇牺牲。

---

① 张煌言：《张苍水集》第 1 编《冰槎集·上延平王书》。
② 张煌言：《张苍水集》第 2 编《奇零草·辛丑秋房迁闽浙沿海居民壬寅春余舣棹海滨春燕来巢于舟有感而作》。
③ 阮旻锡：《海上见闻录》卷 2。
④ 杨陆荣：《三藩纪事本末》卷 4《郑成功之乱》。

康熙四年（1665）四月，清靖海将军施琅等人，率领水师进攻台湾，"未至澎湖沟，飓风大作，各船飘散，不能相顾，皆引还"①，途中遇到强烈风暴，而船队漂散，被迫回师。此后较长一段时间，清兵没有主动进攻，因而使郑经能在台湾偷安。康熙十二年（1673），平西王吴三桂据云南、四川、贵州以叛清，自称周王，平南王尚可喜之子尚之信亦起兵响应，康熙十三年（1674）靖南王耿精忠据福建以叛清，此即清三藩发难。台湾邻近福建，故耿精忠遣使至台湾，"请师为声援"，希望郑经出兵援助，但当了解到郑经兵不满万、船不满百艘时，"耿王始轻之"②。实际上，郑经密切关注局势，利用机会，积极备战，故"遣人于精忠，借漳、泉二府。精忠不许，耿、郑交恶"③。郑经主动返入沿海地区，镇守泉州、漳州、潮州，与耿精忠兵力交战。康熙十四年（1675）正月，耿精忠、郑经"约以枫亭为界"④。康熙十五年（1676）九月，清廷派遣和硕康亲王率兵进入福建，耿精忠迎降，从而使清方集中兵力攻击郑经。本来郑经占有泉州、漳州、潮州、韶州、惠州、汀州、兴化、邵武八郡之地，使流离内徙的沿海边民纷纷归来，兵员得到扩充，"人数二十万余"⑤。但是耿精忠降清后，已经被郑经占有的福建、广东八郡之地，均在清兵攻击下相继陷落，郑经退师厦门。康熙十八年（1679）正月，清廷复迁沿海边民，划界如旧，"上自福宁，下及诏安，三十里量地险要，筑小寨，安守兵，限以界墙，由是滨海数千里，无复人烟"⑥。康熙十九

---

① 阮旻锡：《海上见闻录》卷2。
② 阮旻锡：《海上见闻录》卷2。
③ 杨陆荣：《三藩纪事本末》卷4《郑成功之乱》。
④ 阮旻锡：《海上见闻录》卷2。
⑤ 林春胜、林信笃编：《华夷变态》卷3《廿七番思明州船风说》。
⑥ 阮旻锡：《海上见闻录》卷2。

年（1680）三月，郑经缺粮，军需不足，退回台湾。翌年正月二十八日，郑经殁于台湾，其子郑克塽嗣。

康熙二十年（1681）七月，清廷命施琅为福建水师提督。康熙二十二年（1683）六月十六日，施琅水师五百余艘战船和三千余随征陆兵进攻澎湖，二十二日尽歼郑氏澎湖守军；七月十五日，郑克塽降清；八月十三日，清兵进入台湾，接受郑克塽投降。不久，清廷颁行展海令，大开海禁，江苏、浙江、福建、广东沿海商船漂洋贸易活跃起来，东渡日本活动也频繁起来，但是已经不属于明遗民东渡日本之课题了。

第二节　明遗民东渡日本情况

一、通商

这一时期，东南沿海、台湾郑氏与日本通商情况，日本学者浦廉一先生概要说："我宽文元年以降，至贞享元年的二十四年间，清朝实施迁界令效力渐增，在清朝威力下东渡唐船数激减，如天和元年长崎入港唐船总数九只中，中国本土沿岸唐船皆无。"[①] 其实，这一时期，可以分成三个阶段。

第一个阶段。自清廷迁界令至郑经从台湾返回福建、广东沿海前，康熙元年即日本宽文二年（1662）至康熙十二年即日本延宝元年（1673）去长崎商船，此十二年间，依序每年为42、29、38、36、37、30、43、38、36、38、43、20艘[②]。在此十二年间，本土沿海地区，

---

①　浦廉一：《华夷变态解题——唐船风说书之研究》。
②　木宫泰彦：《日中文化交流史·明清篇·来日清朝船只一览表》。

荒无人烟，各港口均由清兵控制，不许寸板下海，商人荷货驾舟非常困难，除了极少量的沿海商舶和来往安南长崎间明遗民商舶之外，则以台湾商舶东渡日本为主。所以，郑经之所以能偷安台湾，就是他利用台湾海上有利的地理因素，控制海外贸易，即"上通日本，下达吕宋、广南等处，火药军器之需，布帛服用之物，贸易备具"①。郑经除了向日本购进军需品外，还于康熙二年即宽文三年（1663）、康熙三年即宽文四年（1664）、康熙五年即宽文六年（1666）、康熙六年即宽文七年（1667），多次派遣使节去长崎索取早年郑泰寄存的贸易银两余额，并与已经降清的郑泰遗族发生激烈争执。尽管长崎奉行态度慎重，但据《海上见闻录》记载：康熙十四年（1675）"十一月，令龚淳往日本取回郑泰所寄之银，淳乃泰委寄之人，并执有收票可据。先是两家纷争，夷人皆不肯与，至是夷人混开支销，银凡四十五万，仅得二十六万而回"②。据《华夷变态》记载，郑泰遗族，于延宝三年（1675）受领存银三十余万两，从而了结了这场多年纠纷③。

在此十二年间，台湾商舶去长崎途中，遭遇海难之事经常发生，有的遇难之后漂泊到朝鲜，影响到台湾郑氏与李氏朝鲜关系。康熙六年（1667）五月初十日，台湾郑氏官商林寅观、曾胜、陈得等九十五人，乘船从台湾起帆，载有白糖、冰糖二十万斤，鹿皮一万六千张，药材、藕、木材各五千余斤，及胡椒、纱、绸、毡、缎等货，开往长崎，"不意途中遇风"④，于二十三日夜里漂到济州岛时，船体破碎。

---

① 施琅：《靖海纪事》上卷《边患宜靖疏》。
② 阮旻锡：《海上见闻录》卷2。
③ 林春胜、林信笃编：《华夷变态》卷5（第二种）《龚黄二姓递书》。
④ 李㙫：《漂人问答》。

而白糖、冰糖被水浸溶，并无粒存。其余货物，多被漂溺，仅存有鹿皮六千余张、纱绸共四百五十四、锦缎十七匹、毡单三十五条，另药材、藕、木、胡椒各些少耳。①

林寅观等人还附带有蔡政致寓日明遗民书信三通，其中一通是致林六使书，有"专仗化林禅师敦请台兄与顾、魏二翁来宁，共图恢复"句②，"宁"乃东宁之简称，是郑经时代台湾名称，"化林"法名性英，足证隐元隆琦弟子化林性英禅师与台湾郑经方面保持着联系，"共图恢复"即参与反清活动。另外，林寅观等人还带有涉及索取郑泰存银的郑经致日本国王书信一通。需要指出的是，当时林寅观、曾胜、陈得为首的九十五人，为朝方收留，接受朝方官员细心盘诘，而林寅观、曾胜在回答问题时，不禁相继将"庚子夏初，日本大举兵"的历史秘密说了出来。③鉴于当时李氏朝鲜与清朝政府有着特殊的外交关系，林寅观等九十五人，均于是年十月被押送回国内，后来清朝政府"尽送于宁古塔，地方官尽杀之"④。虽然李氏朝鲜与清朝政府通好，但是李氏朝鲜仍然不能忘怀明朝万历壬辰援朝抗倭之恩，所以林寅观等九十五人被清朝政府地方官杀害之事，使李氏朝鲜受到了震惊，故以后李氏朝鲜处理漂来明遗民之事，就比较慎重了。如康熙七年即朝鲜显宗九年（1668）七月间，有两艘去长崎的台湾商舶，因缺柴、无水而相继漂至朝鲜庆尚南道曲浦前洋、全罗南道安岛前浦，得到朝方宽容，补足柴、水后，"发

---

① 李㙉：《漂人问答》。
② 李㙉：《漂人问答》引蔡政致林六使书文。
③ 详见宁生：《日本应郑成功请求大举出兵新证》，见《明史论丛》1997年。
④ 李㙉：《漂人问答》。

船而去"[①]；康熙九年即显宗十一年（1670）五月二十五日，以"兴贩资生"、"行商诸国"的沈三、郭十、蔡龙、杨仁等六十五人，遇飓风船破而漂到朝鲜旌义境内，结果在济州牧使帮助下，"装船还送矣"[②]。得以平安抵达长崎。

第二个阶段。自郑经从台湾深入福建、广东沿海地区，至清朝政府复迁沿海边民、郑经退回台湾以前，也就是康熙十三年即延宝二年（1674）至康熙十八年即延宝七年（1679）去长崎商舶，在此六年，依序每年为22、29、24、29、26、33艘[③]。这一时期，除台湾岛、东京（今越南河内、海防地区）、广南（今越南岘港）、咬��吧（今印度尼西亚之雅加达）等地明遗民，维持往返长崎航线外，本土浙江、福建、广东沿海地区商舶，去长崎数量有明显增加。以康熙十七年即延宝六年（1678）夏季内抵达长崎的七艘商舶为例，其中台湾有4艘，厦门3艘，详见日本东洋文库刊《华夷变态》卷5《四番东宁船风说》。日本依靠东渡通商船舶，及时知悉中土三藩叛清和郑经进入福建、广东沿海地区战斗动态，甚至吴三桂叛清檄文、郑经讨清檄文也流传到长崎，详见日本东洋文库刊《华夷变态》卷2《吴三桂檄》、《郑锦舍檄》。

此六年间通商货物，台湾商船所载以糖为主，东南沿海和安南的明遗民商船，则以丝织品为主，直去长崎，以获取利润，而台湾商船则以换回军需品为主。

第三个阶段。自郑经退回台湾至清朝政府统一台湾，也就是康熙十九年即延宝八年（1680）至康熙二十二年即天和三年（1683），此

---

① 见朝鲜《李朝实录》"显宗九月七月癸丑"条、"戊午"条。
② 见朝鲜《李朝实录》"显宗十一年七月丙寅"条。
③ 见朝鲜《李朝实录》"显宗十一年七月丙寅"条。

四年依序每年去长崎商舶，为29、9、26、27艘[①]。其中，大多来自台湾、暹罗（今泰国）、柬埔寨、东京、咬𠺕吧等地，而本土东南沿海地区显著减少。如康熙二十年即天和元年（1681）九艘商舶中，诚如浦廉一先生说“本土沿岸唐船皆无”[②]。这当然与清政府迁界令严禁商舶出海有关，但是此四年间仍有乘清兵不备或买通清兵头领，而出海商船。康熙二十一年即天和二年（1682）二月，福建某商人买通清廷巡察海上官员即“福州巡海之官朱氏之者”，结果该商人之商船，伪装成清军水师兵船样子出海，四月间直抵长崎，详见日本东洋文库刊《华夷变态》卷8《二番福州船风说》。

总之，这一时期只有在郑经转战福建、广东沿海地区时，本土商船东渡明显增加，其他时间商船下海甚少。这种局面，直到清朝政府统一台湾、解除迁界令后，东南沿海地区商船东渡才激增起来。

二、明遗民零落漂流长崎

自郑成功退守台湾以来，由于清朝政府严禁商舶出海，直至三藩叛清之前，本土明遗民东渡长崎甚少。康熙十二年（1673）以后，中土有名望的明遗民，东渡日本亦是寥寥无几。但是，定居日本隐元隆琦、朱舜水等人，仍然是通过东渡之商船，与中土明遗民保持着书信联系。

下面结合已经定居日本的明代侨民、明遗民活动，依照年代顺序，介绍本时期明遗民东渡长崎零落漂流情况。从广义说，定居日本的明遗民，应属中土侨民，或称明侨未尝不可。但是，本书所谓明代

① 木宫泰彦：《日中文化交流史·明清篇·来日清朝船只一览表》。
② 浦廉一：《华夷变态解题——唐船风说书之研究》。

侨民，是指明朝灭亡前定居日本中土人氏及其后裔，他们对明遗民经历和处境，一般都表示同情和支持。

康熙元年即日本宽文二年（1662）仲春，福建泉州府明遗民范道生，在宇治万福寺塑造佛像。九月，长崎崇福寺檀越何高材六十五岁寿辰，自刻生圹碑。崇福寺住持即非如一，墨书七律《题毓楚居士寿域》，送给何高材祝寿。是年，福建僧侣良冶性乐致书隐元隆琦，云"初建太和，法道初兴，其在斯时。愧乐衰迈，不能插翅奋飞左右，以便呼唤。歉甚，歉甚"①，表达对隐元隆琦开创宇治万福寺的欢欣之情。是年，朱舜水相继致书安东守约，指出"宋儒辨析毫厘，终不曾做得一件事"②，还指出尊信程朱理学的著名学者伊藤仁斋"所学与不佞有异"③，这使当时日本思想界，受到了震动。

康熙二年即宽文三年（1663）三月初八日，长崎火灾酷烈，所谓"全崎而焦土"④，"存者仅百分之一耳"⑤。唐通事林守壂处有郑泰寄存之银，"被火烧熔成块银九千九百两，被火烧黑银九万五千九百七十两"⑥。当时，何高材家宅和朱舜水住处，均被大火烧毁。隐元隆琦法孙高泉性潡，写信慰问何高材，而朱舜水寄宿皓台寺庑下。五月二十五日，日本太上法皇委托龙溪宗潜，请隐元隆琦提示法要。八月，即非如一在门徒千呆性安和唐通事刘一元（号枫山，日名彭城久兵卫）陪同下，去宇治万福寺省觐师翁隐元隆琦，而长崎崇福寺由寺监化林性英禅师留守。林道荣亦去宇治万福寺，拜谒隐元隆琦。另

---

① 《来往书信集》074号信。
② 朱舜水：《朱舜水集》卷7《与安东守约书二十五首》之十。
③ 朱舜水：《朱舜水集》卷7《与安东守约书二十五首》之十二。
④ 朱舜水：《朱舜水集》卷4《答释月舟书》。
⑤ 安东守约：《悼朱先生文》，《朱舜水集》附录二。
⑥ 林春胜、林信笃编：《华夷变态》卷5（第二种）《龚黄二姓递书》。

外，是年夏季，台湾郑经派遣蔡政去长崎，联系索取郑泰存银事[①]。是年，朱舜水答复某人书信指出，"求之于心性气志之微"、"最易入于异端邪说"，并提出"实理实学"命题[②]。此后，林罗山门人山鹿素行，开始怀疑程朱理学心性之说。

康熙三年即宽文四年（1664）四月，戴曼公应岩国吉川广嘉侯邀请，由陈性乾陪同去岩国行医。何高材、陈道隆去宇治万福寺，受到隐元隆琦、木庵性瑫欢迎。九月，隐元隆琦退职，将宇治万福寺法席让给木庵性瑫。朱舜水是年在长崎，与小宅生顺交谈，强调"为学当有实功，有实用"[③]。伊藤仁斋思想开始有异于宋明理学的变化，朱舜水得悉后，对安东守约说："伊藤诚修兄策问甚佳，较之旧年诸作，遂若天渊。倘由此而进之，竟成名笔，岂逊中国人才也。敬服，敬服。"[④]朱舜水在长崎期间，曾为镰仓幕府末期勤王名将楠正成像题赞，谴责了南北朝对立、"应仁之难"灾难制造者，阐发了"尊王一统"思想，这对以后水户藩修史者产生了重要影响。唐通事刘宣义和大老酒井忠胜二居士，购进暹罗大木，赠送宇治万福寺，供该寺修缮用。中土方面，十月初六日慧门如沛示寂，虚白性愿接任福清县万福寺住持。福建泉州府郑泰之子郑缵绪，于是年六月、十二月相继致书长崎奉行，攻击郑经"凶顽"、"悖逆不道"、"复恣狼贪"[⑤]，希望能收领郑泰存银。但是，同年六月十一日，郑经在台湾致书长崎唐通事，以郑鸣骏降清，痛斥郑泰遗族"乱臣贼子，天下共恶"，希望"不为

[①] 见林春胜、林信笃编：《华夷变态》卷5（第二种）宽文四年《郑缵绪书简二通》说郑经"去夏径遣蔡政"、"前遣蔡政"云云。

[②] 朱舜水：《朱舜水集》卷5《答某书》。

[③] 朱舜水：《朱舜水集》卷11《答小宅生顺问六十一条》。

[④] 朱舜水：《朱舜水集》卷7《答安东守约书三十首》。

[⑤] 林春胜、林信笃编：《华夷变态》卷5（第二种）《郑缵绪书简二通》。

逆徒左袒"，应该将其到达长崎之船货"拘交敝"①。

康熙四年即宽文五年（1665），中土福清县黄檗山万福寺住持虚白性愿，致书隐元隆琦云"性愿旧冬承檀越与合山耆旧召回继席，感愧奚当"②，谈及慧门如沛寂事，又谈及费隐通容弟子百痴行元、离言行法、听梅智经和隐元隆琦弟子良照性杲、良义性询、心盘真桥、良也性乐、良哉性常、良器、未发性中相继告寂。隐元隆琦为中土法门不幸，"嗟叹不已，设位致祭"③。是年春，即非如一在小仓致书隐元隆琦，云"小笠原太守夙秉正信，为不肖布袈裟地已成，择新夏祝国开堂"④，告示将在小仓开创广寿山福聚寺。是年夏天，即非如一在小仓广山福聚寺开堂说法，当时化林性英六十九岁、戴曼公七十岁、陈性乾七十四岁，都前去祝贺。而陈性乾居士法号独健，师事五十岁的即非如一，即非如一深为感动，故赠书云："人生精神七十衰，健公七十四向上志"⑤云云。七月，木庵性瑫去江户参谒德川家纲将军，领得宇治万福寺寺田。八月二十七日，戴曼公、陈性乾再度应吉川广嘉侯邀请去岩国。是年七月，朱舜水应水户藩侯德川光国邀请，由内通事高尾兵左卫门（明侨樊玉环之子）陪同至江户，德川光国以宾师之礼相待。九月，德川光国欢迎朱舜水到水户。时今井弘济十四岁，师事朱舜水。其后，德川光国请朱舜水规划修建后园林苑，后改称后乐园。

康熙五年即宽文六年（1666），吉川广嘉侯据戴曼公提供《西

---

① 林春胜、林信笃编：《华夷变态》卷5（第二种）《郑锦金赠通事书》。
② 《来往书信集》047号信。
③ 性派：《黄檗开山普照国师年谱》卷下。
④ 《来往书信集》109号信。
⑤ 见宫田安：《唐通事家系论考》第3章"陈九官颍川氏家系"。

湖志》资料，在岩国兴造木结构的锦带桥。二月初八日，戴曼公应长崎奉行召唤，由陈性乾陪同从岩国返回长崎。是年，太上法皇赐隐元隆琦佛舍利宝塔，因而宇治万福寺筹建舍利殿。陈元赟去宇治万福寺，拜晤隐元隆琦。朱舜水在江户，开始给故乡家人写信。日本传奇小说浅井了意《伽婢子》问世，其创作特色，乃受到明朝瞿佑《剪灯新话》影响。在日本实学思潮影响下，中村惕斋编成《训蒙图汇》，是书附中文、日文名称对译，图绘动植物凡七百余种。山鹿素行撰成《圣教要录》，激烈辩驳程朱理学，震动了当时日本思想界。

康熙六年即宽文七年（1667）春，戴曼公应吉川广嘉邀请，再次由陈性乾陪同，去岩国行医。戴曼公预定五月初离开岩国，但经吉川广嘉再三挽留，延至六月间返回长崎。六月十六日，宇治万福寺舍利殿落成。是年，德川光国铸造水户城钟，朱舜水为其钟作铭。今井弘济入水户藩彰考馆，充修史编修。何高材、林公琰七十大寿，即非如一专程从小仓来到长崎，为他俩同乡同岁祝寿，并为何高材作松画、题赞。

康熙七年即宽文八年（1668）七月底，即非如一离开小仓广寿山福聚寺，由千呆性安、柏岩道节和日僧法云陪同，直回长崎，途中受到俗、僧欢迎。即非如一到达长崎后，由王心渠、何高材、林守壂和东京船主魏之琰迎入崇福寺。不久，即非如一退隐，千呆性安被举为崇福寺住持。十月二十五日，戴曼公由陈性乾陪同，第四次赴岩国行医。戴曼公多次为吉川广嘉侯治病时，将痘科医术传授给其下属官僚池田正直，使池田正直后来医名大显。是年，兴福寺第三代住持逸然性融、福济寺僧侣岫贤相继示寂。是年，福建莆田县资福寺僧侣道传、道建，致书隐元隆琦，云："睽违法诲，忽忽十有五秋。泽国渺茫，寒空孤月，可望不可即，是以寝息在心，未能暂置耳"，"昔日一苇东来，机投域外；今朝看松西向，念切私中。伏愿渡口舡回，大作家山之气色；天涯锡返，广敷梓里之光华"①，希望返回故土。福清县万福寺僧侣性泰，致书隐元隆琦，云："更闻老师父退席多年，兼以年迈古稀，谅故乡之感日厪于中"，"伏望老师父自图，速返故乡，不惟不肖叨荫，即山门亦大有光矣"②。是年，安积觉十三岁，始来江户师事朱舜水，由此逐渐博学，擅长史学。

康熙八年即宽文九年（1669）正月，戴曼公为吉川广嘉诊脉治病后，由陈性乾陪同返回长崎。朱舜水在江户过七十大寿时，德川光国行养老之礼，竭诚尽敬。朱舜水致古市务本（古市主计）书，指出："躬行之外，更无学问。"③是年，福清县万福寺住持虚白性愿致书隐元隆琦，云："今幸天赐其便，特遣良悟、牧休二禅人恭候法祉，远谢洪恩，聊效化门标准，表其寸忱"，又说想辞退法席，但是"未承严命，又不敢自专。冀和尚再推同门有才德者主之，庶祖庭有赖，法道有光，俾性愿得优游岩壑，保养天和，此又蒙和尚再赐之恩也"④。是年，林守壂在宇治万福寺脱俗为僧，法名性英，法号独振。

康熙九年即宽文十年（1670），朱舜水在江户作《学宫图说》，德川光国使唤木匠，依照其图样制造模型。福清县万福寺耆旧隆宓及隐元隆琦法子、法孙，共十七名僧侣，联名致书隐元隆琦，云："宓等叩别慈颜有十六载，不通音问越十余年。水国相悬，悲婴儿之失怙；日月易逝，惊华发之将颓。莫闻棒喝之音，徒仰照临之德。切望云边

---

① 《来往书信集》114号信。
② 《来往书信集》066号信。
③ 朱舜水：《朱舜水集》卷9《与古市务本（古市主计）书六首》。
④ 《来往书信集》048号信。

锡返，江口船回。"① 是年八月，龙溪宗潜在大阪为海啸吞没，隐元隆琦非常悲痛，即非如一特意致书安慰："龙法弟遽然变故，如此得力之人不意，至是座下能无悲恸？然大林之中枯条不免，窃计不日茂春耳。"② 是年十一月，福建泉州府晋江县塑造佛像工匠范道生，在长崎病殁，终年三十六岁。

康熙十年即宽文十一年（1671）五月二十日，即非如一禅师在长崎崇福寺圆寂，终年五十六岁。即非如一病危时，其弟子柏岩道节书告隐元隆琦，云：

> 顷欲驰承庭训，奈本师设利浮图尚未竣功，不便弃离。俟初冬苟完其事，然后匍匐礼足，时领痛棒，是节百千劫始得大庆也。禀者：节因本师将欲示灭，从上重担卸肩累及，自忖力微未敢负任。第时不由人，末如之何，甚已惕然渐惧耳。慈偶鸿便，特此奉闻。③

即非如一火化后，获舍利无数，柏岩道节、千呆性安为其师造舍利塔，明侨少壮派刘宣义、林甚吉（林守壂之子）、林道荣以弟子名义，联名祭文悼念。老一辈明侨王心渠、林公琰、俞惟和，亦联名长文悼念。陈性乾悲痛至极，时隔十八天，六月初八日亦殁，终年八十岁。岩国吉川广嘉侯得悉后，特意香典，悼念陈性乾。八月初五日，何高材殁，终年七十四岁，隐元隆琦、柏岩道节、千呆性安都送挽联悼念。崇祯年间寓居日本的陈元赟，是年在名古屋殁，终年八十五

---

① 《来往书信集》116号信。
② 《来往书信集》111号信。
③ 《来往书信集》117号信。

岁。向井元升因长期住在长崎，得益于明遗民很多，是年撰成《庖厨备用大和本草》，此书被认为是"德川氏时最初的本草书"①。

康熙十一年即宽文十二年（1672），来往东京、长崎贸易的中土福清县巨商、船主魏之琰，率其子魏高、魏贵和仆魏熹离开安南，浮海东来，定居长崎。魏之琰与朱舜水相交多年，年前收到朱舜水复信，该信云：

> 远惠书问，足纫厚谊，二千道里，岂伛跋涉，良非易事。"风波目前，进退无门"等语，一言一泪。来年事成，必住长崎，甚为长算。②

赞同魏之琰定居长崎。朱舜水、魏之琰都时常来往长崎、安南、中土间，必与中土抗清有关联，而"风波目前，进退无门"、"一言一泪"都是针对当时中土形势而言。是年，朱舜水为水户学校撰写《改定释奠仪注》，并指导学生演习释奠礼仪。长崎福济寺重兴开山住持蕴谦戒琬退隐，由木庵性瑫弟子慈岳琛就任住持。是年戴曼公殁，终年七十七岁，葬在宇治万福寺。是年，贝原益轩依据武林钱衙版本《本草纲目》校刻日本版，这是一次比较重要的校刊本。其后稍迟，贝原益轩还著有《本草纲目和名目录》、《茶谱》等书，他晚年在朱舜水思想影响下撰写《大疑录》，批判程朱传注。

康熙十二年即延宝元年（1673），魏之琰收到安南国太子来信，祝贺魏氏父子抵达长崎。魏之琰应邀去山城，演奏明代音乐。中土有

---

① 白井光太郎：《本草学论考》。
② 朱舜水：《朱舜水集》卷4《答魏九使书》。

明遗民东渡，如福建僧侣东澜泽、西意抵达长崎，入住福济寺。台湾郑经官商吴朋，离开日本。当时，木庵性瑫经常在宇治黄檗山万福寺、江户白金紫云山瑞圣寺传法。四月初三日，隐元隆琦在宇治万福寺示寂，终年八十二岁。日本太上法皇在其临终时，授予"大光普照国师"称号。中土方面，六月十四日虚白性愿寂于福清万福寺，其法席由隐元隆琦弟子广超性宣继任。蕴谦戒琬在长崎福济寺示寂。是年，明侨后裔卢草硕医业大显，尤以本草学造诣深，著有《药性集要》，其门人有福山德润。

康熙十三年即延宝二年（1674）二月初七日，福建泉州府同安县塑造佛像工匠方贵峰殁于长崎，葬在崇福寺后山墓地。据宫田安先生说："《长崎图志》福济寺条记载'相传崇福、福济二寺佛像，是明佛匠方三官塑造的'"[1]，"三官"是方贵峰号，其次子方耀山（八郎左卫门）壮年时任译官，晚年以行医为业。六月，台湾郑经官商蔡朱绎抵达长崎，带来郑经幕僚杨英致长崎奉行书信一通，交涉与清兵交战获取琉球贡清朝船问题[2]。是年，福建僧侣玉冈、雪堂抵达长崎，入住崇福寺。水户藩主德川光国请朱舜水仿制明朝衣冠，"至是而成，朝服、角带、野服、道服、明道巾、纱帽、幞头之类也"[3]。十二月初七日，长崎崇福寺檀越俞惟和殁，终享七十岁。俞惟和是嘉靖时抗倭名将俞大猷后裔，于天启二年（1622）东渡。其第三子俞元梦（河间八郎兵卫）延宝、元禄年间，相继任内通事小头、稽古通事[4]。

康熙十四年即延宝三年（1675）夏季，明遗民何倩甫、林上珍抵

---

[1] 宫田安：《唐通事家系论考》第 28 章"方贵峰（三官）祖方氏家系"。
[2] 林春胜、林信笃编：《华夷变态》卷 2《杨英书》。
[3] 今井弘济、安积觉：《舜水先生行实》。
[4] 见宫田安：《唐通事家系论考》第 16 章"俞惟和祖河间氏系"。

达长崎，分别撰写《大明论》、《清朝有国论》。木庵性瑫将江户白金紫云山瑞圣寺法席，让给日本僧侣铁牛。长崎福济寺僧侣西意示寂。

康熙十五年即延宝四年（1676）八月初十日，大通事、福济寺檀越陈道隆（颍川藤左卫门，延宝三年改名吉左卫门）殁，享年六十岁，葬在稻佐悟真寺山门前左侧，崇福寺僧侣雪堂，当年示寂。当时日本儒、释不分，水户藩儒官在朱舜水影响下尽蓄发，后来引发江户幕府儒官尽蓄发，即"大学头"名称由此而生也。朱舜水乡亲姚虞山抵达长崎，不久返回浙东，被清政府地方官"以犯禁充军"[①]。是年八月，杭州孤山永福寺曹洞宗僧侣东皋心越，应长崎兴福寺澄一住持邀请，携带七弦琴若干张，由慧云、东岸陪同乘船起帆，十一月停泊舟山候风，十二月三十日抵达日本九州萨摩（今鹿儿岛县西部）。

康熙十六年即延宝五年（1677）正月十三日，东皋心越抵至长崎，以师礼谒见澄一禅师，遂入住兴福寺。六月，东皋心越应长崎医王山延命寺请求，撰写《法华三昧塔铭》，其名声广扬。鉴于中土临济宗、曹洞宗龃龉甚烈，故引起临济宗千呆性安和日本僧侣铁牛弟子兆溪恼火，要求中土临济宗旅日僧侣总当家木庵性瑫，告请长崎奉行驱逐东皋心越出境。但是，木庵性瑫从振兴日本禅宗大局出发，拒绝了千呆性安要求。是年，朱舜水在江户怀念故乡亲人，写家信《与诸孙男书》。

康熙十七年即延宝六年（1678），铁心在长崎创建圣福寺。铁心法名道胖，俗姓陈，宽永十八年（1641）生，乃明代漳州府龙溪县石玛（码）地方寓日侨民陈朴纯之子[②]。顺便提及的是，日本学者宫

[①] 今井弘济、安积觉：《舜水先生行实》。
[②] 详见宫田安《唐通事家系论考》第27章"陈潜明祖西村史家系"。

田安据《先民传》记载说，此时刘宣义、林道荣昼夜在长崎奉行所值班。有时，长崎奉行牛込忠左卫门胜登呼唤他们，设宴摆酒，诗肠鼓吹。他们三人欢畅中谈及杜甫《和裴迪登蜀州东亭》诗句，以及唐代诗人裴迪（716—？年）和南朝梁武帝时何逊（？—518年）故事，因为杜甫诗中有"东阁官梅动诗兴，还如何逊在扬州"句子。因而，牛込忠左卫门胜登赐唐大通事刘宣义"东阁"号，因其堂兄刘沂春曾任鲁监国东阁大学士，并赠唐大通事林道荣为"官梅"号。有意思的是，林道荣后裔，从其孙子二木三十郎开始，就改姓官梅了[①]。铁心道胖在长崎奉行牛込忠左卫门胜登影响下，也称刘宣义为"东阁居士"。是年七月初五日，寓居长崎的福州府商人、崇福寺檀越、唐年行司王心渠殁，终年八十五岁，葬在崇福寺后山墓地。十二月，朱舜水长孙朱毓仁抵达长崎。

康熙十八年即延宝七年（1679）四月，水户藩主德川光国鉴于朱舜水年迈有病，不能赴长崎，而东皋心越又处境不妙，就特别派遣今井弘济到长崎探望朱毓仁，并聘请东皋心越赴水户。不久，朱毓仁返回浙东余姚县。十月，日本曹洞宗高僧鳌山派遣僧侣来长崎，慰问东皋心越。宇治万福寺住持木庵性瑫，致书东皋心越，云："可速来一晤，老僧素不辜负有志之士"[②]，希望能够与东皋心越会晤。十二月十九日东皋心越登船，一路候风，漂泊日久，前去宇治拜谒木庵性瑫。是年魏之琰在长崎本绀屋町，将木廊桥改造成石廊桥，方便了当地交通和繁荣。

康熙十九年即延宝八年（1680）正月十四日，东皋心越到大阪。

---

① 详见宫田安《唐通事家系论考》第9章《刘一水祖彭城氏家系》、第十四章《林公琰祖林·官梅氏家系》。

② 高罗佩编著：《明末义僧东皋禅师集刊》卷5《东皋善缘辑要·木庵书二东》。

而后，鳌山等日本曹洞宗名僧，欢迎东皋心越进入日本曹洞宗名刹宇治兴圣寺，该寺是当年日僧道元从南宋中国归来开始传入曹洞宗的驻锡地。二十九日，东皋心越到万福寺拜谒木庵性瑫，叙及与长崎千呆性安禅门风波事。木庵性瑫有相见恨晚之慨，慰问东皋心越，说："到此更好。"① 当晚，东皋心越来到山城，客寓德川光国之子德川纲条别邸。德川光国上报江户幕府，请批准东皋心越留住水户，但未能获准。因而，东皋心越于三月返至大阪，驻锡曹洞宗月光院说法。四月十五日，东皋心越登船渡濑户内海，五月十一日回到长崎。千呆性安由此而仇怨更深，向长崎奉行诬告东皋心越，使东皋心越横遭软禁厄运。鳌山等人得悉后非常义愤，谋救无效。木庵性瑫、南源性派、澄一、铁心道胖、铁眼等人，与东皋心越交往如煦。是年木庵性瑫退隐，慧林性机就任宇治万福寺住持。当年朱舜水答水户藩儒官野节问，进一步批判"格物穷理"，指出"欲穷尽事事物物之理，而后致知以及治国平天下，则人寿几何，河清难俟。故不若随时格物致知，犹为近之"，强调"兼致知力行，方是学，方是习"②，时患咯血二十一年，苟无惰容。尾张藩名医、明代侨民张振甫，是年春殁于名古屋。今名古屋一张氏家族，即其后裔，其墓所是名古屋著名古迹，详见本书附录《〈明太子、福王亡命在日本〉献疑》。

康熙二十年即天和元年（1681）七月，水户藩主德川光国上奏幕府，为东皋心越鸣冤，并亲自禀告德川纲吉将军。在江户幕府干涉下，东皋心越获释，并且准许东皋心越到江户。德川光国安排车骑，迎接东皋心越，并请东皋心越住居景物宜人的后乐园东侧琴画亭侧楼。东

---

① 高罗佩编著：《明末义僧东皋禅师集刊》卷3《日本来由两宗明辨》。
② 朱舜水：《朱舜水集》卷11《答野节问三十一条》。

皋心越在此处，将鼓琴技艺和琴曲，传授给水户藩儒官卜幽之侄人见友元、幕府儒官杉浦琴川。东皋心越与朱舜水弟子安积觉、今井弘济、何高材长子唐通事何兆晋，关系密切。时朱舜水衰年久病，德川光国在环景楼飨宴朱舜水，东皋心越等人列席。当时日本曹洞宗禅风不振，该宗许多僧侣，寄希望于东皋心越。适值曹洞宗水户天德寺住持月坡禅师，有意退隐，德川光国请东皋心越开山该寺，但是江户幕府没有批准。是年，日本民间饥馑，长崎崇福寺住持千呆性安、福济寺住持慈岳琛施粥。慧林性机示寂，独湛性莹继承宇治万福寺法席。

康熙二十一年即天和二年（1682）四月十七日，朱舜水在水户病殁，终年八十三岁。德川光国上报幕府，请求批准东皋心越移入水户。是年，魏之琰将故兄魏毓祯遗骨从安南迁到长崎，千呆性安主持迁墓仪式。这一时期，高玄岱、林道荣显赫于日本书法艺苑。

康熙二十二年即天和三年（1683）四月，东皋心越经德川幕府批准，移居水户，并着手以中土寺院规格改建天德寺。此时，安积觉亦进入水户藩彰考馆，后来为《大日本史记》编修总裁。是年，隐元弟子惟一、喝禅示寂。

综上所述，在长达二十二年明遗民东渡低潮期内，虽然明遗民东渡数量甚少，但却是朱舜水、隐元隆琦、即非如一、木庵性瑫、戴曼公并包括晚来者东皋心越，在日本最为活跃的时期，他们对中日两国文化交流影响很大。另外，清政府统一台湾后，如康熙二十五年（1686）浙东反清志士张斐与朱毓仁、姚江、蒋尚卿（东皋心越家兄）同抵长崎，均不属本书叙述范围。随着清廷展海令公布，中土沿海商船直抵长崎数量激增，各方面文化人东渡相应增多，乃至医家吴载南、朱来章、陈振先等人和画家伊孚九、沈南蘋、诸葛晋等人东渡，对日本本草学发展、南宗山水画风形成影响巨大，康熙、雍正、乾隆时刊印书籍,如《明史》、《康熙字典》、《佩文韵府》、《渊鉴类函》、《古今图书集成》都及时输入日本,以及考据学派对日本的影响,但这些都是属于清代中日两国文化交流。虽然明、清文化因袭,但鉴于清人与明遗民是不同的概念,故与明遗民东渡时中日两国文化交流是不能混淆的,明遗民东渡是明清史和中日文化交流史不容忽视的课题。

三、《大明论》与《清朝有国论》

康熙十四年即日本延宝三年(1675)五月间,郑经乘三藩背叛清廷时机,在福建征战进入漳州府海澄县城,同时,明遗民何倩甫、林上珍东抵长崎,根据唐船风说书制度,分别撰写《大明论》、《清朝有国论》。

何倩甫《大明论》,首先说朱元璋:

> 起于布衣,潜于草野,托身缁流。出则虑胡元以废生,不出则虑红军以伤命。祷于伽兰神,许倡义,虽为微卒,智谋非常。南游定远,义旅来归。亲渡采石,吴越湖湘东西平定,豪杰之士心悦诚服。拯生民于涂炭,复汉官之威仪。号令严肃,秋毫无犯。深悯民瘼,数年免赋。天下响应,无往而不克,所以胡元无百年之运,天厌而弃之时也。

指出:"此洪武之所以兴也,不可谓智力求也,岂非天哉?"

何倩甫《大明论》,接着说明有明一代:

> 虽有边寇,安然无事。迫至崇祯受命以来,夙夜祗惧,恪遵谟训。允恭克让,光被四表。柔远能迩,野无遗贤。股肱元首

喜起明良，好生之德洽于民心。反复思之，崇祯非比暴厉昏淫之君，可谓浚哲文明之帝乎！然而，国坏者何也？

何倩甫《大明论》，重点分析崇祯朝灭亡原因，指出：

> 北方州郡，荒旱水灾相继而作，百姓困苦，啼饥号寒，流离琐尾，不可胜数。当此之时，臣无直奏其事，君不闻民之苦，而民不思为逆者寡矣。天祸李闯，机谋百出，散财结党。渐入畿内，诈投大臣为奴者，伪充大将为兵者，聚凶数载，大臣付之不问，君虽有至圣之聪明，焉得而知之乎？突然内外合攻，顷刻破城。百官从虏者有之，死难者有之。嗟呼，崇祯之所以亡也，实谓大臣之误也，岂非天哉？

所谓天灾频仍、百姓啼饥，"臣无直奏其事"，李闯渐入畿内"大臣付之不问"，而"百官从虏者"当指洪承畴、孔有德、耿仲明、尚可喜、吴三桂等人，由此而感叹崇祯朝灭亡"实谓大臣之误也"。

何倩甫《大明论》最后总结南明弘光朝、隆武朝灭亡后，辅佐永历朝的郑成功抗清得失经验教训。即在肯定郑成功"矢志恢复"，举师北伐"直抵金陵，虏兵惊战，城门闭守"，接着批评郑成功"事势不然，退归观望"，导致北伐失败。针对郑成功得失，说："至于兵强马壮，将欲奋发，倏尔即世，不遂其愿。嗟呼，国藩之所以死也，则后来必有其人也，岂非天哉？"

何倩甫《大明论》结尾，指出："合而论之，洪武创业于前，崇祯缵述于后。所以然之兴亡得失者，皆天命也。"何倩甫这种论点，在当时是明遗民普遍的看法。重要的是，以何倩甫为代表的明遗民，对明朝历史进行了反思，抒发了民本思想，认识到明末农民起义和明朝灭亡的不可避免性。

林上珍《清朝有国论》开头就说，清朝之得天下，不能与"唐虞之揖让、汤武之征诛"相比拟，认为清朝是"胡元丑类"。接着指出崇祯朝亡，"吾君亦非亡国之君"，是清朝"不费一矢，而窃取神器若此，其易改历、易号，正位承统又若此"，定鼎北京，"此其罪在庸臣"。

林上珍《清朝有国论》接着指斥"庸臣有罪"，说"君死未寒，北面臣虏"、"加以诱虏之徒，忍心悖理，怙宠贪荣，相率而胥与为夷，为甚惜耳"，实际鞭挞了吴三桂之流有辱民族气节之败类。并且，林上珍还指斥南明政权"徐行伐，其谁曰不宜，然而无有能之者"，"盖臣之忠义死于君而死于国未亡者，智鲜及而谋不臧"。林上珍认为，如果不是这样，"苟使忠义之臣未尽亡，智谋之士而或在，则生灵未必左衽，社稷未必丘墟。祖宗大业，断不为逆胡之所有也"，因而得出结论："吾故以为罪在庸臣。误吾君，而不能复立吾君；诱虏来，而不能谢虏去。忠良不慭遗，夷狄主中国。"

林上珍《清朝有国论》，结合当时中土三藩之乱和郑经转战福建、广东沿海地区背景，揭露清朝政府"边海穷兵，馈饷之需靡耗无稽，用不足而横征而民怨，民怨而盗起，干戈四出"，更何况"先朝赤子，久待中兴"，认为清廷是"难享厚福，速祸败而取丧亡耳"，"虏无百年之运"，因诸多矛盾而势将灭亡。《清朝有国论》结尾，引用五代后唐大理少卿康澄上书皇帝李嗣源语中"深可畏者六"，即："贤士藏匿"、"四民迁业"、"上下相徇"、"廉耻道消"、"毁誉失实"、"直言不闻"，进而在全文收尾中指出："有一于此，国必灭亡。若伪朝者（按：指清朝），可谓兼而有之矣。"

以上两篇文章，是根据日本唐船风说书制度，由明遗民何倩甫、林上珍抵达长崎后，笔述而编成的，反映出当时明遗民对本土形势发展演变的看法，因而是当时明遗民旅日珍贵文献。何倩甫《大明论》、林上珍《清朝有国论》，均收录在《华夷变态》书内。①

第三节　代表人物

这一时期东渡日本明遗民，数量上显著减少，但是魏之琰、东皋心越定居日本，是明遗民东渡低潮期最为突出的事件。因为魏之琰、东皋心越跟高潮期诸名流一样，都是明遗民对日本精神文化有着重要影响的代表人物。

一、魏之琰

魏之琰，字双侯，号尔潜，排行九，故时人称魏九官，生于万历四十五年（1617）。据魏之琰后裔钜鹿敏子藏刘宣义手书《潜翁魏老先生七秩寿章》称"老先生麟产福清"②，得知魏之琰是福建福州府福清县人。朱舜水和安南太子，则称魏之琰为魏九使。魏之琰精通乐曲，如今我国古曲家，习称他为魏双侯。

福清县，亦是长崎唐三寺檀越林楚玉、林公琰、俞惟和、何高材和黄檗山万福寺僧侣隐元隆琦、即非如一、高泉性激等人出生的故乡，所以魏之琰与他们的关系比较密切。

魏之琰早年在家乡娶妻林氏，生有男孩名永昌。后来，魏之琰与

---

① 林春胜、林信笃编：《华夷变态》卷3《大明论》、《清朝有国论》。
② 宫田安：《唐通事家系论考》第49章"魏之琰祖钜鹿氏家系"附有照片，刘宣义书写《潜翁魏老先生七袠寿章》全文。

其兄魏毓祯，"移住东京、在东京、长崎间从事贸易"①。"东京"，即史称"东都在交州府"②，亦即现在越南河内、海防地区。魏永昌少年时代，曾一度来到长崎，但他归回福清以后就不再出海了。魏毓祯、魏之琰兄弟，都是长崎崇福寺檀越，如宽永十二年（1635）魏毓祯为该寺赞助兴建了"海不扬波"马祖祠堂；正保四年（1647）魏之琰为该寺铸造梵钟捐银一百五十两；魏之琰还是明历元年（1655）五月欢迎隐元隆琦驻锡崇福寺的十四名檀越代表之一。魏毓祯兄弟是东京巨商，亦是来航长崎的东京船主。承应三年即南明永历八年、鲁监国九年、清顺治十一年（1654）十月初九日，魏毓祯在东京死去，此后魏氏东京、长崎间的贸易活动，就全靠魏之琰支撑了。

魏之琰在东京期间，娶妻武氏，传说武氏是安南王族成员，庆安三年（1650）生男名高，宽文元年（1661）又生男名贵。魏之琰时常往来东京、长崎间经商，却始终关心隐元隆琦在日本的活动。如明历元年（1655）隐元隆琦应龙溪宗潜邀请前去摄州普门寺，时魏之琰在长崎，与来往长崎福清县商人林继京等人，分别诗赋，欢送隐元隆琦。魏之琰诗云：

> 正喜东来更向东，司南直启普门风。
> 凭兹一杖轻如苇，其奈孤踪转似莲。
> 鹤发老芝霜顶白，莲装光傍日边红。
> 经年席坐何曾暖，又赴华林许结丛。③

---

① 宫田安：《唐通事家系论考》第49章"魏之琰钜鹿氏家系"。
② 《明史》卷321《外国·安南》。
③ 《来往书信集》054号信。

又如宽文元年（1661）仲冬，隐元隆琦七十岁大诞。当时，魏之琰正在长崎，特题诗祝贺：

中岳巍巍接彼丘，岁寒松柏始知周。
潜成龙虎翻无异，藏满烟霞吐不休。
随喜拈来黄檗果，因缘种落扶桑洲。
开花结实千年事，才长而今七十秋。①

以上不同年代的两首诗，"经年席坐何曾暖，又赴华林许结丛"，是满怀期望心情支持隐元隆琦前去普门寺；"随喜拈来黄檗果，因缘种落扶桑洲"，是肯定了隐元隆琦在宇治开创日本黄檗宗所做出的贡献，说明魏之琰对隐元隆琦的期望、评价，都是准确的。另外，魏之琰先后于万治元年（1658）、宽文八年（1668），在长崎与同乡侨民兼檀越王心渠、何高材、林守壂诸人，欢迎即非如一禅师入驻崇福寺。

宽文十二年（1672），魏之琰率两儿魏高、魏贵离开安南，浮海直航长崎，全家才算在日本定居下来。魏之琰妻子武氏，留在安南至终。延宝元年（1673），魏之琰应邀去山城，演奏明代乐曲。是年仲夏，魏之琰收到安南国太子来信，祝贺魏氏父子三人平安抵达长崎。当时长崎本绀屋町有一木廊桥（即现在常盘桥位置），多次被雨水冲毁。延宝七年（1679），由魏之琰出资，将此木廊桥改造成石廊桥，从而为当地交通和发展，提供了便利条件。

魏之琰定居日本，不忘亡兄魏毓祯。天和二年（1682），魏之琰将魏毓祯遗骨从安南运到长崎，并由千呆性安禅师主持遗骨埋葬仪

---

① 《来往书信集》054号信"参考资料"。

式，以怀念魏毓祯为创建崇福寺所作出的贡献。魏之琰德高望重，贞享元年（1684）六十八岁时，画家喜多元规为他绘制彩色肖像画。肖像画中魏之琰，头上戴着黑色帽子，全身穿着青色衣服，坐在朱色太师椅上，完全是明代样式，从而表现出定居异邦的明遗民忠贞气节。同年十一月初三日，千呆性安禅师用流畅而华美的行书笔锋，在喜多元规的魏之琰肖像画面天头，书写题赞："潜长者魏檀翁：德似雨，声若钟。福厚如山，寿高太空。"[①] 贞享三年（1686）魏之琰七十岁大寿时，长崎唐大通事、崇福寺檀越刘宣义（号东阁，彭城仁左卫门），特奉呈亲手楷书撰写《潜翁魏老先生七袠寿章》，原文如下：

奉祝姻家尊亲潜翁魏老先生七秩寿诞。敬披粒诚汗甲，缀言少伸华封之庆。窃以：乾乾不息，故行健以永寿；生生靡已，乃含弘而延康。其有君子，体乾履霜，中立遗品，而三才繇位，万古弗渝。可参于天地，宜赞夫化育，岂非寿之永而康之延乎哉！谁其方之咸曰宜之，其于潜翁魏老先生实或有之。恭惟老先生麟产福清，鹰扬闽越，冠缨代传，而敷德绂绶，世出以联芳。注文章而源泗水，权儒业以扇邹风。魏德所达，百福攸归。乃于明季轮舆弗挽，四海荡于波起，三山溃于霾扬。而老先生昆仲，忠以立心，孝以全节。矢怀省己，不渍腥氛。乘桴之志固确，浮海之私始炎。而游漾数十年，以至于今发全、容正，以畅厥衷。而故国诒厥孙谋，允协苗裔东方，永扬眉显克谐德业。故其朴忠，而可移之大孝，亘今古之所稀，跨东南而实罕。兹逢从心之

[①] 宫田安：《唐通事家系论考》第49章"魏之琰祖钜鹿氏家系"附原件喜多元规肖像画千呆性安题词照片。

诞,簇庆蟠会之期,况当春风乍动,淑气初临,膺斯嘉庆,能不膏己而腴人乎。看寿景福悉,届良晨君子万年,固其参天地而赞化育者也。妾端秃颖异,瞻老人之星敬布,荒唐用颂,崧高之祝诞焉盛矣,亶乎欵哉。诗曰:

一气通天接地舆,谁知君子苽其墟。

寿垣常倚三台立,福庆绥由积德居。

身隐两朝耆会在,年邻九老逸仙如。

扶桑采药徐公后,却到于今譬有余。

贞享叁年岁旅柔兆摄提格端日谷旦,辱姻眷末刘宣义顿首拜撰。①

按:"柔兆"是天支中"丙"之代称,"摄提格"是"寅"之代称,"端日"乃指全年开端日,从而得知上引寿章,是写在日本贞享三年即丙寅年(1686)正月初一日。时刘宣义(1633—1695年)五十四岁,是魏之琰次子魏贵(1661—1738年)之岳父,故寿章称魏之琰"姻家尊亲潜翁老先生",还称"麟产福清",即魏之琰出生之地。魏之琰不相信程朱传注,故寿章说他"注文章而源泗水,权儒业以扇邹风",儒学造诣很深。明代实学思潮前辈吕柟说"四方上下,山川草木皆书册也"②,晚明曹于汴也说"士、农、工、贾皆学道之人,渔、牧、耕、读皆学道之事"③,看来魏之琰与其兄魏毓祯下海经商,是受到明朝实学思潮发展的影响,而且与明遗民抗清事

---

① 宫田安:《唐通事家系论考》第49章"魏之琰祖钜鹿氏家系"附刘宣义手写《潜翁魏老先生七袠寿章》原件照片。

② 吕柟:《泾野子内篇》卷4《端溪问答》。

③ 黄宗羲:《明儒学案》卷54《曹贞予先生于汴》附《论讲学书》。

业有关联，故寿章在明清鼎革之际有"鹰扬闽越，冠缨代传，而敷德绂绶，世出以联芳"、"而老先生昆仲，忠以立心，孝以全节"和"朴忠"、"大孝"等语。明朝灭亡后，魏之琰"游漾数十年，以至于发全、容正"，穿戴乃明朝衣冠，是海外经商的明遗民典型代表。特别是他兼有安南、日本国籍，这在明遗民中间极为罕见。元禄二年（1689）正月十九日，魏之琰寿终，享年七十三岁。当时，长崎崇福寺祠堂出现了"大檀越双侯尔潜魏公神位"木牌，供人们悼念。其子魏高、魏贵，以后改姓钜鹿氏。

魏之琰精通乐曲，还将明代乐器携至长崎，被后人誉为长崎明清乐祖。可见，千呆性安为其肖像题赞说"声若钟"，并非虚发之语。魏之琰曾孙魏皓（日本名钜鹿民部），汇辑整理魏之琰五十曲乐谱，定名《魏氏乐谱》，于明和五年（1768）刊行于江户、大阪、京都等地。魏皓门人简井景周，将魏氏家传先祖魏之琰带来的乐器，用图示说明，于安永九年（1780）出版了《魏氏乐器图》一书。

二、东皋心越

东皋心越，俗姓蒋，名兴俦，初名兆隐，别号东皋、鹫峰野樵、又越道人，生于崇祯十二年（1639），浙江金华府浦江县人。精禅学，通医术，能诗善画，兼书法、琴乐。

鲁监国元年（1646），年方八岁的蒋兴俦，不愿薙发当清廷顺民，就投住苏州报恩寺，毅然削发为浮屠氏。东皋心越十三岁时，遍游江南，寻师访法。二十岁时，杭州寿昌寺有曹洞宗觉浪道盛禅师开堂说法，他前去听讲，参究禅法。三十岁时，他在杭州西湖畔皋亭寺，拜觉浪道盛禅师高徒阔堂为师。三十三岁，他入住西湖孤山之永福寺。康熙十五年即日本延宝四年（1676）仲夏，东皋心越应长崎兴福寺住持澄一禅师邀请,携带若干张七弦琴,同慧云、东岸登舟东渡,十二月三十日抵至九州萨摩(今鹿儿岛县西部)。翌年正月十三日,东皋心越一行抵至长崎岸。某位唐通事深虑唐三寺有异议,就劝导东皋心越改承临济宗黄檗山万福寺派系,但遭到东皋心越拒绝。这位好心的唐通事背着东皋心越,以属黄檗山万福寺派系名义上告长崎奉行,才使东皋心越等人得以上岸。东皋心越当即进入兴福寺,澄一住持让他以弟子之礼谒见,使其入住合法化。彼时,东皋心越诗意偶发,提笔作《法》一首,诗前有序,云:

> 丙辰仲夏,自浙泛海漂泊日久,直今正始到长崎。东明精舍漫言。
> 东风破浪欲经年,底事悠悠到日边。
> 不是恁般非了处,那知非么更留连。
> 苍茫万里忻登岸,一钵青精托夙缘。
> 属目浮生皆寄幻,谁能幻寄且逃禅。[1]

当年为丙辰年,"直今"为丁巳年。"东明精舍",系指长崎东明山兴福寺,是东皋心越到长崎后首先落脚的地方。为何"自浙泛海漂泊日久"呢?本来中土三藩之乱时,耿精忠在福建叛清,浙东各处义军蜂起。所以,清兵"欲平闽必先平浙"[2],清兵在康亲王杰书统率下平定浙江之后,于丙辰年九月进入福建,耿精忠在清兵威力下投降。而"丙辰仲夏",正是浙东战火激烈、百姓遭殃之际,东皋心越

---

[1] 高罗佩编著:《明末义僧东皋禅师集刊》卷2《东皋诗选·法》。
[2] 魏源:《圣武记》卷2《藩镇·康熙戡定三藩记下·无名氏〈固山贝子平浙纪略〉》。

怀着"东风破浪欲经年,底事悠悠到日边"、"属目浮生皆寄幻,谁能幻寄且逃禅"等极为复杂的心情,海中漂泊日久,方来到长崎。东皋心越进入兴福寺,不禁回顾东渡情景,于是就顺手撰写了长诗《东渡述志》,云:

畴昔渡海时,沿海系艨艟。
苍生何颠沛,赤子尽飘蓬。
涂毒劫民物,堪悲使祝融。
楼台皆灰烬,城市成故宫。
哀哉伤五内,涕泪悼无穷。
故园非我有,身世一场空。
船中戎器少,饷供提来多。
人人称将佐,威风怎奈何。
天下分瓜葛,四方起干戈。
民命填沟壑,民居践作营。
何日烽烟靖,海晏与河清。
忆我登舟时,言辞孰与评。
身依矛甲间,耳闻犹其訇。
舍舟藏岛岫,踑峤俯溟泓。
淹蹇两月余,商舶始信通。
倏尔离乎舍,桅樯一席风。
彼人被荣耀,职授大总戎。
不负男儿志,为国当尽忠。
天意犹未威,挠攘枉劳功。
富贵同朝露,荣华若梦中。

> 只今谁可得，依然西复东。
> 停帆泊普陀，因瞻大士容。
> ……

这是东皋心越从福建回到浙东时，字里行间流露出所见到的战争破坏和百姓颠沛、罹难的悲惨景象。但从"船中戎器少，饷供提来多。人人称将佐，威风怎奈何"、"彼人被荣耀，职授大总戎。不负男儿志，为国当尽忠"看，东皋心越与抗清军队有过联系，或许曾经直接参加过战斗。"淹塞两月余，商舶始信通"，可证他是"仲夏"即五月间"自浙泛海漂泊"，其间定有难言之情。所幸在"孟秋"即七月间，"商舶始信通"。以后东渡，在舟山候风，即"停帆泊普陀"，当在是年九至十一月间。接着，东皋心越描述自己东渡时感受，说：

> 丈夫家四海，扶桑岂好述。
> 片帆任漂泊，淹缠也石尤。
> 任浮沧海去，心事付东流。
> 淼茫天际浮，狂浪风飕飕。
> 大海无边圻，扁舟何处收。
> 众人频流泪，无计可堪筹。
> 身命总虚空，者事向谁谋。
> ……

无边际海洋狂风恶浪，扁舟任漂泊心事重重，泪如雨水无可奈何，东皋心越描述，虽然流露出明遗民孤怀隐痛的复杂心情，但其基调却不是消极、低沉。所以，东皋心越则以高亢和乐观语调，说出：

天远海空阔，人在一浮桴。
朝暮无穷意，幽怀逐野凫。
岂期忧占喜，望志待通途。
四时尚运行，勿论汝与吾。
元日偕欢庆，春来信亦符。
大地阳回际，长空景色皎。
浪和山寂寂，风拂水潾潾。
故国经年别，他乡又值春。
惟闻枝上鸟，啼傍未归人。
色举日已久，天籁却相宜。

四时运行有规律，大海也有风平浪静时，冬去春来，景色宜人，树枝上的鸟儿也欢叫。"元日偕欢庆，春来信亦符"、"故国经年别，他乡又值春"等语，也同时表达出东皋心越等人，是在九州萨摩海岸船中欢庆春节的。东皋心越眼前生趣盎然，视野广阔，对未来充满着希望。所以，东皋心越《东渡述志》收尾时说：

片帆初挂处，拭目见长崎。
东明堪卓锡，高卧且随时。
将谓无知己，逢缘定有期。
八纮多胜境，四海萃幽奇。
漱石消尘累，恬澹乐希夷。①

---

① 高罗佩编著：《明末义僧东皋禅师集刊》卷2《东皋诗选·东渡述志》。

东皋心越离开战乱不息的中土，漂洋过海，来到长崎，来到日本，不禁为日本"多胜境"、"萃幽奇"、安静闲适而感叹，因而有志振兴日本曹洞宗，说出"将谓无知己，逢缘定有期"。东皋心越没有禅宗派别门户之见，对长崎兴福寺就有感情，故有应澄一禅师邀请东渡之行，并有诗中"东明堪卓锡，高卧且随时"句子。但是，当时长崎唐三寺，是由中土福清县黄檗山万福寺东渡僧侣控制，曹洞宗东皋心越入居兴福寺，就引起了僧诤。这场禅门风波，直到天和元年（1681）经水户藩主德川光园禀报江户幕府，由幕府干涉，才告了结。德川光国欢迎东皋心越至江户。天和三年（1683），东皋心越移居水户，改建日本曹洞宗名刹天德寺。元禄四年（1691），天德寺修建竣工。东皋心越本来是皈依中土杭州寿昌寺觉浪道盛禅风，故改天德寺寺名为寿昌山祇园寺，开创了日本曹洞宗寿昌派系。翌年开山典礼时，德川光国身穿礼服，亲临主持，水户藩府儒官、武士参加者如云，远近诸寺僧侣前来祝贺的甚多，约两千人，盛况空前。东皋心越针对日本曹洞宗颓势、弊端，特别为祇园寺制定了《寿昌清规不愿共住三十六条》，有益于振兴曹洞宗禅风，从而使日本曹洞宗进入复兴时代。

另外，当时日本文化界名流，也陆续前来问教，如鸿儒人见友元（幕府将军侍医、儒官）、安积觉（水户藩儒官）、杉浦琴川（幕府儒官）、今井弘济（水户藩医官、儒官），都与东皋心越结为文墨之交。唐通事何兆晋（字可远，号心声子，日本名何仁右卫门，乃何高材长子）与东皋心越关系密切，贞享三年（1686）死去时，东皋心越赋诗七律哀悼。东皋心越与德川光国，过往甚密。如东皋心越五十岁寿辰时，德川光国特献观音木像，以示庆祝，而东皋心越绘制巨幅画《涅槃图》，乃当时艺术杰作，回赠给德川光国。这使德川光国深为感动，并将感言写在画面上，故近代荷兰人高罗佩说："按此图仍存于身延山久远寺，有德川光国题云。"①

东皋心越晚年病情益剧，德川光国为此非常忧虑，就劝导他施行温泉疗法。元禄八年（1695）秋天，东皋心越前往塔泽温泉治疗二十余天，病情稍有好转，就于是年九月二十日回到寿昌山祇园寺。几天后，即九月二十八日，德川光国前来探视。九月二十九日，东皋心越向其弟子日本京都人吴云（1654—1715年）口授了曹洞宗寿昌派法系，并将寿昌派无纹印传授给吴云等人。九月三十日，东皋心越病情突然恶化，圆寂，终年五十七岁。总结东皋心越一生，真可谓屈原《九歌》之《少司命》篇云：

  悲莫悲兮生别离，乐莫乐兮新相知。

东皋心越骨灰塔，位在祇园寺左。塔前一碑，镌有德川光国手书铭文，云："寿昌开山心越大和尚之塔。"吴云为寿昌山祇园寺第二代住持。以后的日本曹洞宗寿昌派，依然很兴盛，直到明治维新前夕，寿昌山祇园寺已经有四十余座末寺。而东皋心越部分诗文书札，1943年由荷兰人高罗佩在日本搜集整理，辑录成《明末义僧东皋禅师集刊》一书。

---

① 见高罗佩编著：《明末义僧东皋禅师集刊》卷5补注。

第三编 明遗民对日本精神文化影响

德川幕府时期日本文化成就，与明遗民弘扬明代精神文化分不开。如朱舜水讲学，为日本造就了一批人才，触动了日本思想文化领域。隐元、心越为振兴日本临济宗、曹洞宗贡献甚大。明遗民医家甚多，推动了日本医学、本草学发展。明代艺术成就是明遗民重要精神财富，对日本书法、绘画、园林等领域产生了重要影响。

第一章
朱舜水对日本学术思想影响

自德川幕府以来,由于藤原惺窝学派的鼓吹,程朱理学成为当时日本主要精神支柱。但是,明朝灭亡之后,明遗民朱舜水定居日本,从事讲学,批判宋明理学,提倡"实理实学"、"学务适用",促使日本实学思潮崛起,涌现出一批注重世用的学者,因而专主程朱理学的藤原惺窝学派分化,自然是不可避免的。

另外,朱舜水的学识和忠于明室的气节,对水户藩撰写《大日本史记》有着直接的影响,从而形成了水户学派。

第一节 朱舜水学术思想

一、朱舜水在日本讲学

朱舜水在长崎时代,就开始了讲学活动。如筑后人、柳河藩之儒官东安守约,钦佩朱舜水"学植德望",奉以为师,"任宦之暇,穷微探赜,学术顿进"[①],于是安东守约被称为关西大儒。一代名儒伊藤仁

---

① 今井弘济、安积觉:《舜水先生行实》。

斋，景仰朱舜水，曾有问学打算。

宽文五年（1665）以后，朱舜水居住在江户、水户，讲学直至寿终。水户藩主德川光国亲执弟子礼，奉为宾师，向朱舜水探讨经史，讲求道义，得益匪浅。名儒木下顺庵、山鹿素行，敬重朱舜水，或时有书信联系。

朱舜水为水户藩学校撰写《改定释奠仪注》，教授祭孔仪式，介绍中国传统文化习俗。他在江户、水户讲学认真，"每引见谈论，依经守义，启沃备至，教授学者，亹亹不倦。虽老而疾，手不释卷"①。其教材，以四书、六经为基础，进修《左传》、《国语》、子书、史书，但其教学特点，则"未尝高谈性命，凭虚骛究"，"惟以孝悌忠信，诱掖奖励。其所雅言，不离乎民生日用彝伦之间。本乎诚而主乎敬，发于言而征于行"②。他提倡"实理实学"，认为"事务纷错之际，皆有其学"③，反对脱离实际的空学。另外，他在教学方法上，是因材施教，注意学生个人特点，注意学生学习实际效果。

朱舜水讲学，语言浅显易懂，乃至"水户学者大兴，虽老者白须、白发，亦扶杖听讲"④。他的门人很多，除了前面所介绍的安东守约、德川光国外，还有栗山愿、酒泉弘、人见传、前田纲纪、奥村庸礼、佐藤弥四郎、服部其衷等，其中水户童生安积觉、今井弘济、五十川刚伯引人注目。

安积觉（1656—1737年），字子先，小字觉兵卫，号老圃，又号澹泊斋，晚年又号老牛居士，常陆州人。十三岁时，始来江户，师事

---

① 安积觉：《明故征君文恭先生碑阳（乙亥）》。
② 安积觉：《朱舜水先生文集后序》。
③ 朱舜水：《朱舜水集》卷8《答奥村德辉书九首》。
④ 朱舜水：《朱舜水集》卷7《与安东守约书二十五首》。

朱舜水。据安积觉回忆当年学习情景时说："年十三四，以至十五，才三年间耳，所读之书，不过《孝经》、《小学》、《大学》、《论语》。此数卷，皆先生亲点句读所口授者也。"[①] 而当时朱舜水结合安积觉年幼、基础差的特点，就专门为他严立课程，特意为他写出了《题安积觉逐日功课自实簿》，对他强调"学者用功，须是渐进而不已。日计则不足，岁计则有余。若一曝十寒，进锐退速，皆非学也"[②]，要求逐日登记学习情况，循序渐进。因此，安积觉才思益进，博学能文，后来在史学方面颇有成就。如天和三年（1683）进入水户藩彰考馆，元禄六年（1693）为《大日本史记》编修总裁。安积觉生平著有《烈祖成绩》、《湖亭涉笔》、《澹泊斋文集》、《西山遗事》等书。

今井弘济（1652—1689），字将兴，号鲁斋，又号松庵、宋柏，后改称小四郎。幼年颖悟，识字属文，如年十三岁作《雪赋》，十四岁时，师事朱舜水。据《文苑遗谈》卷一记载，"舜水教之，课程极严，弘济颇不堪。每有所教，并顾而骂之"。结果，今井弘济学术日进，能通汉语，颇善史笔，亦工诗赋。宽文七年（1667）进入水户藩彰考馆，参与《大日本史记》编修工作。另外，他师从长崎兴福寺澄一禅师学习医术，尽得其秘，晚年作幕府将军之侍医官。今井弘济生平著有《太平记》、《保元物语》、《平治物语》、《源平盛衰记》、《病余援笔》、《鲁斋记》，并与安积觉合撰《舜水先生行实》。

五十川刚伯（1656？—1699年），字济之，刚伯乃其名，号鹤皋，平安人。延宝三年（1675）仕加贺藩儒官，奉命到水户跟从朱舜水学习。朱舜水虽对其要求极其严格，但却与对安积觉、今井弘济要

---

① 安积觉：《书逐日功课自实簿后》。
② 朱舜水：《朱舜水集》卷17《题安积觉逐日功课自实簿》。

求明显不同。五十川刚伯孩提时代喜爱武术，精于刀枪技击之术，平时又慷慨激昂，所以朱舜水告诫他须有"四德"，即：

> 一则实。不实则不诚，如作室而无基，虽有梗楠豫章，凌云巧构，无地可施。二则虚。不虚则先自满，假教之亦不能受。"甘受和，白受采。"不甘不白，盐梅黼黻，著于何所？三则勤。读书全要精勤，懒惰游戏作辍，必无有成之理。四则恒。士人第一要有恒，"人而无恒，不可以作巫医"，况乎学问修身，为第一等事？若希冀近功，必非真心实学之人。先要检点此四者有无，然后可以言学。①

朱舜水还教导他，应该"刚柔正而位当也"②。结果，这个多武士气质的学生折节读书，后来成为加贺藩著名学者。朱舜水殁后，五十川刚伯曾编辑《明朱征君集》，即朱舜水文集加贺版本。生平著有《学聚文辨》、《助语集要》、《诗苑》、《霍皋集》等书。

朱舜水讲学，为日本造就了一批人才。当时，江户有林罗山儿子林恕讲学，京都有山崎暗斋讲学，各藩也都有儒官讲学。然而，朱舜水的讲学活动却触动了日本思想文化领域。那么，朱舜水学术思想特色是什么呢？

二、"文恭务为古学，不甚尊信宋儒"

首先需要指出，研究和评价朱舜水学术思想，国内历来意见不

---

① 朱舜水：《朱舜水集》卷20《谕五十川刚伯规》。
② 朱舜水：《朱舜水集》卷13《五十川刚伯字济之说》。

一。如清人邵念鲁，以及光绪《余姚县志》，认为阐述"致良知"之教[1]；民国初年，汤寿潜认为"不宗阳明"，马瀛认为"与颜习斋合轨"、"辟空谭而重实行"[2]；梁启超认为"不喜谈玄，专求实践"[3]；20世纪三四十年代，魏守谟认为提倡"实学"，不宗理学[4]；20世纪60年代以来，朱谦之认为提倡"实学"是对宋明理学的严肃批判，同时认为"对封建伦理道德拼命维护，不能与宋明理学划清界限，只能算是反对派"，还认为朱舜水是带有儒家任侠色彩的武士道典型人物[5]；谢国桢认为虽宗阳明，但"明辨是非，守正不阿"，顺应时代潮流[6]；台湾学者认为，"为朱子学之阐明"，"与宋儒穷理践实之事，极为相似"[7]。然而，朱舜水对日本精神文化的影响，日本学者多有论及。如中村新太郎《日中两千年》一书，认为：

> 朱舜水所学的是介于朱熹和王阳明之间的一种学问，同时对于实用的学问也有很深的造诣。朱舜水帮助当时有名的学者阅读著作、研究问题。

木宫泰彦《日中文化交流史》一书，认为"凡当代的学者，无

---

[1] 邵念鲁：《思复堂文集》卷3《明遗民所知录》本传；光绪《余姚县志》卷23本传。
[2] 《舜水遗书》汤寿潜序；马瀛：《明朱舜水先生言行录》，《东方杂志》1903年第10卷第2期。
[3] 梁启超：《明清之交中国思想界及其代表人物》，《东方杂志》1924年第21卷第3期。
[4] 魏守谟：《朱舜水思想概述》，《论学》1937年第2卷第2期。
[5] 朱谦之：《朱舜水集》（中华版）前言；《朱舜水与日本》，1961年12月6日《文汇报》；《学术通信·朱舜水是"武士道典型人"吗》，1962年6月21日《文汇报》。
[6] 谢国桢：《明末清初的学风》，人民出版社1982年版。
[7] 陈固亭：《〈中国文化东渐研究〉评价》，台湾《学术季刊》第5卷第3期；花萼楼主：《朱舜水的学说及其弟子》，1968年4月4日台北报纸副刊。

不直接、间接受到他的感化,给日本儒学界以极大的影响"。《日本研究》1944年3卷2期刊载高须芳次郎《日本思想概况》一文,认为受朱舜水影响的"水户学派之思想,为促成明治维新实现之一主力"。看来,弄清楚朱舜水学术思想,应该说是弄清楚朱舜水对日本精神文化影响的必由之路。那么,朱舜水学术思想特点是什么?

关于朱舜水学术思想特点,安积觉答荻生徂徕书中说:"文恭务为古学,不甚尊信宋儒,议论往往有不合者。"[1]安积觉对他的老师感受最深,故这是有关朱舜水思想最有分量的评价。

"务为古学",表明朱舜水思想源于先秦儒家思想。朱舜水曾说:"仲尼之道,大则则天,明则并日"[2],"圣人未生,道在天地;圣人既生,道在圣人;圣人已往,道在六经,则先王之道尚矣"[3]。孔子正名和孝悌思想,对他影响较深,如他在回答安东守约提问时明确表白:

> 余谓君义臣忠,父慈子孝,夫和妇顺,兄友弟恭而朋友敬信,此天下之至文也;而孝又为百行之源。孝则未有不忠,未有不恭、敬、信、诚者也。[4]

实际上,朱舜水与程颢、程颐、张载、朱熹都导源于先秦儒家思想,所以他从儒学角度,指出过"岂有君臣、父子、夫妇、昆弟、

---

[1] 原善公道:《先哲丛谈》卷5《安积觉》。
[2] 朱舜水:《朱舜水集》卷19《圣像赞五首》。
[3] 朱舜水:《朱舜水集》卷10《策问四首》。
[4] 朱舜水:《朱舜水集》卷10《答安东守约问八条》。

朋友之道，而与濂、洛、关、闽之学有异焉者？"①赞扬过周敦颐推崇古本《大学》，"其无可议者，惟濂溪先生一人，而程氏两夫子宗师之"②，说过"宋儒之学可为也"③，还曾将程朱列在孔孟后。然而程颐、朱熹受两汉以来儒家思想影响很深，带有投机和神秘色彩，已经失去先秦儒家正宗本质。正因为如此，程朱传注才受到永乐大帝朱棣重视，胡广等人奉朱棣旨意，于永乐十三年（1415）编成废弃汉唐古注疏、独尊程朱传注的《四书大全》、《五经大全》，以掩盖其臣弑君"靖难"不义之举，而这正是明代经学史上大退步，诚如顾炎武说，明代"经学之废实自此始"④。所以，程朱理学是永乐皇帝以后的明代官方正统思想。到正德年间，王守仁鼓吹"致良知"，与程朱传注抗衡，才使学者摆脱掉程朱传注束缚，但专务空谈风气随之而来。正德、嘉靖之际，王廷相、吕柟、吴廷翰等人质疑程朱传注，形成反对空谈、主张务实的实学思潮，才使明代经学研究有起色。后来经过万历年间姚舜牧系统、全面质疑程朱传注后，晚明学者都不迷信程朱传注，而重视先秦经学经典，所以朱舜水"务为古学"，在日本讲学"依经守义"，教材以四书、五经为基础，是符合当时历史发展潮流的。因而，朱舜水在研读四书、五经过程中，敢于批判程朱传注。本来胡广等人所编《诗经大全》专尊朱熹传注，但却是完全抄袭元代刘瑾依据朱熹《诗经集传》编撰《诗传通释》，未能考究其源头，故质量低劣，《四库全书总目》就说"其书本不足存"⑤。朱舜水当然不

---

① 朱舜水：《朱舜水集》卷5《答某书》。
② 朱舜水：《朱舜水集》卷5《答太串次郎左卫门书》。
③ 朱舜水：《朱舜水集》卷11《答加藤明友问八条》。
④ 顾炎武：《日知录》卷18《四书五经大全》。
⑤ 《四库全书总目》卷16《经部·诗类二·诗经大全》提要。

会重视《诗经大全》，就研读朱熹《诗经集传》，写出《批毛诗》，针对《诗经》中《小雅》有"既见君子，为龙为光，其德不爽，寿考不忘"，朱熹注云"龙，宠也"①，批评说：

> 朱子以"龙"注"宠"者非，天子美诸侯之诗，如何注作"宠"字？诸侯承天子宠，灵译敷下土，非龙而何？②

朱熹本人没有对《尚书》作过专门传注，而是由朱熹门人蔡沈根据他的意思编撰成《书经集传》。永乐时代胡广等人编写《书传大全》，是以蔡沈《书经集传》为宗，故不断遭到后人批评，如正德、嘉靖年间吕柟《尚书说要》、袁仁《尚书砭蔡编》、马明衡《尚书疑义》，以及万历年间姚舜牧《书经疑问》，就对蔡沈提出质疑性意见。朱舜水在前辈质疑基础上，针对《尚书》中《大禹谟》有"帝曰：'俞！允若兹'"云云，蔡沈注云"舜然禹之言，以为信能如此，则必有以广延众论"③云云，批评说："'允若兹'者，言信乎其如此也，非谓'信能如此'也。若加一'能'字，以下意味便浅。"④朱舜水针对《大禹谟》有"益曰：'都！帝德广运，乃圣乃神，乃武乃文'"云云，蔡沈注云：

> 广者大而无外，运者行之不息。……但益之语，接连上句"惟帝时克"之下，未应遽舍尧而誉舜，又徒极口以称其美，而

---

① 朱熹：《诗经集传》卷4《小雅·白华》。
② 朱舜水：《朱舜水集》卷18《批毛诗》。
③ 蔡沈：《书经集传》卷1《虞书·大禹谟》。
④ 朱舜水：《朱舜水集》卷18《批尚书三条》。

不见其有劝勉规戒之意，恐唐虞之际，未遽有此谀佞之风也。①

批评说：

> "广运"者，无一处不周偏，无一时敢怠弛，即《易》之所谓"天行健，自强不息"也。即《诗》之"维天之命，于穆不已，于乎不显，文王之德之纯"也。以下皆劝勉之辞，文气与"天之历数在尔躬"数句相似，但一正一反耳。观下四"乃"字可见，如何说是谀佞？此与上文、下文一气贯穿。如何说不接连？注大谬。②

也就是说此句"益曰"文与上句"帝曰"文、下句"禹曰"文乃"一气贯穿"，责怪蔡沈"注大谬"。朱舜水还针对《尚书》中《甘誓》"有扈氏威侮五行，怠弃三正"，蔡沈注云"三正，子、丑、寅之正也。……子、丑之建，唐、虞之前，当已有之"③，批评说："'三正'似非子、丑、寅之三正。今谓'唐、虞之前，当已有之'，无所凭据。"④"三正"，一般人认为是指周正建子、殷正建丑、夏正建寅，朱舜水当然会知道宋代"苏氏以为自舜以前，必有以建子、建丑为正者，其来尚矣"⑤，看来朱舜水是不同意苏轼看法，更是不同意蔡沈看法，却独出己见，指出"三正"非子、丑、寅之三正，似乎倾向伪孔

---

① 蔡沈：《书经集传》卷1《虞书·大禹谟》。
② 朱舜水：《朱舜水集》卷18《批尚书三条》。
③ 蔡沈：《书经集传》卷2《夏书·甘誓》。
④ 朱舜水：《朱舜水集》卷18《批尚书三条》。
⑤ 顾炎武：《日知录》卷4《三正》。

安国传《古文尚书》天、地、人正道解说。朱舜水不是经学家,但却在明代后期以来质疑程朱传注思潮的影响下,研读经书,敢于质疑经典传注,这也正是他"务为古学"特色所在。

朱舜水与黄宗羲、顾炎武、王夫之、颜元等人,都是顺应明代后期以来实学思潮发展潮流,几乎同时清理宋明理学。所不同的是,朱舜水远离祖国,他是在当时日本上自王侯贵族,下至士庶,尊信程朱理学甚众情况下,通过讲学或书信进行清理和批判的。朱舜水对程朱传注总的评价,是"宋儒辨析毫厘,终不曾做得一事"[①],"宋儒之习气不可师也"[②],其实这些意见,朱舜水是在明代中期以来前辈学者质疑程朱传注基础上说的,这就是安积觉所称"文恭务为古学,不甚尊信宋儒,议论往往有不合者"的实质性内容。

朱舜水"务为古学,不甚尊信宋儒",还表现在他进一步批判朱熹"格物穷理",指出"若欲穷尽事事物物之理,而后致知以及治国平天下,则人寿几何,河清难俟"[③],他这种言论,与明代正德、嘉靖年间何瑭、吕柟等人言论完全一致。明代实学思潮前驱者,并非反对"格物致知",而是与朱熹训解"格物致知"之"格"字有分歧。如王廷相认为朱熹把"格"字训解"至"义是错误的,"不如训以'正'字直截明当,义亦疏通"[④],这对朱舜水是有启发的。朱舜水认为,"兼致知力行,方是学,方是习"[⑤],着眼于"致知"和"力行"结合,重在实践。他把"格物"的"格"字,训解兼"至"、"正"义,是有

---

① 朱舜水:《朱舜水集》卷7《与安东守约书二十五首》。
② 朱舜水:《朱舜水集》卷11《答加藤明友问八条》。
③ 朱舜水:《朱舜水集》卷11《答野节问三十一条》。
④ 黄宗羲:《明儒学案》卷5《肃敏王浚川先生廷相》。
⑤ 朱舜水:《朱舜水集》卷11《答野节问三十一条》。

别于朱熹"至"义,是发展了王廷相"正"义。这里不难看出,朱舜水是继承和发展了明代实学思想发展成果,因而他主张随其"物"而"格"之,即接触和研究事物,"见'几'而能知矣"①,见到事物隐微迹兆就能致知,这是不同于"穷尽事事物物之理而后致知"。这里需要指出,周敦颐、朱熹有"几"之善恶两歧说,万历年间就遭到姚舜牧的批判,指出:"宋儒所言'几'善恶之'几',而非夫子所言之'几'";还指出:"'几'者,动之微,吉之先见者也,断断乎不可分作两歧。"②朱舜水在姚舜牧批判基础上,指出"极深研'几',研究之深,见'几'而能知矣"③,亦即姚舜牧"'几'者,动之微,吉之先见者也",这与周敦颐、朱熹"几"善恶两歧说,有着根本性的区别。朱舜水回答安东守约提问时,曾揭露程颐、朱熹治学弊病,说:"明道先生甚浑厚宽恕,伊川先生及晦庵先生,但欲自明己志,未免有吹毛求疵之病。"④难道程颢学问有异于程颐、朱熹吗?其实朱舜水本知二程学术思想为朱熹继承形成完整学派,斥程颐、朱熹吹毛求疵,不外乎程颐主"穷理"由朱熹继承发展,故其锋芒乃指向"格物穷理"。另外,明代实学思潮先驱者,批判宋儒"向溺空教,混而入于儒"⑤,"存心养性之说,名虽可观,实则无补"⑥,指斥程朱、陆王"好高自胜"、"诬圣贤以误后学"、"充其类则以枯坐之僧,幽闭之婴孩而已"⑦,而朱舜水把朱熹、陆九渊学派争论,视为"浮夸虚伪以文

---

① 朱舜水:《朱舜水集》卷20《砚铭二首并序为奥村兵部作》。
② 姚舜牧:《易经疑问》卷11《子曰几其神乎》。
③ 朱舜水:《朱舜水集》卷20《砚铭二首并序为奥村兵部作》。
④ 朱舜水:《朱舜水集》卷11《答安东守约问三十四条》。
⑤ 崔铣:《政议十篇·订学》。
⑥ 何瑭:《何柏斋文集》卷6《儒学管见·序》。
⑦ 吴廷翰:《吉斋漫录》卷下。

其奸，以信其术，此小人无行之尤者，而谓君子为之乎？"① 直斥朱、陆学派，其批判是十分尖锐的。他们真可谓异口同声，古今一辙。

从宋明理学学风看，陆九渊、王守仁最差，王守仁把"格物"的"格"字训解"正"一义，鼓吹"良知"。朱舜水又重点批判王守仁空言心性，指出王守仁"不过沿陆象山之习气耳"。他针对王守仁"知是心之本体，心自然会知"，说："知为是非之心，知斯弗去，甚为平易切近，人人可能，非必其神而明之也。故曰：'好学近乎知。'世乃以察察为知，非其本然矣。"② 这对"致良知"是一有力批判。朱舜水还切中王守仁标新立异要害，指出"若不立异，不足以表见于世。故专主良知，不得不与朱子相水火，孰知其反以伪学为累耶"，斥其"固染于佛氏"③，"其徒王龙溪有《语录》，与今和尚一般。其书时杂佛书语，所以当时斥为异端"④。

朱舜水作为思想家，批判宋明理学，是他总结明朝灭亡经验教训的重要组成部分。因而，他指责宋明理学"圣狂分于毫厘，未免使人惧"⑤，"析理入于牛毛，而究竟于圣人之道去之不知其几千万里已"⑥，同时提出"实理实学"命题。"实理"是与"穷理"相对立而言，不是析理入于牛毛，而是从实际出发，着眼于现实，随其"物"而"格"之致知，乃是实实在在的道理。"实学"是与"理学"相对立而言，不是浮夸虚伪，不是貌取以炫世空谈，不是辨析毫

---

① 朱舜水：《朱舜水集》卷5《答某书》。
② 朱舜水：《朱舜水集》卷17《智》。
③ 朱舜水：《朱舜水集》卷5《答佐野回翁书》。
④ 朱舜水：《朱舜水集》卷11《答安东守约问三十四条》。
⑤ 朱舜水：《朱舜水集》卷7《答安东守约书三十首》。
⑥ 朱舜水：《朱舜水集》卷16《勿斋记》。

厘终不致用，而是"须内求，不在貌取也"①，着眼于实践，"躬行之外，更无学问"②。这也正是明代实学先驱者崔铣说，"知即为行，事即是学"③；吕柟说，"即事即学，即学即事"④。晚明学者高攀龙，也说"知即为行，事即为学"⑤。正由于事和学不可分隔，故朱舜水主张"为学当有实功，有实用"⑥，"学务适用"⑦。"实功"指符合时宜的实际功效，"实用"强调有益于世用。可见朱舜水与黄宗羲、顾炎武、王夫之、颜元等人一样，重世用和功效，这在明清之际，已经形成了一股思潮。正由于历史不能分隔，明清之际这股思潮可上溯到明代正德、嘉靖年来实学思潮形成和发展的影响，可见明遗民精神文化素质形成，离不开明代文化教育和学术思想发展演变的影响。

批判宋明理学，实际是明清之际哲学领域上一场斗争，王夫之、方以智、颜元都是主要战将，朱舜水也在异邦参与了这场论战。如朱舜水回答日本学者问题时，说："心在腔子里，又何必存？惟是为物欲外诱放了去，故须要存心工夫。"⑧从生理范畴讲，心在人的腔内，不会失，谈不到存或失的问题。若从意识范畴讲，"为物欲外诱放了去"，物为第一性，心为第二性，心作为客观事物的反映，则有存或失，"故须要存心工夫"。"存心工夫"，即存心贵实，是强调实践重要性，也就是对客观事物认识无邪无枉，无党无偏。程朱、陆王都主心

---

① 朱舜水：《朱舜水集》卷5《答桐山知几书》。
② 朱舜水：《朱舜水集》卷9《与古市务本（古市主计）书六首》。
③ 崔铣：《洹词》卷4《讲义十二首》。
④ 吕柟：《泾野子内篇》卷17《鹫峰东所语》。
⑤ 高廷珍：《东林书院志》卷5《会语三·高景逸先生东办论学语上》。
⑥ 朱舜水：《朱舜水集》卷11《答小宅生顺问六十一条》。
⑦ 安积觉：《明故征君文恭先生碑阴（乙亥）》。
⑧ 朱舜水：《朱舜水集》卷11《答加藤明友问八条》。

第一性。朱舜水朴素的唯物主义观点，正是他批判理学、提倡实学的思想基础。

"文恭务为古学"，朱舜水受到先秦儒家思想影响，然而他反对空学经书，在经与史的关系上，主张"得之史而求之经，亦下学而上达耳"①。这完全类同于万历年间姚舜牧的主张，如姚舜牧说"知经之兼乎史，则知史之通于经矣"，"真儒实学，则必达上下，通古今"②。但是，朱舜水思想对其既有继承又有发展，因而他并非盲目尽守先秦儒家之言，如他在认识起源问题上，反对"生而知之"的先验论，主张"学知利行"③，"人不学不知道"④。针对"唯上智与下愚不移"的正统观念，指出人们"天性无少异也"，智愚不能以上下等级关系而论，"夫上智下愚，世宁有几人哉？"⑤更难能可贵的是，他在人性问题上批判孟轲"性善"和荀况"性恶"说，主张"性非善亦非恶，如此者，中人也。中人之性，习于善则善，习于恶则恶，全借乎问学矣"⑥，强调人的实践对自身善恶有决定性影响作用。在修身问题上，他主张为学、修身合而为一，"勤学敬修，志立道成"，"旧习不脱，屡志难保"⑦，使修身与实学结合，"吾道明明现前，人人皆具，家家皆有；政如大路，不论上下、男妇、智愚、贤不肖，皆可行得，举足即有其功"⑧，具有改良色彩。

---

① 朱舜水：《朱舜水集》卷8《答奥村庸礼书十二首》。
② 姚舜牧：《姚承庵文集》卷1《史纲要领小序》。
③ 朱舜水：《朱舜水集》卷16《勿斋记（为加藤明友作）》。
④ 朱舜水：《朱舜水集》卷16《典学斋记（为古市务本作）》。
⑤ 朱舜水：《朱舜水集》卷10《答奥村庸礼问二条》。
⑥ 朱舜水：《朱舜水集》卷10《答古市务本问二条》。
⑦ 朱舜水：《朱舜水集》卷9《与古市务本书六首》。
⑧ 朱舜水：《朱舜水集》卷11《答小宅生顺问六十一条》。

总之，朱舜水不宗程朱，不宗陆王，而是"务为古学"，受到先秦儒家思想影响。"实理实学"命题，是明代中期以来实学思潮发展之必然结果。朱舜水学术思想，对日本德川时代思想界产生了重要影响，促使藤原惺窝学派分化，有利于日本文化进步。

第二节　从藤原惺窝到朱舜水看德川幕府时期学术思想变化

一、藤原惺窝推行程朱理学

如果说"应仁文明之乱"（1467—1477年），使日本文化受到摧残，那么群雄割据的"战国时代"（1477—1573年），更使日本"海内丧乱，日寻干戈，文教扫地"①。但是，自庆长八年（1603）德川家康（1542—1616年）以征夷大将军，开设江户幕府统一全国以后，当权者敬重文化人，崇尚风雅之道，使日本文化发展有了生机，同时亦标志着日本儒学隆盛时代的到来。

严格来说，德川幕府以前的日本，没有独立的、自成体系的儒学。因而，日本近代著名思想家中江兆民（1847—1901年），在《一年有半》一书里，说出一句名言："我们日本没有哲学"②，即指此意。为何会出现这种情况呢？

日本之所以没有独立的、自成体系的儒学，这主要是因为德川幕府以前中国历代文化对日本的影响，乃以佛教独盛，儒学则以僧侣兼修，没有儒学专门化学者，故日本史书记载："此邦讲宋学者，以僧玄惠为始。尔后有间唱之者，其学不振。"③实际上，宋儒二程、朱熹

---

① 原善公道：《先哲丛谈》卷1《藤原惺窝》。
② 此语出自中江兆民《一年有半》，见永田广志《日本哲学思想史序论》。
③ 原善公道：《先哲丛谈》卷1《藤原惺窝》。

思想体系形成不久，即镰仓幕府前期僧侣俊芿（1168—1227年）就从南宋中国带回"宋学"，当时日本已经流传朱熹著作手抄本。后来，日本南北朝时期僧侣玄惠（？—1350年）曾为后醍醐天皇讲授朱熹著作，所讲述未免带有禅学色彩，即所谓"此邦讲宋学者，以僧玄惠为始"也。当时"宋学"在日本只停留在范围不广的一般性介绍水平，乃至大多数日本人"程朱书未知什一"，"性理之学，识者鲜矣"[1]，还未形成思潮，谈不上有尊信程朱理学的学派，即所谓"尔后有间唱之者，其学不振"也。而由丰臣秀吉到德川家康时代，一个明显变化是兼修儒学的僧侣开始还俗归儒，出现了儒学专门化，即倡导儒学，大兴文教，形成学派，从而揭开了日本儒学发展史上的序幕，其代表人物就是藤原惺窝。

藤原惺窝，字敛夫，名肃，号惺窝，生于永禄四年（1561），殁于元和五年（1619），生活在足利幕府晚期经过织田氏、丰臣氏直至德川幕府开创的日本历史重要转折之际。据日本史书记载，"惺窝初年削发入释"[2]，原是僧侣，名蕣，号妙寿院，"后悟其非，遂归于儒。时海内丧乱，日寻干戈，文教扫地，而卓然独唱道于其间"[3]，足证他由僧归儒，当在足利幕府亡后至丰臣秀吉统治的这一战乱不息时期之内。德川家康在江户建城时，曾招藤原惺窝讲学。藤原惺窝思想特点，据《林罗山文集·惺窝问答》说，他认为"周子之主静，程子之持敬，朱子之穷理，象山之易简，白沙之静圆，阳明之良知，其言似异而入处不别"，表明了他虽然继承了周敦颐、程颢、程颐和朱熹"格物穷理"的理论，但亦消化了陆九渊、陈献章、王守仁心学，

---

[1] 林罗山：《林罗山文集》卷40《惺窝先生行状》。
[2] 原善公道：《先哲丛谈》卷1《藤原惺窝》。
[3] 原善公道：《先哲丛谈》卷1《藤原惺窝》。

对宋、明思想异同完全融合，这当然与他僧侣出身的禅学影响有关。换而言之，藤原惺窝虽然脱离禅门而归宗儒学，但他在心理上没有摆脱禅门影响，所以他兼取陆王心学同时，推行程朱"格物穷理"不足为怪。这正如崇信程朱理学的后起之秀者山崎暗斋，在答真边独庵书说："藤大阁亦为程朱新释可肝心，而犹惑乎佛，遂不闻实尊信之者也。"[1] 尽管藤原惺窝"犹惑乎佛"，但是，他开创了日本儒学，对日本思想史发展有着十分重要的影响，故有"为后世文学之祖"[2]之称。

藤原惺窝学派，是由藤原惺窝的门人林罗山（1583—1657年）、石川丈山（1583—1672年）、堀杏庵（1585—1642年）、松永尺五（1592—1657年）、那波活所（1598—1648年）、菅得庵（？—1628年）等人组成。这些门人，不仅是尊信程朱理学学者，而且还别有专长，如石川丈山与明朝侨民陈元赟、日僧元政友善，故以诗才著称；堀杏庵喜爱医术；松永尺五博学，育人成材者甚多，如木下顺庵、安东守约、宇都宫遯庵，皆出其门。特别是林罗山，"年十八始读朱子《集注》，心服之，遂聚徒讲朱注"[3]，时值藤原惺窝开创儒学"以性命学闻"，林罗山拜藤原惺窝为师后，"业大进"[4]。

林罗山，名忠，一名信胜，字子信，号罗山，称又三郎，薙发称道春，私谥"文敏"。其祖先乃加贺州人，后来迁居纪伊州。"罗山少时，世未有奉宋说者"[5]，十八岁时阅读朱熹《四书集注》，开始

---

[1] 原善公道：《先哲丛谈》卷1《藤原惺窝》。
[2] 原善公道：《先哲丛谈》卷1《藤原惺窝》。
[3] 原善公道：《先哲丛谈》卷1《林忠》。
[4] 原善公道：《先哲丛谈》卷1《林忠》。
[5] 原善公道：《先哲丛谈》卷1《林忠》。

被朱熹传注所折服，后来他在藤原惺窝影响下，遂聚徒讲解朱熹传注。江户幕府开设后，他历仕于德川家康、德川秀忠、德川家光、德川家纲四代将军，参与幕府创业，即所谓"罗山际国家创业之时，大被宠任，起朝仪，定律令，大府所颁文书无不经其手者"①，对当时政治、思想、文化有着重要影响。宽永七年（1630），林罗山在江户城北上野忍冈开设林家私塾书库，并主持官学，培养了一批专宗程朱理学学者。林罗山读书、论著甚多，故日本史书称谓："罗山洽博，于天下之书无不读，其所著凡百有余部。"②林罗山对日本学术贡献，具体表现在他坚持程朱理学，但排斥陆王心学，排斥佛教，从而克服了其师藤原惺窝兼取陆王心学的弱点，使程朱理学成为德川幕府重要精神支柱。林罗山之子林恕（1618—1680年，号春斋，又号鹅峰）、孙林鹫（林恕之次子，1644—1732年，号凤冈），都是以学行仕于幕府的。林恕参与幕府外事活动，编撰《华夷变态》，完成林罗山起草的史学名著《本朝通鉴》。林鹫于元禄三年（1690）将林家私塾迁移到昌平坂，扩大成为幕府学问所，不久被任命为高级儒官，时称"大学头"，是林家祖孙三代独尊程朱理学隆盛时期。定居日本的明代侨民陈元赟，生前曾经称颂林家，说："父子齐名，古来稀也。林家三代，秀才相继，可谓日域美谈也。"③

可以看出，藤原惺窝学派形成后，尊信程朱理学的思潮逐渐扩展开来。德川幕府开创时期，承战乱之后，想获得书籍非常不易，这里应该介绍一下谷时中。谷时中（1598—1649年），名素有，"饶资富财"，家境本来很富足，但他有志"访求经籍"，研究程朱理学，就

---

① 原善公道：《先哲丛谈》卷1《林忠》。
② 原善公道：《先哲丛谈》卷1《林忠》。
③ 原善公道：《先哲丛谈》卷1《林忠》。

在长崎等地搜索明代书籍,结果"以购买书籍之故,饶资富财为之荡尽"①,也说明当时长崎等地明代刊刻书籍,价格昂贵。谷时中虽因此一贫如洗,但他却成为精神食粮富有者,"唱朱学于土(佐)州,当时称之南学,从游甚众"②。谷时中门人山崎暗斋(1618—1682年)是程朱理学的积极鼓吹者。山崎暗斋在山城(京都)地区讲学,最后形成了自己的学派。故日本史书称谓:"惺窝专奉朱说,林罗山、松永昌三(按:即松永尺五)、那波活所诸贤,皆出于其门,各为时所归仰。继之,山崎暗斋独立自振,亦宗洛、闽,于是乎朱学始大行。"③结果,日本上自王公,下至士庶,尊信程朱理学甚众,实乃导源于藤原惺窝。

二、朱舜水与惺窝学派分化
——日本实学思潮崛起

从藤原惺窝学派看,一传门人林罗山、松永尺五、那波活所、堀杏庵、菅得庵,特别是林罗山为推行程朱理学、发展日本儒学做出了重要贡献,再传门人林恕、永田善斋等,以及三传门人林鹫、室直清、雨森芳洲等,都墨守程朱"格物穷理"。其中永田善斋,开始时拜藤原惺窝为师,但藤原惺窝殁后,就全由林罗山教诲指导。值得注意的是,藤原惺窝再传门人,诸如安东守约、木下顺庵、山鹿素行、贝原益轩等,以及三传门人南南山、板复轩、人见传等,并非墨守程朱传注毫不容疑,实际上他们的思想,已经是程度不等地有异于藤原惺窝学派旨趣,已经是顺应了当时日本出现的一股新的思潮。这股新

---

① 原善公道:《先哲丛谈》卷1《林忠》。
② 琴台东条:《先哲丛谈后编》卷1《谷时中》。
③ 原善公道:《先哲丛谈》卷1《藤原惺窝》。

思潮的出现，以及藤原惺窝学派分化，乃是当时日本儒学领域受到朱舜水学术思想刺激和影响的结果。

德川幕府初期，虽然有批判宋明理学的明代实学思潮先驱者吕柟《泾野文集》和吴廷翰《吉斋漫录》流传到日本，但其影响，远远不及明遗民朱舜水在江户、水户等地讲学、书信交流活动。朱舜水在日本批判程朱理学、陆王心学，提倡"实理实学"，正是藤原惺窝再传门人活跃之际，因此朱舜水学术思想对他们有明显的刺激和影响，促使日本实学思潮崛起，藤原惺窝学派分化，是不可避免的。

安东守约（1622—1701年），字鲁默，初名守正，号省庵。筑后州人，仕柳河侯。早年师事松永尺五，力主程朱理学。松永尺五殁后不久，"惟欲斯学之明"①，而拜朱舜水为师，"于是学益富，行益修"②。朱舜水对安东守约谈论宋明理学弊端和治学方法甚多，如"宋儒辨析毫厘，终不曾做得一事"③，"陆象山、王阳明之非，自然可见矣，不论中国与贵国皆不当以之为法也"④。另外，朱舜水批判程朱传注，指出"圣狂分于毫厘，未免使人惧"⑤，"读书、作文，以四书、六经为根本，佐之以《左》、《国》、子、史，而润色之以古文"⑥，"书理只在本人，涵咏深思，自然有会。注脚离他不得，靠他不得"，"六经皆我注脚，又何注脚之有"⑦，使安东守约大获丽泽之益。如天和元年（1681）安东守约六十岁时，回顾自己当年思想变化时，说："见

---

① 安东守约：《上朱先生二十二首》，见《朱舜水集》附录3。
② 原善公道：《先哲丛谈》卷3《安东守约》。
③ 朱舜水：《朱舜水集》卷7《与安东守约书二十五首》。
④ 朱舜水：《朱舜水集》卷7《与安东守约书二十五首》。
⑤ 朱舜水：《朱舜水集》卷7《答安东守约书三十首》。
⑥ 朱舜水：《朱舜水集》卷10《答安东守约问八条》。
⑦ 朱舜水：《朱舜水集》卷10《答安东守约问八条》。

解异于昔者多矣。"①安东守约是学者兼教育家,他在朱舜水影响下,讲学以经、史为教材,引导学生勤学励行。安东守约常对其门人说:"《周书》以来,为'五过之疵'。"②他认为读四书不能靠朱熹《集注》,"背者讲四书者,未疏援出处,画蛇添足,转衣为裳。埋头训诂,莫有纪极,何暇及于五经历史乎?如此欲学之进,所谓'如筑室于道谋,是用不溃于成者'也"③。安东守约摆脱了程朱理学和藤原惺窝学派束缚,故朱舜水时常称赞安东守约"识见卓越,绝不为流波所靡","真开创大英雄"④,许其为"知己"⑤。

木下顺庵(1621—1698年),名贞干,字直夫,小字平之允,号锦里,又号顺庵,私谥"恭靖",平安人。"自幼强记,善读书、写字。……年十三,作《太平赋》,词旨淳正,世以为国瑞。"⑥木下顺庵成年后,拜松永尺五为师,"勤学励行,日进月修"⑦,主程朱理学,是松永尺五高足。"一时名士,如贝原益轩、安东省庵、宇都宫遯庵,咸推避,弗敢并。"⑧他是教育家,桃李满门。他与已经成为朱舜水门人的安东守约、奥村庸礼、五十川刚伯,保持着密切关系。他钦仰朱舜水,与朱舜水书信笔谈甚繁,曾想通过五十川刚伯投拜朱舜水门下。朱舜水通过笔谈,向他阐述:"身体力行,无须拾格致之余渖;意诚心正,自能祛理气之肤言"⑨,"圣贤之学,行

---

① 安东守约:《上朱先生二十二首》,见《朱舜水集》附录3。
② 安东守约:《上朱先生二十二首》,见《朱舜水集》附录3。
③ 安东守约:《上朱先生二十二首》,见《朱舜水集》附录3。
④ 朱舜水:《朱舜水集》卷7《答安东守约书三十首》。
⑤ 朱舜水:《朱舜水集》卷7《答安东守约书三十首》。
⑥ 原善公道:《先哲丛谈》卷3《木下贞干》。
⑦ 原善公道:《先哲丛谈》卷3《木下贞干》。
⑧ 原善公道:《先哲丛读》卷3《木下贞干》。
⑨ 朱舜水:《朱舜水集》卷8《谢木下贞干启》。

之则必至，为之则必成"①。木下顺庵致朱舜水书云"且谕以道学之实功，言言至当"②，还云"得沐清诲，旧染顿消"③。因而，木下顺庵在朱舜水影响下，抛弃了"格物穷理"，注意经、史结合，主张"非熟读《十三经注疏》，则不可谓通经矣"④，有别于藤原惺窝学派，故在日本有所谓"古学开祖"之称。其门人，除室直清、雨森芳洲等人墨守程朱传注外，南南山、板复轩、祇园南海、三宅观澜、新井白石等人，在日本实学思潮影响下，为繁荣德川幕府文化做出了贡献。

山鹿素行（1622—1685年），名高祐，一名义矩，字子敬，号因山，又号素行子，通称甚五左卫门。陆奥州人。"素行幼名佐太郎。六岁，从塾师学书计。九岁，入于林罗山门，时称文三郎。"十一岁时"为人讲说《小学》、《论语》、《贞观政要》等，论辩殆若老成"⑤。十二岁时，"罗山许以讲经用见台焉。见台盖懒架类，我邦二百年来物，儒家讲筵，代机案者也"⑥。十八岁时，"从北条氏长（通称新藏后叙，从五位下，任安房守）学《韬》、《略》。氏长，小幡景宪（通称勘兵卫）之高足弟子也。从学之五年，诸弟子无出于其上者。二十二（岁），景宪爱素行专志旁通，讲习不息，使氏长悉传授秘诀。自是而后，从学者甚众矣"⑦。三十五岁时，编撰《四书句读》、《七书谚解》、《武类全书》等书。史书称谓：

---

① 朱舜水：《朱舜水集》卷8《答木下贞干书六首》。
② 木下顺庵：《与朱舜水书十首》，见《朱舜水集》附录3。
③ 木下顺庵：《与朱舜水书十首》，见《朱舜水集》附录3。
④ 原善公道：《先哲丛谈》卷3《木下贞干》。
⑤ 琴台东条：《先哲丛谈后编》卷2《山鹿素行》。
⑥ 琴台东条：《先哲丛谈后编》卷2《山鹿素行》。
⑦ 琴台东条：《先哲丛谈后编》卷2《山鹿素行》。

素行始讲宋学，左袒程朱。年四十后，有疑于理气、心性之说，以先是所著经解数种，悉烧之。宽文六年春，著《圣教要录》三卷，刊行于世。非斥程朱，辩驳排诋，无所忌惮。其意盖在讽刺于奉崇宋学者。①

按：山鹿素行四十岁前后，即宽文二年（1662）前后，适值朱舜水在长崎与安东守约等人讲述宋明理学弊病，提出"实理实学"命题，均给"左袒程朱"的山鹿素行带来了刺激和影响，方有"年四十后"将所著左袒程朱"经解数种悉烧之"之举，才有宽文六年（1666）春四十四岁著《圣教要录》"非斥程朱，辩驳排诋，无所忌惮"重大思想变化。"墨守程朱"的中野挥谦，指斥山鹿素行"为异端之巨魁"②。当时日本尊信程朱理学者是非常多的，而山鹿素行以《圣教要录》有力排斥程朱传注，遂获罪幽居，即史书称谓"四十五（岁）被流配于播州赤穗"③，从而表明山鹿素行与藤原惺窝学派彻底决裂。

奥村庸礼（1626—1686年），字师俭，称壹岐，名庸礼，号蒙窝。加贺金泽藩家老。十一岁时，仕于藩主前田光高，为侍臣。承应元年（1652），为家老。家老，又称国老、藩老，权势很大。早年好读佛经，喜爱禅学，师事林罗山后改主程朱理学。后来又师事朱舜水，并与木下顺庵、安东守约关系密切。朱舜水向他介绍朱熹、陈亮争论情况时，指出朱熹"议论未必尽然"④，并教导他学习经史应该"得之史而求之经"、"使之实实有益"，切忌"俗儒虚张架势，空驰

---

① 琴台东条：《先哲丛读后编》卷2《山鹿素行》。
② 琴台东条：《先哲丛读后编》卷3《中野挥谦》。
③ 琴台东条：《先哲丛读后编》卷2《山鹿素行》。
④ 朱舜水：《朱舜水集》卷8《答奥村庸礼书十二首》。

高远"[1]，还向他讲述"人自取其清，人自取其浊"[2]，人之清、浊乃后天实践及习俗环境决定的道理。奥村庸礼在朱舜水实学思想影响下，"笃学力行，一以躬行实践为学之要"[3]。生平著有《读书拔尤录》，系抄注明儒薛瑄《读书录》书中之要语而成。

贝原益轩（1630—1714年），福冈人，曾师事松永尺五。"初，其学无所主，于陆象山、王阳明，皆有所取焉"[4]，拜入松永尺五门后，"归依朱学"[5]。他虽然没有机会直接得到朱舜水教诲，但是他在朱舜水思想影响下，晚年撰成《大疑录》，批判程朱理学。如他在是书说"凡宋儒之说，固是祖述于孔、孟，又有不本乎孔、孟而出于佛、老者"，是书还指斥二程、朱熹"以理、气分之而为二物""默坐澄心，体贴天理，以静坐为平生守心之工夫"，是为"佛、老之遗意，与吾儒先圣之说异矣"，"与孔、孟之所教异矣"。贝原益轩这种批判，实际乃是继承和发挥了朱舜水思想，亦是日本实学思潮崛起的产物。如贝原益轩在《慎思录》一书批判程颐、朱熹"知"先"行"后或陆九渊、王阳明"知""行"合一，强调"知""行"并进，即知识的获得离不开实践，这是朱舜水"躬行之外更无学问"的"实理实学"之翻版。

藤原惺窝学派分化，还表现在藤原惺窝三传门人直接受到朱舜水的影响。如人见传（1638—1696年），本姓藤田氏，为人见壹（野壹）所养，字子传，京师人，称道设，后改又左卫门，号懋斋；田犀（1637—1682年），字一角，初名麟，京师人，号避尘斋，又号止丘，称传斋，后改理介。他们都在江户师事嗣承林罗山家学的林恕，均属

---

① 朱舜水：《朱舜水集》卷8《答奥村庸礼书十二首》。
② 朱舜水：《朱舜水集》卷10《答奥村庸礼问二条》。
③ 见《大日本人名辞书》。
④ 原善公道：《先哲丛谈》卷4《贝原益轩》。
⑤ 原善公道：《先哲丛谈》卷4《贝原益轩》。

藤原惺窝学派成员。前田纲纪（1643—1724年），乃加贺金泽藩主光高之子，幼名犬千代丸。母亲是水户藩主德川赖房之女，幕府将军德川家光养女。承应三年（1654）正月，幕府将军德川家纲赐字纲利，后改纲纪。前田纲纪师事木下顺庵，亦当属藤原惺窝学派成员。但是，他们后来都以朱舜水为师友，而朱舜水因材施教，教诲人见传为学重在实践，"书如人之杖，老者、力不足者倚此而行，若两足不能步履，而竟以杖行，此必无之理也"①，教导田犀"恢弘圣道，立身要其始终"②。结果，人见传、田犀注重实学，都入彰考馆编修《大日本史记》，而人见传为水户藩彰考馆第一任修史总裁。应该指出，延宝四年（1676）德川光国采纳了人见传儒者蓄发建议，遂而水户藩儒官一律实行蓄发，使儒学学者、禅学僧侣身家分明，这是日本文化发展史上一件大事。为何要这样说呢？因为当时日本"文艺为僧徒之物，其事实归五山（按：'五山'指日本禅门五个最高寺院，其僧侣皆擅长诗文）。及国家致隆平，儒家别立家。然犹目为制外之徒，秃其颅，不列士林，此战国之颓俗未及革也"③，故藤原惺窝门徒削发髡首，聘于幕府，已经成为当时日本风俗习气。如林罗山，削发称道春。因而，日本在水户藩儒官蓄发风气改革影响下，元禄四年（1691）江户幕府亦命儒官蓄发，林戆始叙从五位下，任大学头④。此即"大学头"名称开始出现，此即蓄发之大儒官，使儒学从内容到形式均有别于禅学，而这种转变，则是以朱舜水门人德川光国、人见传首先提倡为开始的，这是日本文化史

① 原善公道：《先哲丛谈》卷4《贝原益轩》。
② 朱舜水：《朱舜水集》卷8《与田犀启》。
③ 原善公道：《先哲丛谈》卷1《林凤冈》。
④ 20世纪八九十年代，日本著名史学家大庭修来华与中国社会科学院历史所明清史研究室进行学术交流，记得冯佐哲先生面询何为"大学头"。很遗憾，当时大庭修先生未能答复。

上的重大事件。关于前田纲纪，朱舜水针对他的特殊政治地位，告诫他说"取诸其民者皆损也，非益也"，应该"取天之道，地之利，则益在万世，民惟恐其取之不多也"，"使天下获耕稼之利，以养万民，则天施地生，其益无方矣"①。结果，前田纲纪"儒家之造诣颇深"，"新井白石称刚纪兼智、仁、勇三才云云"，"其就封，大厘革制度宪章，兴勤俭之风"②，生平撰有《桑华字苑》、《梅瞰集》等。显然，前田纲纪成长成材，除了平时有外戚德川光国教诲，主要与朱舜水的教导分不开。

　　本来藤原惺窝及其门徒，促进了日本程朱理学发展，使程朱理学成为德川幕府精神支柱，所以当时日本尊信程朱理学的人，是非常之多的。如伊藤维桢（1627—1705年），字原佐，名维桢，号仁斋，又号古义堂，私谥古学，平安人。他早年尊信程朱理学，没有师传，全靠自学宋明性理书籍，著成《太极论》、《性善论》、《心学原论》等书。但是，"及年三十七八，始出己见"③。"及年三十七八"，即宽文四年（1664）左右，伊藤维桢开始有异于程朱传注的见解，而这也正是他欲向朱舜水问学之际。本来朱舜水与他在学术上有原则性分歧，朱舜水不愿见到他，现在朱舜水知道他学术见解有了变化，因而对他的进步给予肯定性评价，说他"较之旧年诸作，遂若天渊；倘有此而进之，竟成名笔，岂逊中国人才也"④。有关伊藤维桢思想转变，荻生徂徕门人太宰春台《圣学问答》，说伊藤维桢"读吴廷翰书而开悟"，明朝正德、嘉靖年间吴廷翰《吉斋漫录》批判了宋明理学。《吉斋漫录》当时流传到日本，对伊藤维桢思想转变是有影响的。但是，也应

---

① 朱舜水：《朱舜水集》卷13《加贺中将菅原纲利字取益说》。
② 见《大日本人名辞典》。
③ 原善公道：《先哲丛谈》卷4《伊藤维桢》。
④ 朱舜水：《朱舜水集》卷7《答安东守约书三十首》。

该看到，明代中期以来实学思想对晚明学风影响极大，朱舜水等人的实学思想乃集其大成。伊藤维桢、山鹿素行受到朱舜水刺激和影响是非常直接的，这是他们思想转变的主要因素。因而，伊藤维桢在朱舜水"实理实学"思想影响下，排斥程朱理学，批判"格物穷理"，认为"天地之间，一元气而已"①，具有唯物主义思想色彩。在朱舜水"务为古学"思想影响下，伊藤维桢亦侧重先秦儒学，尤为推崇《论语》、《孟子》二书，以鞭篓程朱传注。引人注目的是，伊藤维桢早年尊信程朱理学没有师传，山鹿素行早年"左袒程朱"有师传，两个人都不是朱舜水门人，却均在同时间内放弃了"格物穷理"的宋学。这种颇有趣味的巧合，与藤原惺窝学派分化的思想演变合拍，说明了当时日本有一股新的思潮崛起，使日本思想史有了改观。如伊藤维桢，其门人中江岷山成就卓越。中江岷山（1655—1726年）"平生以唱古学，研钻往圣，发挥仁斋（按：即伊藤维桢）成说为自任，攻击宋学，与浅见絧斋、三宅尚斋辈门户相挤，强敌以视，相互纷呶"②，著有《理气辨论》、《四书辨论》，"疏其所见，辨析痛快"③。而后起之秀者荻生徂徕，在这种思潮影响下，自鸣一时。

荻生徂徕（1666—1728年），其先辈三河荻生人，物部守屋后也。物茂卿，名双松，荻生氏，小字总右卫门，号徂徕，又号护园，又称物徂徕。江户人。早年受到林鷟、室直清、新井白石等人的影响，虽然"初服朱子说"④，但思想比较复杂。到中年时代，"既觉宋儒之陋，六经不复须注解"⑤，直斥程朱传注，不过在正德四年

---

① 伊藤维桢：《语孟字义》卷上。
② 琴台东条：《先哲丛谈后编》卷4《中江岷山》。
③ 琴台东条：《先哲丛谈后编》卷4《中江岷山》。
④ 原善公道：《先哲丛谈》卷6《物徂徕》。
⑤ 见原善公道《先哲丛谈》卷5《安积澹泊》中安积觉引徂徕书语。

（1714）所著《护园随笔》中"尚护宋儒"[①]。荻生徂徕直到晚年，方完全顺应实学思潮，撰写《辨道》，"挺然立一家见，痛驳性理。并攻仁斋，又效明李于鳞修古文辞，先儒所作一切排之。为不免侏离鴃舌，其豪迈卓识雄文弘词，笼盖一世"[②]。也就是说，荻生徂徕晚年仿效明代李于鳞删宋元之《古今诗删》，完全排斥程朱传注，虽然与伊藤维桢有某些分歧，但又"不能不以伊氏为嚆矢也"[③]，他仍然从伊藤维桢学术思想里汲取营养，因为他们批判程朱传注方向是一致的。荻生徂徕在其《辨道》一书，抨击"格物穷理"时，指出：

  言所尽者，仅仅乎理之一端耳。且身不从事焉，而能了然于立谈，岂能深知之哉。……故不先之以事而能有成焉者，天下鲜矣。不啻先王之道，凡百技艺皆尔。

荻生徂徕《辨道》还指出："盖先王之教，以物不以理。教以物者，必有事事焉"，"物者众理所聚也，而必从事焉者，久之乃心实知之，何假言也"。显然，荻生徂徕是继承和发展了朱舜水"格物致知"理论。另外，荻生徂徕《辨道》还提出"六经即先王之道"，其治学主张用《史记》、《汉书》上求六经，完全排斥程朱传注，这就是日本学者所谓之古学主义。不难看出，荻生徂徕大大发展了日本儒学，亦是"文恭务为古学"对日本儒学影响之深的铁证。如荻生徂徕上述主张，乃导源于朱舜水"圣人已往，道在六经"、"得之史而求之经，亦下学而上达耳"，荻生徂徕受到朱舜水思想影响是非常之明显的。

[①] 原善公道：《先哲丛谈》卷6《物徂徕》。
[②] 原善公道：《先哲丛谈》卷6《物徂徕》。
[③] 原善公道：《先哲丛谈》卷4《伊藤维桢》引荻生徂徕门人太宰春台话。

诚然，朱舜水说过"道在六经"之类的话，但是他反对贵古贱今。"文恭务为古学"，所谓"古学"是以六经为本，这是破除对程朱传注迷信的需要，实际上这也是当时日本实学思潮发展的一大特点。笔者认为，这就是日本思想史上古学学派实质问题所在。因此，朱舜水门人德川光国、安东守约、安积觉等人，以及直接或间接受到朱舜水影响的木下顺庵、山鹿素行、伊藤维桢、贝原益轩、荻生徂徕等人，他们均为此做出了重要贡献。实学不同于理学，不是空谈，亦不是复古，而是重视实践，重视世用功效。这股思潮崛起，造就了多才多艺学者。如朱舜水门人今井弘济研究医术，并入水户藩彰考馆修史；人见传、安积觉、栗山愿，博学能文，入彰考馆充修史总裁；等等。山鹿素行晚年潜心研究军事学，撰有《武教本论》、《武教小学》、《武教要录》、《武事记》、《武教余录》等书。木下顺庵门人南南山、三宅观澜、新井白石注重史料的原始价值，"蒐罗详博，考证精核"①，把历史学研究水平提高了一步。如南南山所著《环翠园史论》，"非我邦（按：指日本）人所可及言也"②。新井白石除擅长史学外，还撰有《采览异言》地理学著作，受到当时人们重视。实学思潮崛起，促进实用科学发展，如中村惕斋撰成日本最早的动物、植物写生图《训蒙图汇》、宫崎安贞撰《农业全书》、关孝和撰《发徽算法》、伊藤维桢门人松冈玄达撰有《用药须知》，等等。其中尤以贝原益轩多见博闻，注重广泛的实用知识，撰有《和汉名数增补》、《大和迥》、《筑前续风土记》、《花谱》、《茶谱》、《大和本草》、《乐训》、《养生训》等百余种书。可见，实学思

---

① 琴台东条：《先哲丛谈后编》卷3《南南山》。
② 琴台东条：《先哲丛谈后编》卷3《南南山》。

潮崛起，促进了日本科学、文化发展，涌现出一批涉及各方面领域注重世用的多才多艺学者。

总之，德川幕府时期藤原惺窝学派形成、分化，以及实学思潮崛起，都与当时中日两国人民文化交流分不开。因此不能忽视朱舜水对德川幕府时期学术思想演变的客观影响作用。

三、朱舜水与德川光国
——日本水户学派兴起

朱舜水殁后十五年，即元禄十年（1697）水户藩彰考馆学者编修《大日本史记》①成书。水户学派兴起，是与水户藩主德川光国尽心修史有关，而朱舜水思想对水户藩修史者有着直接的影响。

德川光国（1628—1700年），小字千代松，字子龙。初名德亮，字观之。号日新斋，别号常山人、率然子、梅里。是开创江户幕府将军德川家康之孙。其父为水户藩主德川赖房，赖房与幕府第三代将军德川家光，为堂兄弟。德川光国好学，博览群书，善属文，久有修史之志。原来他对藤原惺窝学派感情深厚，尊信程朱理学，如他少年时代学识，得益于野卜幽。

野卜幽（1599—1670年）乃藤原惺窝门人菅得庵的门人，所以德川光国在野卜幽影响下，年长后曾经参校《惺窝集》。明历三年（1657），德川光国矢志修史，在水户开设彰考馆，延聘学者修史。宽文五年（1665），德川光国以弟子礼，聘请朱舜水为宾师。德川光国在朱舜水熏陶下，不尚空谈，亲贤勤政，留心民事，有勤王思想。朱舜水为水户藩培养了一批治史人才，而这些人，最终撰写成《大日本

---

① 一般称《大日本史》，而本书则依梁启超《朱舜水先生年谱》称法称之。

史记》，促使水户学派兴起。

宽文十年（1670），朱舜水应加贺藩主松雪公嘱咐，为日本著名历史人物楠正成像题赞。楠正成（1294—1336年），是镰仓幕府末期勤王名将，拥护后醍醐天皇，灭北条氏，参与"建武中兴"，故朱舜水赞文歌颂楠正成"知人善任，体士推诚。……故能兴复王室，还于旧都"、"忠孝著乎天下，日月丽乎天"、"忠勇节烈，国士无双"[①]，并结合南北朝对立、"应仁之乱"等灾难制造者，说"庙谟不臧，元凶接踵。构杀国储，倾移钟虡"，谴责"元帅炉前，庸臣专断"，"天地无日月，则晦蒙否塞；人心废忠孝，则乱贼相寻，乾坤反复"[②]，阐发了"尊王一统"思想。当然，朱舜水深受孔子正名分思想影响，主张维护君臣定位、贵贱有序的等级制度，经常说"忠孝事大"[③]之类的话，寓有"尊王一统"之义。其实他的反清复明政治经历，也是由这种思想支配的。朱舜水"尊王一统"思想，直接影响着水户藩彰考馆修史者。如德川光国就深受感染，认为朱舜水"学贯古今，思出风尘。道德循备，家宝国珍"[④]。元禄五年（1692）八月，德川光国在五畿之一摄津州凑川（今神户）建楠正成碑时，亲笔题写"呜呼忠臣楠子之墓"八个大字，碑阴则镌有朱舜水生前撰写的像赞原文。另外，今井弘济生前也曾撰写《吊楠公文》，德川光国又命安积觉为该文写跋。因而，水户藩彰考馆修史者有"尊王一统"思想，并非偶然。

水户藩彰考馆修史的学者，是怎样撰写《大日本史记》的呢？

---

① 朱舜水：《朱舜水集》卷19《楠正成像赞三首》。
② 朱舜水：《朱舜水集》卷19《楠正成像赞三首》。
③ 朱舜水：《朱舜水集》卷7《誉安东守约书三十首》。
④ 德川光国：《常山文集》卷20《祭明故征君文恭朱先生文》。

自镰仓幕府开始，天皇便只拥有虚位，实权由幕府掌握。后来有"建武中兴"，接着出现南北朝对抗的混乱局面。室町幕府时期，又有"应仁之乱"，群雄割据，弱肉强食，进入战国时代。到了德川氏江户幕府时期，控制诸藩，大兴文教，维持了统一的稳定局面，至此，天皇地位削弱局面已经存在了数百年，当时天皇俗称"公家"，而幕府则俗称"武家"。德川光国在朱舜水影响下，回顾历史，"始知权门颛柄之非"[①]，但又由于他与德川氏江户幕府将军的血缘关系，和其特殊的政治地位，不便明晰说出来，只有依靠主持撰写《大日本史记》，赞扬"尊王一统"的思想，以彰示来世后人。可以这样说，若没有德川光国的组织和领导，撰写《大日本史记》以及水户学派的兴起，都是不可能的。

　　德川光国在朱舜水思想影响下，以"尊王一统"思想指导撰写《大日本史记》，广招学者，一时号称"水户学者"。前来参与修史的学者，多达数十百人，诸如朱舜水门人栗山愿、人见传、佐佐宗淳、安积觉、藤咲正方等人，以及林恕门人田犀、木下顺庵门人三宅观澜、橘云堂（名鼎，洛下处士）门人吉弘元常等，均为水户学派的形成奠定了基础。水户学派修史，以正天皇皇室与将军幕府之名分为其基本特征。元禄二年（1689），吉弘元常、佐佐宗淳等人，开始撰写《修史义例》。元禄九年（1696），安积觉与佐佐宗淳等人删修审定《修史义例》，明确指出撰修《大日本史记》为纪传体。此间，佐佐宗淳、安积觉、吉弘元常相继为彰考馆修史总裁。德川光国死后，由其后任藩主继续主持修史工作。享保五年（1720），纪传体《大日本史记》脱稿，列天皇本纪，立将军传略，全书二百四十六卷。水户藩遂将《大日本史记》呈献给江户幕府，这是日本史学史上的重大事件。

[①] 黄遵宪：《日本杂事诗·史乘类·勤皇家》。

然而,《大日本史记》撰成之时,彰考馆"一时名彦,相寻凋丧"[1],只有安积觉在世,因为他为修史做出了重要贡献,所以他的名气也大了起来,他本人也就"为世所瞻仰"[2]。

《大日本史记》突出了天皇地位,将军、臣僚辈只归列传,从而宣扬了"尊王一统"的思想。是书处理南北朝时期历史,是以象征日本皇权的神器,即天皇符玺,来区分正统、非正统。如神器在南朝,则日本历法正朔,就随从南朝。后来神器被转移到京都,则正朔就在北朝。这种写法,使当时日本读者知道了"尊王一统"意义。应该看到,水户学派影响很大。如赖襄编撰《日本外史》,专记幕府大将军,为了"尊王",故书名称"外史"。从朱舜水撰写《楠正成像赞三首》开始,直至编成刊行《大日本史记》,最终导致庆应三年(1867)德川幕府把政权交还给天皇,前后经过二百年舆论酝酿,结束了自镰仓幕府开始七百年将军执政局面,使明治维新以不流血的方式载入史册。这是水户学派产生影响的见证,当然也是朱舜水思想产生影响的见证。

朱舜水思想影响之大,日本学者早有肯定。明治四十五年(1912)日本男爵后藤新平,为稻叶君山编《朱舜水全集》撰写序文,指出朱舜水"从明室恢复之志不成,而以满身忠愤之气,寓之一篇楠公之题赞。烛大义,阐王道,使东海之日月有光于千载,岂不亦贤乎",还指出朱舜水"纯忠尊王之精神,滂溥郁屈,潜默酝酿,可二百年。而遂发为志士勤王之倡议,一转王政复古,乃至翼成维新之大业,以致国运今日之蔚兴。我之所得于之瑜也固大矣",就朱舜水思想对近代日本政治发展产生的影响作用,做出了肯定性评价。

---

[1] 原善公道:《先哲丛谈》卷5《安积澹泊》。
[2] 原善公道:《先哲丛谈》卷5《安积澹泊》。

第二章
明遗民对日本佛教影响

东渡日本的僧侣，主要是以隐元隆琦、东皋心越为代表，他们对日本佛教的影响，具体表现在他们对振兴日本临济宗、曹洞宗做出了重要的贡献。那么，隐元隆琦、东皋心越东渡日本以前，彼国临济宗、曹洞宗状况若何呢？

第一节 明遗民东渡前日本临济宗、曹洞宗状况

本来，中土临济宗、曹洞宗同创于晚唐。临济宗禅风，是以"看话禅"为主，严峻威烈，尤以"棒喝"为盛。曹洞宗禅风，是以"默照禅"为主，以回互细密著称。日本临济宗，是日本僧侣荣西于南宋绍熙二年即日本建久二年（1191）返归日本后，从中国传入日本的。日本曹洞宗，是日本僧侣道元于南宋宝庆三年即日本安贞元年（1227），从中国归来后传入日本的。当时，正值镰仓幕府时期。

一、日本临济宗状况

宋、元之际，中土高僧道隆、祖元等人东渡，使临济宗在日本传

播较广，后经南北朝和足利氏室町幕府初期，临济宗愈益盛行。如建武元年（1334）在镰仓（今属神奈川县），以及南朝元中三年即北朝至德三年（1386）在京都，所修建的"五山十刹"，南禅寺"位在五山之上"①，使临济宗成为日本禅门强宗。由于"五山"僧侣重视程朱理学教养，从而传播了带有禅门色彩的程朱理学基本知识，皇室、幕府、武士，莫不敬慕，故皈依者甚多。由于临济宗宣扬"无生无死"，教化了各地武士，故"其间对日本武士道德的形成，影响不小"②。临济宗"五山十刹"势力，"几乎达到了顶点，更甚的是僧侣干预内政、外交，……搅乱了足利氏的政治，以致成为引起天下骚乱不安的原因之一"③。

据山崎宏、笠原一男监修《佛教史年表》记载，"五山"僧徒穿戴绣织小袖，酒食无度，而相国寺乃京都"五山"第一刹，其僧徒贮藏兵器，应永二十三年（1416），室町幕府下令逮捕他们；宽正二年（1461），南禅寺恶僧放火；等等。特别是经过"应仁之乱"以后，"五山十刹"受到破坏几成灰烬，临济宗势力衰退，禅风败落，直到德川幕府初期亦未能使临济宗振兴起来。

崇传（1569—1633年），于庆长十七年（1612）任职金地院长老，职掌监视皇室，兼掌管临济宗法务，是德川幕府重要幕僚。庆长十八年（1613）至元和元年（1615），是德川幕府体制草创时期。为了牵制皇室，为了牵制寺院，为了禁止天主教，为了巩固幕府权力，德川家康和德川秀忠在此最重要的三年时间里，制定了包括"五山十刹"在内的寺院法度，而崇传长老直接参与策划，故崇传被称为"参

---

① 见山崎宏、笠原一男监修：《佛教史年表》。
② 村山专精：《日本佛教史纲总论》。
③ 村山专精：《日本佛教史纲》第三期第一章。

加策划天下枢机"，是德川氏"幕府柱石"[1]。寺院法度，规定了寺院级别、法衣、说法、戒行、住持任命权，并明确了本寺、本山支配或干涉末寺法事原则。然而崇传长老在振兴临济宗禅风上并无建树，寺院法度成为一纸空文。宽永年间（1624—1643年）妙心寺和大德寺彼此独立，与"五山"、南禅寺对峙，反映出临济宗虚弱和禅风不振状况。不过，这一时间寓居长崎的明朝侨民，修建唐三寺，接待中土临济宗僧侣东渡，给日本禅宗增添了光彩。

二、日本曹洞宗状况

继日本僧侣道元从南宋返回传播曹洞宗之后，元代至大元年即日本延庆元年（1308）、元代至正十一年即日本南朝正平六年也就是北朝观应二年（1351），相继从中国返回的东明慧日、东陵永玙，在日本进一步传播曹洞宗禅风。特别是道元四代法嗣莹山（1271—1325年）大力传布禅风，受到天皇、幕府、武士敬重，皈依者甚众，使曹洞宗隆盛起来。曹洞宗提倡坐禅，所谓佛语心为宗，悟入一心，武士参禅对日本武士道发展有影响。然而，自"应仁之乱"后，曹洞宗就少了那种活跃的生机。

根据山崎宏、竺原一男监修的《佛教史年表》来看，德川幕府前之百有余年间，曹洞宗重要法事活动，明显减少，只有永正四年（1507）后柏原天皇勒额"本朝曹洞第一道场"下赐越前州永平寺，以及天正十七年（1589）能登州的总持寺授禅道场记载，曹洞宗百余年衰退沉寂局面可想而知。

德川家康开创江户幕府后制定的诸宗法度，对曹洞宗恢复生气

---

[1] 见日本山喜房佛书林刊《椚田良洪博士颂寿纪念论文集·高僧传研究》，第491页。

有一定影响。该法度对曹洞宗寺院均有规定,如"关刹"作用或所谓"关府六寺",以及明确本寺、末寺关系,因而使曹洞宗逐渐摆脱了过去不景气的局面。如当初道元开始传入日本曹洞宗的驻锡地山城宇治兴圣寺,于庆安四年(1651)得到修复,并新铸梵钟,由林罗山撰写钟铭。林罗山在修复该寺钟铭序文里,说该寺"实日本洞下之最初也",并承认"此迹一旦荒废久矣"[1]。然而,"洞上荒凉无人"[2],曹洞宗禅风依然不振,如"其内部却越来越腐败",本寺之间"只是争论寺格的高下和出世僧的多寡",末寺僧徒也"迷恋于名利之中,往往做出被驱逐出院和被流放的罪行,丑态毕露","宗内的混乱,简直不可名状"[3]。当时,鳌山、天柱等日本曹洞宗高僧,都有志振兴曹洞宗禅风,不过最终还是东皋心越东渡日本后,才使日本曹洞宗逐渐兴盛起来。

第二节 "广集龙象,大振纲宗"

一、隐元隆琦开创日本黄檗宗

隐元隆琦早年在中土时,日本僧侣就对他不陌生。如崇祯十五年即日本宽永十九年(1642)福清县黄檗山万福寺刊刻《隐元语录》舶载长崎时,日本妙心寺派系的僧侣当即购买阅读。承应三年(1654)隐元隆琦东渡抵达长崎,日本僧侣非常高兴,如大阪大仙寺湛月禅师说"黄檗山隐元大禅师游于我扶桑,宣扬祖风,于戏是何幸哉!当于

---

[1] 冈崎信好:《扶桑钟铭集·山城国兴圣寺》。
[2] 高罗佩:《东皋心越禅师传》。
[3] 村上专精:《日本佛教史纲》第4期第11章。

丛林衰替之秋，如冷灰之复燃矣，孰不随喜焉耶"①，把振兴日本禅宗希望寄托在隐元隆琦身上。经日本僧侣要求和德川幕府批准，明历元年（1655）七月初七日，竺印持日本妙心寺名僧龙溪宗潜书信前来长崎，邀请隐元隆琦前往摄津州（今大阪府西北部和兵库县东南部）富田（今高槻市）普门寺说法。当时隐元隆琦想如期回国，拒绝邀请，后经长崎奉行、竺印再三恳求，又喜弟子木庵性瑫七月初十日抵达长崎，就应允前往普门寺。八月初九日，隐元隆琦由门徒慧林性机、大眉性善、独湛性莹、南源性派、独立性易（戴曼公）和日僧独照、月潭、越传等人陪同起程，唐通事刘宣义随行，九月初六日到达普门寺。隐元隆琦此行，对振兴日本禅宗，有着很重要的意义。

普门寺，是日本临济宗名刹，建于镰仓幕府初期，"应仁之乱"后罹殃，梵钟亦毁而铄之。这种现象，表明日本临济宗势力衰退，禅风败落。隐元隆琦到来时，看见该寺"无殿堂之设，无寮舍之区"，只有"破屋数椽"②，可见普门寺生活和居住条件，远远不如长崎唐三寺和中土黄檗山万福寺，隐元隆琦为弘法而使日本禅宗"冷灰复燃"的献身精神，窥一斑可见全豹。梵钟乃寺宇之法器，借以醒觉禅门教义，所以隐元隆琦来到普门寺后，首先铸造梵钟。当年十月初一日，隐元隆琦为普门寺梵钟撰写铭文，原文如下：

> 天地为炉，偶铸尔形。威音为父，强安尔名。不假雕琢，一火即成。靡寂靡响，应叩则鸣。昏昏梦觉，蠢蠢皆惺。禅林礼乐，必也中兴。无量妙义，尽在此声。明历元年乙未孟冬吉日，

---

① 鹫尾顺敬：《龙溪与黄檗宗开创》，日本《史学杂志》第33编。
② 鹫尾顺敬：《龙溪与黄檗宗开创》，日本《史学杂志》第33编。

临济三十二世黄檗山隐元琦谨书。①

隐元隆琦撰写的普门寺梵钟铭文，正文共七句，主要是阐明"教外别传"禅宗思想，并流露出他远大的禅门抱负。隐元隆琦早年曾说"我这里一法也无"②，表明他厌恶沉溺于"雕琢"的文字禅。本来黄檗山万福寺宗旨"祖祖相传只一心"③，佛与众生唯是一心，故黄檗山万福寺始祖断际希运禅师，曾经说过："形于纸何有吾宗。"④

隐元隆琦撰写普门寺梵钟铭文"天地为炉，偶铸尔形"，决非如有些寺刹梵钟铭文中"镕冶洪钟"、"内空外圆"一类冶铸纪实性意思，而是寓意"一心"是天地的本源，生死解脱只是在天地迷悟之间，得靠修炼内省，方能"昏昏梦觉，蠢蠢皆惺"。即不立文字，不靠经教，而是以心传心，所以"不假雕琢，一火即成。靡寂靡响，应叩则鸣"。"威音为父，强安尔名"、"禅林礼乐，必也中兴。无量妙义，尽在此声"，则表达出禅宗之声望，以及隐元隆琦振兴日本禅宗之决心。毫无疑问，隐元隆琦撰写普门寺梵钟铭文，弘扬临济宗黄檗山万福寺宗旨，对振兴日本禅宗有着重要影响。

隐元隆琦来到普门寺不久，即是年十一月初四日，龙溪宗潜请他举行祝国开堂法会，就任住持。

然而，明历二年（1656）四月初二日，隐元隆琦弟子无上抵达长崎，带来中土福清县黄檗山万福寺住持慧门如沛和众僧侣、居士书

---

① 冈崎信好：《扶桑钟铭集·摄津国普门寺》。
② 隐元原著，性幽独往等编订：《福清黄檗山万福禅寺志》（下简称《黄檗山寺志》），卷4《慧门如沛传》。
③ 《黄檗山寺志》卷7李开藻《阅黄檗心要》。
④ 《黄檗山寺志》卷3《断际运禅师》。

信。木庵性瑫派唯玄，将慧门如沛等人书信送到普门寺，请隐元隆琦收阅。书信云："请法驾回山，以安常住，慰四众之望。"[①]敦请隐元隆琦如期回国。隐元隆琦由此多次向龙溪宗潜吐露归国之意，经过龙溪宗潜再三恳切挽留，以及竺印、板仓重宗、酒井忠胜等人努力劝说，最后由德川幕府裁断隐元隆琦留居普门寺。隐元隆琦为龙溪宗潜诚意所感动，姑且答应结制一期告归。明历三年（1657）春解制，隐元隆琦托请龙溪宗潜去江户，向幕府辞谢。但八月间龙溪宗潜回来，幕府裁断滞留普门寺，隐元隆琦回国念头遂作罢。顺治十三年（1656）二月二十二日费隐通容信件，经一年半之久到达长崎，内云：

> 贤徒受请弘法，既经三载，闻已甚盛。当急流勇退，思古人语不虚。且故乡法道滥觞之极，老僧力挽其风，不能正其一二。望贤徒急来扶竖纲宗，绵远慧命，亦好作逸老计，免得老僧朝夕注念。斯实切望汝回山，以慰吾老景之怀，非比往常泛泛所思。[②]

言论恳切，长崎奉行担心此信会加强隐元隆琦回国念头，暂且扣留。等到隐元隆琦答应滞留普门寺，长崎奉行始将费隐通容书信发往普门寺。隐元隆琦"读之歉然"[③]，只好复信慰问费隐通容。[④]

隐元隆琦在普门寺期间，除了费隐通容、慧门如沛来信外，中土的法弟、法侄、弟子、居士频频来信，几乎都希望他早日回国。他在

[①]《黄檗山寺志》卷4《请隐元回山书》。
[②]《来往书信集》003号信。
[③]性派：《黄檗开山普照国师年谱》下册明历三年条。
[④]详见《来往书信集》003号信"参考资料"。

这种舆论压力下仍然留在日本,为振兴日本禅宗而无私地贡献出了自己的一切。其实,隐元隆琦向来主张忠孝两全,何尝不想早日回到自己的祖国。如他在《复未发禅人》书中云"塔事且缓,待吾归山时为之未晚也",又说"断然有成吾志,回山之日必也有期"①。未发,法名性中,系隐元隆琦弟子,时在中土万福寺,"有成吾志",系指南明政权光复浙江、福建,就是他隐元隆琦回山之日。独耀性日是他信赖的弟子,俗名姚翼明,原鲁监国职方主事,永历十年即顺治十三年(1656)八月二十日致隐元隆琦书信云:"倘太平有日,达之朝廷,奉诏敕征召回国。"②其"朝廷"即指永历政权,时李定国正与郑成功、李来亨联系,准备实施南明政权重大复明计划,故独耀性日书信有"倘太平有日"语,与隐元隆琦复未发性中书信"断然有成吾志",纯属一个政治概念。然而历史无情,隐元隆琦最终有国不能回,其内心矛盾痛苦可想而知。

万治元年(1658)九月,隐元隆琦在龙溪宗潜陪同下去江户,驻锡妙心寺末寺即汤岛天泽寺说法。十一月初一日,谒见幕府将军德川家纲,并会见大老酒井忠胜以下诸官员。十二月回到富田普门寺,作《东渡扶桑祖赞》。

万治二年(1659)春,隐元隆琦承永井信斋居士请求,游京师山城(今京都地区)宇治地方。六月,德川幕府旨令隐元隆琦留住下来,开创禅寺。龙溪宗潜请隐元隆琦选择开创新寺地址,隐元隆琦就选中了宇治太和山,当即获得幕府批准。然而,当年十一月幕府却颁布禁止在新地建立寺院的法令③,由此可见幕府对隐元隆琦建立新寺

---

① 《来往书信集》067号信"参考资料"。
② 《来往书信集》013号信。
③ 见山崎宏、笠原一男监修:《佛教史年表》。

之举，属个案处理，对隐元隆琦是何等重视、关怀和支持。隐元隆琦筹建新寺期间，一直驻锡普门寺。

隐元隆琦领得宇治新寺地址，木庵性瑫当即致书，全力支持他。当隐元隆琦筹建新寺时，木庵性瑫又致书，希望他从容规划、兴建新寺①。万治三年（1660）十月，木庵性瑫来到普门寺，协助隐元隆琦开创新寺。

宽文元年（1661）五月，宇治新建寺院落成，其建筑、寺规、禅风都依照中土福清县黄檗山万福寺旧制，并且"仍以黄檗山万福禅寺名之，志不忘旧也"②。八月二十九日，隐元隆琦进山，为宇治万福寺第一代住持。自此以后，隐元隆琦在此寺弘扬中土黄檗山万福寺教义，使此寺成为长崎兴福寺、福济寺、崇福寺本寺，并使日本佛教开始有了黄檗宗。他实践了自己早年的誓言："跨海非常木，撑天必大材。"③

宇治万福寺筹建和落成后这段时间，中土僧侣纷纷致书隐元隆琦，基调有了变化。永历十三年、顺治十六年即日本万治二年（1659），嗣法弟子无得海宁信云："和尚东渡，为彼岸初祖"④；永历十四年，顺治十七年即万治三年（1660）六月初七日，费隐通容信云："吾侪主法人，彼此一天，其道无二"⑤；永历十六年、康熙元年即宽文二年（1662），嗣法弟子良冶性乐信云："初建太和，法道东兴，其在斯时"⑥，对兴建宇治万福寺都由衷高兴，给予支持。唯独慧门如沛永历十五年、顺治十八年即宽文元年（1661）书信在肯定"太

---

① 见《来往书信集》058号、059号信。
② 性派：《黄檗开山普照国师年谱》下册宽文元年条。
③ 《黄檗山寺志》卷8隐元《重兴大殿》。
④ 《来往书信集》045号信。
⑤ 《来往书信集》005号信。
⑥ 《来往书信集》074号信。

和山为新开黄檗,工程浩大,千古德业"[1]后,语调如故,并执意退隐,其心情可以理解。因为当初隐元隆琦命他继席以三年为期,所以他晚年每次来信都祈求隐元隆琦"早回祖山"。当时国内情况怎样呢?郑成功退守台湾不久后死去,东南沿海地区抗清势力遭到严重削弱,清政府下"迁海令"控制浙江、福建,东渡船数骤减,所以隐元隆琦是不可能回国的。而费隐通容此时政治上颂扬顺治皇帝"隆重济宗,自古以来无比。屡召善知识,如报恩玉公、天童木公及法孙憨璞公。相闻亦欲召老僧,不知法契之缘何似一听之龙天也"[2],甘愿与投靠清廷的玉林通琇、木陈道忞、憨璞性聪同流合污,与至死不忘故国的隐元隆琦形成了鲜明对比。

隐元隆琦遵照德川幕府旨意,于宽文三年(1663)正月十五日,在宇治万福寺举行祝国开堂法会。日本四方禅门各宗高僧,齐来祝贺,盛况空前。后水尾太上法皇委托龙溪宗潜,请隐元隆琦提示法要,太上法皇收到隐元隆琦回信后,读之大悦。是年八月,即非如一及其弟子千呆性安,从长崎前来,协助隐元隆琦弘化说法。长崎唐通事刘一元(号枫山,彭城久兵卫,乃明侨刘焜台之子)、林道荣亦来拜望隐元隆琦。宽文四年(1664)九月,隐元隆琦把宇治万福寺法席让给其高足木庵性瑫,而自己则退居寺内的松隐堂。宽文九年(1669),长崎唐通事、崇福寺檀越林守壁前来拜谒隐元隆琦,削发脱俗,法号独振,并于宇治黄檗山开创塔头宝善庵。

宽文十三年即延宝元年(1673),隐元隆琦在日本弘扬法雨二十年,后水尾太上法皇多次遣使前来,赐礼慰问。故隐元隆琦撰有谢恩

---

[1] 《来往书信集》077号信。
[2] 《来往书信集》005号信。

诗，云："廿年行化寓东方，屡受洪恩念不忘。珍重上皇增寿算，西来正法仗敷扬。"① 当时，隐元隆琦病魔缠身，后水尾太上法皇知道后，感叹不已，说"师者国之宝也，倘世寿可续，朕愿以身代"②，流露出对日本黄檗宗开创者隐元隆琦尊崇之深情，特授隐元隆琦"大光普照国师"称号。隐元隆琦临终前，嘱其弟子"以法门为重，以道自贵，不可循俗苟求声利，自丧至德。若不依吾训，非吾眷属"③，并且为了感谢德川幕府赐地开山檀恩，特书偈致谢。四月初三日圆寂，终年八十二岁，留下遗言："西来栁标振雄风，幻出檗山不宰功。今日身心俱放下，顿超法界一真空。"④

有关隐元隆琦开创日本黄檗宗盛况及其影响，元禄十年（1697）十一月千呆性安撰写宇治《黄檗山万福禅寺钟铭》，序文云：

当山乃日国之大名蓝也，开山普照国师应聘东来，特承大元帅钧命鼎建。从为国家祝厘道场，殿堂焕然，规度毕备，常集十方龙象，大振断际家风。

远邻京华，近临宇水。峻峦叠嶂，虎踞龙骧。苍松翠柏，覆地遮天。诚天下之禅林，寰中之奇观也。⑤

铭文，则曰：

---

① 性派：《黄檗开山普照国师年谱》下卷"宽文十三年"条。
② 性派：《黄檗开山普照国师年谱》下卷"宽文十三年"条。
③ 性派：《黄檗开山普照国师年谱》下卷"宽文十三年"条。
④ 彭鉴：《二千年中国遗民归化日本者之一考察》，《日本研究》1945年第4卷第4期。
⑤ 冈崎信好：《扶桑钟铭集·黄檗山万福禅寺》。

太和形胜，冠于日东。丹山碧水，映带梵宫。广集龙象，大振纲宗。①

宇治万福寺，成为"日国"、"日东"名刹，当然不是单纯以地区自然风光之美而出名的，而是在于隐元隆琦开山，"常集十方龙象，大振断际家风"、"广集龙象，大振纲宗"，其意义重大。除步趾隐元隆琦东渡的法子、法孙，隐元隆琦法子、法孙中亦有龙溪、独照、独本、铁牛、慧极、潮音、铁眼等杰出的日本僧侣，宇治黄檗宗后继有人，人杰辈出，对振兴日本临济宗禅风影响甚大，这也正是隐元隆琦对日本禅宗的巨大贡献。

二、隐元隆琦门徒、门孙和日本黄檗宗

长崎兴福寺、福济寺、崇福寺，是中土僧侣东渡日本后的落脚点，亦是东渡僧侣从思想上、组织上为开创日本黄檗宗、振兴日本禅宗做的准备。如逸然性融、蕴谦戒琬、道者超元、澄一禅师在长崎唐三寺弘扬临济宗禅风，而道者超元入崇福寺后又去肥前平户的智门寺、金泽的天德寺传法，明侨后裔铁心和慧极、潮音诸日本僧侣来从者甚多。虽然中土黄檗山万福寺属于临济宗著名寺院，但临济宗开创稍晚于黄檗山万福寺，故两者一直是法脉相通，相互依存。所以，隐元隆琦禅师东渡长崎后，曾在兴福寺、崇福寺开堂说法，弘扬黄檗山万福寺禅风，有益于振兴日本临济宗。被当时日本人并称为"二甘露门"的隐元隆琦弟子木庵性瑫、即非如一禅师，东渡长崎后分别在福济寺、崇福寺开堂劝化，而当时明侨后裔铁心和日本僧侣铁牛、铁

---

① 冈崎信好：《扶桑钟铭集·黄檗山万福禅寺》。

眼、慧极、潮音等人，都是临济宗黄檗山万福寺禅风修养的受益者。

即非如一，法名如一，法号即非，亦号雪峰，俗姓林，福建福州府福清县人，明朝万历四十四年（1616）生。隐元隆琦嗣法弟子。鲁监国六年（1651）为福清县黄檗山万福寺西堂，鲁监国八年（1653）举为座元秉拂。永历十一年（1657），即非如一由其弟子千呆性安陪同，东渡长崎，住入崇福寺。日本宽文三年（1663），即非如一前去宇治万福寺，协助隐元隆琦弘扬教义。宽文五年（1665），即非如一应小仓小笠原忠真侯邀请，前去开创广寿山福聚寺。是年春天，即非如一致书隐元隆琦，云：

> 正月廿五日谦公上檗山，曾附进果仪候贴，谅入尊览。二月初，于朴禅人至，敬询法体万福，胜喜慰。但愧未获旦夕左右任焚香洗钵之劳，徒向妙高峰顶礼耳。禀者：小笠原太守夙秉正信，不肖布袈裟地已成，择新夏祝国开堂。俟拈香日，冀座下遥放慈光，加被证明。肃此奉闻。外具壹封，幸存。上本师老和尚宝座。不肖徒如一和南百拜。①

"谦公"，系指长崎崇福寺名僧蕴谦戒琬；"檗山"，系指宇治万福寺，是说正月二十五日蕴谦戒琬去宇治万福寺谒见隐元隆琦。"择新夏祝国开堂"，系指当年广寿山福聚寺开山说法时间。彼时开山说法之际，澄一、化林性英、独立性易（戴曼公）、陈性乾都前去祝贺，辅佐即非如一弘化黄檗山万福寺禅风②。时过两年，即宽文七年（1667）三

---

① 《来往书信集》109号信。
② 参见宫田安《唐通事家系论考》第3章"陈九官（官兵卫）祖颍川氏家系"。

月二十五日，即非如一在小仓广寿山福聚寺，致书隐元隆琦，云：

前呈偈语，尘况慈听，特蒙赐和，感幸曷胜。拜读至再，字字皆顶眼放光，何啻灼破四天下，敬服益壮，投五以谢。恭审佛舍利殿新夏上梁，未遑奔贺。谨具菲仪伍板、红绉壹端，聊表微诚，惟冀俯纳为祷。外芽糖、油拾斤进上。上通玄堂上本师老和尚猊床。广寿不肖徒如一百拜。三月廿五日福。①

"佛舍利殿"，系指宽文六年（1666）六月日本太上法皇赐隐元隆琦五粒佛舍利，并赐金建殿，以便供奉佛舍利。

隐元隆琦在宇治万福寺开山堂后面修建佛舍利殿，故有"新夏上梁"和即非如一"谨具菲仪伍板、红绉壹端，聊表微诚，惟冀俯纳为祷。外芽糖、油拾斤进上"。时过一年多，即宽文八年（1668）七月底，即非如一离开小仓广寿山福聚寺，由门人千呆性安、柏岩道节和日僧法云陪同，返回长崎，途中受到僧、俗热情接待。不久，长崎崇福寺住持即非如一，将席位让给其弟子千呆性安。宽文十年（1670）九月，即非如一在长崎崇福寺致书隐元隆琦，云：

八月初七日，明禅者赍座下示诲至。不肖焚香拜读，谨遵命矣。刻骨铭座，不敢忘也。禀者：前月龙法弟遽然变故。如此得力之人不意至是，座下能无悲惋？然大林之中枯条不免，窃计不日茂春耳。伏冀高年洪福，道荫将来，幸勿过戚，是不肖与人天之至望也。山川修阻，未遑躬候法禧，特遣碧嶂走讯，并庆法

---

① 《来往书信集》110号信。

旦。薄具斋仪香果五种，伏祈慈纳。不备。上本师老和尚猊座。寿山不肖徒如一顶五百拜。①

"明禅者"，待考。"龙法弟"，系指日本妙心寺派系的摄津州富田普门寺住持龙溪宗潜，曾邀请隐元隆琦在普门寺说法，后来又支持隐元隆琦开创宇治黄檗山万福寺，为开创日本黄檗宗做出重大贡献。"遽然变故"，系指当年八月龙溪宗潜在大阪不幸被海啸吞没。隐元隆琦非常悲痛，故即非如一写此信，深表慰意。而即非如一也不幸于宽文十一年（1671）五月二十日示寂，终年五十六岁。即非如一临终前，其弟子柏岩道节致书隐元隆琦，云：

金风荡暑，恭惟师翁老和尚法体万安万福。道节素蒙恩庇，愧莫寸酬，所愿座下与赵州古佛同一寿量。正怀仰间，忽辱诲墨，恍从天降，焚香拜接，捧读至三，深知婆心片片，慰感曷胜。顷欲驰承庭训，奈本师设利浮图尚未竣功，不便弃离。俟初冬苟完其事，然后匍匍礼足，时领痛棒，是节百千劫始得大庆也。禀者：节因本师将欲示灭，从上重担卸肩累及，自忖力微未敢负任。第时不由人，未如之何，甚已惕然惭惧耳。慈偶鸿便，特此奉闻。衾具果仪乙封，专申薄供，伏望慈悲，俯垂纳受。临楮不胜惶恐之至。右启，上黄檗松堂师翁老和尚猊座下。嗣法不肖孙道节百拜。②

"道节"、"节"，乃柏岩道节，道节是法名，柏岩是法号，是即非

---

① 《来往书信集》111号信。
② 《来往书信集》117号信。

如一弟子。"赵州古佛",即晚唐高僧真际从谂（778—897年）,俗姓郝,南泉院普愿弟子,居赵州观音院,享年一百二十岁。"奈本师设利浮图尚未竣功",系指为即非如一建造舍利塔工程没有完成。"黄檗松堂",指宇治万福寺松隐堂,是隐元隆琦退隐后居住处所。而即非如一示寂火化后,柏岩道节、千呆性安同将即非如一舍利迎入塔内。

追随隐元隆琦东渡的弟子和再传弟子,为弘扬黄檗山万福寺禅风,做出了重要贡献。

除了上述即非如一和千呆性安、柏岩道节外,宇治万福寺情况亦是这样。如隐元隆琦辞去万福寺住持后,其法继者除了第十四代、第十七代、第十九代是日本僧侣外,一直由追随隐元隆琦东渡的门徒、门孙辈传嗣到第二十一代。其中尤以木庵性瑫、高泉性激、千呆性安最为突出。

木庵性瑫,法名性瑫,法号木庵,俗姓吴,福建泉州府晋江县人,明朝万历三十九年（1611）生。崇祯八年（1635）在鼓山谒见曹洞宗永觉禅师,并削发受具。以后游天童山时,拜谒临济宗密云圆悟禅师。崇祯十一年（1638）参见费隐通容禅师,"明春充副寺"[①]。崇祯十三年（1640）,驻锡福建泉州府永春县紫云寺。明朝灭亡后,南明鲁监国三年（1648）,去福清县黄檗山万福寺,皈依隐元隆琦禅师。鲁监国政权亡后,驻锡泉州府慧明寺和紫云寺。永历九年（1655）夏六月,率门人慈岳琛东渡,七月初十日抵达长崎,驻锡福济寺,翌年冬季就任该寺住持。明历二年（1656）四月十一日,木庵性瑫在长崎福济寺致书隐元隆琦,云：

---

① 高罗佩：《东皋心越禅师传》。

> 自春至夏,未获音信,莫委起居何如,以此悬怀。前两次寄简问候,亦未见回示,愈添怅虑耳。兹无上兄及惟仁搭沙埕船,四月初二到福济寺,碍日本法度,未即亲来。是以特遣唯玄将本山各护法请书赍上闻命。恐船回唐不留居住,又是一番气闷,伏惟和尚主裁。余未尽。外福员贰拾斤。上本师老和尚座下。四月十一日不肖徒性瑫稽首百拜。①

"无上兄及惟仁",无上是隐元隆琦弟子,赍中土诸檀越信件东渡,四月初二日抵达长崎,惟仁是陪同无上东渡者。"沙埕",是福建某港口名称,位在福宁州,今福鼎县东。"碍日本法度",此系指德川幕府锁国政策,除长崎外,严禁外国人寓居日本他处,故无上、惟仁不能去富田普门寺。"唯玄",系长崎福济寺僧侣,"本山"系指中土福清县黄檗山万福寺,故四月十一日木庵性瑫特遣惟玄将中土万福寺信件送至富田普门寺。不久,隐元隆琦复木庵性瑫信,云:

> 昨惟玄禅人赍唐山诸檀护书至,谓老僧前约三年还,今正及时。本当揸鼓三声,告退便行,一遵祖令,一践前信,彼此佛法人情周备,不亦大善?奈此土祖法弊久,不知此令,骤然行之,未合时宜。②

说明不能回国之原因。翌年,即非如一东渡,遂与木庵性瑫在长崎被称为"二甘露门"。

---

① 《来往书信集》057号信。
② 《来往书信集》057号信"参考资料"。

万治二年（1659）七月二十五日，木庵性瑫致书隐元隆琦，云：

> 拜读示诲："孟春烦寺主辞谢，而国主并诸居士有尊道重法之诚，留住京师，故不违航海本愿，从权而承命。"是知开化无类，去住任运，益见慈风荡荡，无入而不自得者也。然事既成，则龙天忻荷，弘扬祖道，翻转三百年之狂澜，唯在兹矣。复闻法身胜健，私幸无涯。但愧瞻礼未能，深以为恧，惟冀苞荒之量，莫咎是幸。崇候起居，余绪未备。上本师大和尚猊下。七月廿五不肖徒性瑫百拜具。①

隐元隆琦来信原话中，"寺主"，指普门寺寺主龙溪宗潜；"国主"，指江户幕府将军德川家纲；"诸居士"，指大老酒井忠胜等人，乃年前赴江户谒见幕府将军，会晤大老酒井忠胜等人，对他们有"尊道重法之诚"的感觉。"留住京师"，系指当年春天游山城（国都属辖王畿之一，今京都地区）宇治，幕府旨意留住山城开创禅寺，这符合当初东渡之本意，因而原话说"故不违航海本愿"。木庵性瑫书信充分支持隐元隆琦开创新寺，故说"益见慈风荡荡，无入而不自得者也。然事既成，则龙天忻荷，弘扬祖道，翻转三百年之狂澜，唯在兹矣"。

万治三年（1660）三月二十九日，木庵性瑫致隐元隆琦信，云：

> 大眉弟到崎，细询兴居，罄知清胜，尸诸燕如，私庆莫涯矣。其檗山数载事务，衍弟俱已了了胸蕴，不再赘语也。兹有启者，太和山既锡，必开山是定矣。唯和尚主裁，当以缓缓待渠兴

---

① 《来往书信集》058号信。

创，再三推请而后应之，为千古榜样，则妙莫大焉。耑此恭候福祉，伏惟慈鉴，幸甚。不宣。本师大和尚猊下。三月念玖不肖徒性瑫百拜启。①

"大眉弟到崎"，"大眉弟"即木庵法弟大眉性善，当时奉隐元隆琦旨意，从富田普门寺来到长崎。"檗山"，指中土福清县黄檗山万福寺。"衍弟"，指曾与大眉性善等人陪同隐元隆琦东渡的法弟南源性派，法号良衍，后受隐元隆琦旨意返回中土万福寺，解释不能如期回国原因。"太和山既锡"，指头年六月德川幕府准许隐元隆琦在宇治择地筹建新寺，故木庵性瑫信中说"必开山是定矣"，希望隐元隆琦缓慢行事，慎重对待。这次书信半年之后，即十月间，木庵性瑫为了协助隐元隆琦筹建宇治新寺，把福济寺住持席位让给蕴谦戒琬，离开长崎直去富田普门寺。

宽文元年（1661）五月，宇治新寺落成。隐元隆琦决定以中土"黄檗山万福禅寺"之名，称谓宇治太和山新寺，并且木庵性瑫陪同隐元隆琦移居宇治黄檗山万福寺，从而开创了日本佛教史上黄檗宗。

宽文四年（1664）九月，因隐元隆琦退休，木庵性瑫被举为宇治黄檗山万福寺第二代住持。翌年三月，木庵性瑫开曼陀罗道场，登山的四方黼衣朱绂者，多达五千余人。是年七月，木庵性瑫赴江户，拜谒幕府将军德川家纲，获赐宇治黄檗山万福寺寺田朱印，并且扩建寺院，使日本黄檗宗更加兴隆。同时，木庵性瑫还在江户白金町创建紫云山瑞圣寺，使黄檗山万福寺禅风传播到关东。特别是即非如一、隐元隆琦圆寂以后，木庵性瑫为开创、发展日本黄檗宗所做出

---

① 《来往书信集》059号信。

的巨大贡献，使他在日本禅门威望很高。延宝三年（1675），木庵性瑫把江户紫云山瑞圣寺法席，让给其弟子日本僧侣铁牛。延宝八年（1680），又把宇治黄檗山万福寺首座，让给其法弟慧林性机。贞享元年（1684），木庵性瑫示寂，终年七十四岁。

木庵性瑫弟子慈岳琛和日本僧侣铁牛、慧极、潮音、铁眼，也为传播黄檗山万福寺禅风做出了贡献。慈岳琛，法号慈岳，法名琛，亦名定环，乃福建泉州府永春县人。东渡长崎后，随其师木庵性瑫入住福济寺。宽文十二年（1672），福济寺重新开山住持蕴谦戒琬退隐桑莲居。慈岳琛为福济寺中兴第二代住持，并自成宗门，如宇治黄檗山万福寺第十一代住持独文方炳、第十五代和第十八代住持大鹏正鲲，均出自慈岳琛门下。元禄二年（1689），慈岳琛圆寂。铁牛，法名道机，日本石见州（今岛根县西部）人，青年时削发受具，明历元年（1655）在长崎崇福寺谒见隐元隆琦，后来跟随隐元隆琦参与创建宇治新寺的工程事务。铁牛道机被木庵性瑫推荐为江户紫云山瑞圣寺第二代住持，十三年后铁牛道机又将法席让给了慧极，而自己去牛岛开创弘福寺。慧极，法名道明，乃日本长门州（今山口县西部）人，其门徒元栋为宇治黄檗山万福寺第十四代住持。从此以后，宇治黄檗山万福寺住持，就开始由日本僧侣继任。潮音，法名道海，日本肥前州（今佐贺及长崎县部分地区）人，宽文九年（1669）在上野州（今群马县）的馆林开创广济寺，并撰有《坐禅论》、《旧事本纪大成经》等禅学著作。铁眼，法名道光，乃日本肥后州（今熊本县）人，他的突出成就是于天和元年（1681）完成刊印中土黄檗山万福寺版《大藏经》。本书前面曾提到铁心道胖，他的生身父亲陈朴纯，是寓居日本的明朝福建漳州府侨民，在铁心道胖出生两个半月后就死去了。他的母亲西村氏是在第一任丈夫明朝漳州府侨民陈潜明死后，再次出嫁才与陈朴纯成婚。铁心道胖异父同母哥哥陈道秀，号石林，日本名西村七兵卫，为长崎内通事小头，支持铁心道胖禅门活动。铁心道胖开始时，是皈依曹洞宗，后来受过道者超元、隐元隆琦影响，又受过木庵性瑫影响，最后改归日本黄檗宗。延宝元年（1673），铁心道胖于国都所在五畿之一和泉州（今大阪南部地区）创建信太山荫凉寺，并撰写梵钟铭文。在这里应该着重介绍的是，延宝六年（1678）铁心道胖在长崎创建圣福寺，为开山住持，使之与兴福寺、福济寺、崇福寺并列为长崎四大寺院，成为明遗民、明清侨民长崎活动的中心地点。但更重要的是，铁心道胖自成宗门，为日本黄檗宗发展做出新贡献，如宇治黄檗山万福寺第二十九代住持璞岩，乃出自铁心道胖之门系。

慧林性机，法名性机，法号慧林，乃隐元隆琦嗣法弟子，福建福州府人，继木庵性瑫后任宇治黄檗山万福寺住持，但仅一年就示寂。不过，他于宽文十年（1670）在摄津州开创摩耶山佛母寺，为开山住持，并为佛母寺焚钟撰写铭文，弘扬黄檗山万福寺禅风，故被法兄木庵性瑫器重。独湛性莹（福建兴化府人）继承法兄慧林性机，为宇治黄檗山万福寺第四代住持。高泉性潡继承法叔独湛性莹，为宇治黄檗山万福寺第五代住持。高泉性潡，法名性潡，福建福州府福清县人，乃慧门如沛弟子。南明永历十五年、清顺治十八年即日本宽文元年（1661），高泉性潡与晓堂道收、轴贤，受慧门如沛派遣，为庆祝隐元隆琦七十岁大寿东渡，后来定居日本。宽文四年（1664），高泉性潡应檀越丹羽光重邀请，去江户传播日本黄檗宗禅风。行前，隐元隆琦赋诗送行，题《送高泉法孙应丹羽玉峰居士请》，云：

天空海阔独徘徊，突出孙枝越格才。
尘发小阳生意闹，筇临大地化风该。

泉分黄檗长流衍,道契玉峰绝点埃。
今古俨然会此日,拈花奕叶又重开。①

当时,隐元隆琦在宇治黄檗山万福寺刚刚退休,居住寺内松隐堂,对高泉性潡法孙辈禅门成长格外喜悦。是年十月初,高泉性潡到达江户,受到丹羽光重热忱接待,住在继摩室。十月初八日,高泉性潡致书隐元隆琦。汇报到江户后的情况,全文如下:

十月初八日,不肖小孙性潡稽首百拜,上师翁老和尚老大人座下。不肖自辛丑岁远来省觐,本为请驾回唐。缘老和尚法缘久熟,不易退举。既不能如愿,但将一身奉侍,少尽子孙之念而已。讵意延缘既久,慕虚日夥,竟有主持之招。逮至江府,檀越玉峰居士领部从接至别业,具朝衣殷勤下拜,既而命阖府王从一齐作礼,闻者莫不感化。异日延于府第斋,不肖递老和尚法音。居士又服朝衣,志心顶礼,然后启读。如此动定,可谓信心极矣。是皆老和尚道德化力所感,岂苟然哉!第愧不肖薄于道行,奚以当之。白者:不肖自到江府,天时晴霁,一路平安。今寓居士别业,园林清旷,堂宇幽深,实可安身养道,用报祖恩。惟冀老和尚晨夕珍摄,保养赵年,以福人天,则不肖幸也。万勿以不肖一人虑,以累慈念。初到,先此上闻,余容再禀。临楮曷胜战栗之至。不肖孙性潡再拜。左慎。②

---

① 《来往书信集》104号信"参考资料"。
② 《来往书信集》104号信。

"不肖自辛丑岁远来省觐，本为请驾回唐"，指高泉性激受中土慧门如沛派遣，既为庆祝隐元隆琦七十岁大寿又兼请其归国而东渡省觐。"既不能如愿，但将一身奉侍"云云，指隐元隆琦法缘久熟，在日本弘扬佛法，故放弃劝其归国念头，并且自己也定居日本，以便奉侍他。"江府"，即江户幕府，当时主政是德川家纲将军。"檀越玉峰居士"，系指奥州二本松城主丹羽光重。"不肖递老和尚法音"云云，指高泉性激转交隐元隆琦书信《与玉峰居士》（其信原文见《来往书信集》104号"参考资料"），丹羽光重当时身穿朝衣，毕恭毕敬，然后启读，情景非常感人。"赵年"，系指晚唐名僧赵州和尚年寿，借以敬祝隐元隆琦长寿。二十年后，贞享五年（1688）夏，高泉性激在山城创建佛国寺，灵元上皇敕赐寺额。元禄五年（1692），入宇治黄檗山万福寺嗣法。元禄八年（1695），赴江户谒见幕府将军德川纲吉，同年十月，高泉性激在宇治万福寺示寂。高泉性激生前，为日本不少寺院撰写梵钟铭文，并且还撰有《东渡祖传》、《扶桑禅林僧宝传》等重要禅宗史实性著作，被后世视为日本黄檗宗中兴之祖。其门人日僧了翁，为修建摄津州大德寺和冶铸宇治黄檗山万福寺梵钟，出力甚大。

千呆性安，继承其法兄高泉性激，为宇治黄檗山万福寺第六代住持。千呆，法名性安，俗姓陈，名昙瑞，福建福州府长乐县人。东渡后，曾继嗣其师即非如一，为长崎崇福寺住持。千呆性安因高泉性激圆寂，于元禄八年（1695）十二月为宇治黄檗山万福寺住持。在千呆性安就职期间，万福寺开山堂、舍利殿、祖师堂、伽蓝堂、钟楼、大雄宝殿、法堂、威德殿建筑群体格式，已经成为定型。当时，木庵性瑫、大眉性善、独湛性莹一辈，已经各成宗门，法子、法孙旺盛，而晚字辈千呆性安亦徒众甚旺，人杰辈出。元禄十年（1697），千呆性安特意撰写《万福禅寺钟铭》，盛赞"广集龙象，大振纲宗"。千呆性安面临黄檗宗昌隆盛况，不忘德川幕府关怀和支持之恩情，特在宇治黄檗山万福寺寺内威德殿，祭祀德川幕府历代将军，亲笔挥毫十一言楹联：

道契周召，天下千秋歌圣化；
德齐燕赵，法门万古仰恩光。①

显然，上联借周公旦、召公奭辅佐幼主典故，赞扬第一代将军德川家康辅佐七岁秀赖，歌颂幕府政治；下联则歌颂幕府同情和宽容之恩，因为隐元及其法子、法孙有反清复明意识，南明鲁监国舟山破后，不能在故土讲经传法，自有悲惋之绪。此联句出自千呆性安之手，绝非偶然。清军入关时千呆性安九岁，不肯辫发髡首，为了保存民族气节而成为浮屠，后来与其师即非如一东渡日本，以后起之秀继任宇治黄檗山万福寺住持，这十一言联句正是他在日本见到禅宗振兴发自肺腑之言。话说来也很有意思，中土福清县黄檗山万福寺第十二代住持璧立如运（1627—1724 年）得知宇治万福寺盛况后，颇为喜悦，说：

吾祖东迁后，先渡海振宗风，芬芳挺出，孙枝秀根。②

"吾祖"，指隐元隆琦。"渡海"，指隐元隆琦应龙溪宗潜邀请离开长崎，乘船通过濑户内海，经大阪直去富田普门寺。"芬芳挺出"，系

---

① 韦祖辉：《〈明太子、福王亡命在日本〉献疑》，台湾《历史月刊》1988 年第 3 期。
② 《黄檗山寺志》卷 4《璧立禅师》。

指日本黄檗宗兴旺状况。"孙枝秀根"，系指千呆性安素质优异。璧立如迳还高度评价千呆性安，说：

> 千翁法兄和尚，遥向水天万里之外，扶桑国内太和山中高持祖印，独振玄猷，传持黄檗宗旨，挽回济水颓波。①

璧立如迳禅师言语确切，千呆性安作为后继者，为弘扬日本黄檗宗禅风，振兴日本禅宗，做出了历史性的贡献。

在千呆性安之后，宇治黄檗山万福寺住持继任者，先后有悦山（木庵性瑫弟子）、悦峰（独湛性莹弟子）、灵源（千呆性安弟子）、旭如（独湛性莹门孙）、独文方炳（木庵性瑫门孙）等中土东渡僧侣，不可枚举。总之，除中间第十四代、第十七代、第十九代住持由皈依日本黄檗宗的日本僧侣继任，直传到第二十一代大成照汉（千呆性安门孙），以后均由日本僧侣嗣法。日本黄檗宗昌盛，对日本临济宗寺院影响甚大，如享保十年（1725）武藏州（今东京都、埼玉和神奈川县部分地区）目黑威德寺改从黄檗宗，延享四年（1747）武藏州秩父法藏寺改从黄檗宗，其风蔓延，迫使德川幕府于宝历十二年（1762）下令严禁寺院改宗②。可见日本临济宗在黄檗宗禅风影响下，滋长了一股生气，遂有白隐禅师出世，使日本临济宗衰颓局面得以挽救。诚如中土福清县黄檗山万福寺第十二代住持璧立如迳禅师，所说的那样："芬芳挺出，孙枝秀根"，"传持黄檗宗旨，挽回济水颓波"，隐元隆琦及其法子、法孙，为中日文化交流史谱写了重要的篇章。

---

① 《黄檗山寺志》卷4《璧立禅师》。
② 均见山崎宏、笠原一男监修：《佛教史年表》。

第三节 "只将一滴曹源水,随处为霖遍刹尘"

一、千呆性安排斥东皋心越

明末清初之际,中土禅门临济宗、曹洞宗龃龉甚烈,陈垣先生《清初僧诤记》已经有了详细论述。那么,临济宗、曹洞宗僧诤因何而起呢?

所谓禅宗五家,相传自鼻祖菩提达摩(?—536年)西来,至六祖大鉴慧能(638—713年)时,禅宗蔚然兴盛。大鉴慧能之一传,而分为南岳大慧怀让(677—744年)、青原山行思(?—740年)两支。南岳大慧怀让的后继者是马祖大寂道一(709—788年),下传百丈山怀海(720—814年),又分为黄檗山断际希运(?—848年)和大沩山灵祐(771—853年)两支。大沩山灵祐下传仰山慧寂(807—883),是为沩仰宗;黄檗山断际希运下传临济院义玄(?—867年),是为临济宗。青原山行思一支,经石头山希迁(700—790年)又分药山惟俨(751—834年)和天皇寺道悟(748—807年)两支。药山惟俨二传为洞山悟本良价(807—869年),是为曹洞宗;天皇寺道悟下传后,形成云门宗、法眼宗。总之,禅宗五家,出自南岳大慧怀让者有沩仰宗、临济宗,出自青原山行思者有曹洞宗、云门宗、法眼宗。因而,黄宗羲说:

> 五家宗派,出自南岳者二,出自青原者三。[①]

[①] 黄宗羲:《答汪魏美问济洞两宗争端书》。

但是，禅宗五家到宋代、元代之际，发生了变化，沩仰宗、云门宗、法眼宗三家由衰落而默默无闻。明代时情况如何呢？黄宗羲说：

> 今沩仰、云门、法眼三宗俱绝，存者惟临济，曹洞耳。①

进入明代后，禅宗能维持发展的，只有临济宗、曹洞宗两家，而临济宗势力又稍强于曹洞宗。而引起临济宗、曹洞宗两家僧诤的导火线是清顺治十年（1653）费隐通容撰写的《五灯严统》，认为石头山希迁下传到天皇寺道悟就绝传了，只有药山惟俨一支下传到曹洞宗。而且费隐通容《五灯严统》将云门宗、法眼宗归为南岳大慧怀让属下传之，这不仅歪曲了青原山行思下传之派系，而且对明代曹洞宗高僧无明慧经（1548—1618年）亦未详法嗣。因此，费隐通容《五灯严统》遭到无明慧经法孙觉浪道盛（1592—1659年）等人强烈反对。临济宗、曹洞宗僧诤之风日盛，后来就波及东渡日本的这两家宗派的极少数僧侣身上了。

本来明朝灭亡后，东渡日本的僧侣，几乎完全是属临济宗，而且以福清县黄檗山万福寺派系为主。他们中间有极少数人，受到中土僧诤偏见影响，排斥曹洞宗。而曹洞宗僧侣东渡却寥寥无几。特别是隐元隆琦东渡之后，长崎唐三寺住持完全由黄檗山万福寺派系僧侣担任。正由于长崎黄檗山万福寺势力强大，以及日本黄檗宗自开创以来的昌盛情况，终于发生了千呆性安和日僧铁牛为一方，排斥曹洞宗东皋心越事件。

本来临济宗、曹洞宗两家宗派僧诤，肇始于费隐通容、觉浪道盛

---

① 黄宗羲：《答汪魏美问济洞两宗争端书》。

辈身上。千呆性安是隐元隆琦法孙，隐元隆琦又是费隐通容弟子。隐元隆琦除在明历三年（1657）翻刻《五灯严统》外，并未介入两家僧诤。东皋心越是觉浪道盛法孙、阔堂弟子，他初到长崎时，黄檗山万福寺派系即非如一、隐元隆琦、大眉性善、蕴谦戒琬，均已相继圆寂，德高望重的木庵性瑫遂在宇治万福寺主持法务，而千呆性安在长崎崇福寺嗣法。论年岁，东皋心越小千呆性安三岁，虽然不同宗各禀师承，但是东皋心越却以师辈尊重千呆性安。可是，千呆性安出于门户偏见，以所谓假冒黄檗山万福寺僧侣的罪名迫害东皋心越。

其经过是这样：清康熙十六年即日本延宝五年（1677）正月十三日，东皋心越初到长崎岸边，即有某唐通事查问其履历，东皋心越就将当年在苏州报恩寺薙发受具、皈依曹洞宗等情况如实回答。某唐通事听后，深恐长崎奉行不准登岸，又担心长崎唐三寺僧侣有异议，就劝导东皋心越暂时改承临济宗黄檗山万福寺派，但当即遭到了严正拒绝。某唐通事有心同情，为了使东皋心越能及时上岸，就好心背着东皋心越，以属黄檗山万福寺派系名义上告长崎奉行，结果使东皋心越顺利登岸。东皋心越接着就进入兴福寺，谒见澄一住持。澄一没有禅宗派系门户偏见，当初就邀请东皋心越东渡，现在为了能使住居兴福寺合法化，就让东皋心越以弟子礼节谒见。千呆性安得知后，十分恼火，他认为东皋心越表面上改从黄檗山万福寺派，而其内心却在显扬曹洞宗以抑制临济宗禅风。实际上，东皋心越从来没有抛弃曹洞宗，也从来没有改从临济宗黄檗山万福寺派。千呆性安非常气愤，当即上书宇治万福寺首座木庵性瑫，指出东皋心越乃是"洞宗嗣法之人，不可留在日本"[①]，要求告请长崎奉行驱逐东皋心越出境。但是，木庵性

---

① 高罗佩编著：《明末义僧东皋禅师集刊》卷3《日本来由两宗明辨》。

瑶早年曾经皈依曹洞宗，现在也没有禅宗派系门户之见，而是从振兴日本禅宗大局出发，回答千呆性安说"不论临济、曹洞，只要法门兴便了"①，从而使千呆性安驱逐东皋心越出境的计划破产。不久之后，某唐通事又来到兴福寺，要求东皋心越"改名列临济之派"②，东皋心越回绝说：

> 唐山贱名闻之京、省久矣，今到日本却也难改。任凭处置，名是不改也。③

"唐山"即中土，东皋心越在中土就皈依曹洞宗，今天到日本是断乎不能改名改宗的。延宝七年（1679）四月，水户藩主德川光国，对东皋心越处境深为不安，特地派遣今井弘济到长崎聘请东皋心越。今井弘济为了避免千呆性安等人嫌疑，与东皋心越秘密计划，即表面上去宇治万福寺拜谒木庵性瑶，实际是借此机会直去江户，并与东皋心越相约"勿泄露密计"④。是年秋天，东皋心越致书铁牛道机，说将在宇治万福寺拜谒木庵性瑶之后，即去江户白金町紫云山瑞圣寺会晤他。没有料想到，铁牛道机复书，冷言拒绝前来，云：

> 我国制法，素禁唐僧滥入东都。……公若来敝寺，则非但公系官议，瑞圣亦处同犯重禁之罪。况公是长崎住僧也，非有公

---

① 高罗佩编著：《明末义僧东皋禅师集刊》卷3《日本来由两宗明辨》。
② 高罗佩编著：《明末义僧东皋禅师集刊》卷3《日本来由两宗明辨》。
③ 高罗佩编著：《明末义僧东皋禅师集刊》卷3《日本来由两宗明辨》。
④ 今井弘济：《与东皋禅师书》，见高罗佩编著：《明末义僧东皋禅师集刊》卷5。

事，官何以许容之乎？……但希黄檗事毕，宜回东明。①

铁牛道机以江户幕府法令为幌子，用书信形式阻止东皋心越进入江户，希望东皋心越谒见木庵性瑫后，宜回长崎兴福寺。另一方面，铁牛道机还暗地里活动幕府权势，使德川光国安排东皋心越江户之行受阻。

延宝八年（1680）正月十四日，东皋心越乘船抵达大阪，在日本曹洞宗龙泰寺寺主鳌山等人欢迎下进入宇治兴圣寺。兴圣寺住持梅峰（1632—1707年，大阪人），对东皋心越尊敬之如师。正月二十九日，东皋心越去万福寺拜谒木庵性瑫，叙说长崎两宗不快之事。木庵性瑫胸怀开豁，安慰说："既是老侄（千呆）嗣法遇曹洞，（心越）到此更好。"②但是，东皋心越所关心的是去江户，所以这次进见木庵性瑫后，当天晚上到京都，在水户藩主世子德川纲条别墅寓居月余，专候江户佳音。本来江户幕府考虑德川光国意见，同意东皋心越去江户，可是后来情况有了变化。千呆性安、铁牛道机对东皋心越在大阪、宇治受到日本曹洞宗高僧热情欢迎，极为不满，尤其是铁牛道机看到东皋心越"德将振而洞僧影从"，于是就"千忌万猜，献邪策乎权门，抱祸心而窥觎"③，使东皋心越江户之行受阻。东皋心越对千呆性安、铁牛道机上述行径，非常愤慨，并以嘲讽语调抨击他们：

徒争人我相，空设是非关，亦是滥参法门，但其本愿已昧之久矣。何更明彰我是几十几世得法之人，向人前逗漏，有

---

① 铁牛：《呈心越禅师书》，见高罗佩编著：《明末义僧东皋禅师集刊》卷5。
② 高罗佩编著：《明末义僧东皋禅师集刊》卷3《日本来由两宗明辨》。
③ 今井弘济：《与东皋禅师书》，见高罗佩编著：《明末义僧东皋禅师集刊》卷5。

何益哉？①

东皋心越指责千呆性安、铁牛道机"徒争人我相，空设是非关"，"滥参法门"，气势逼人，无端生事，于禅门、人际均无益处。是年三月，东皋心越返回大阪，驻锡曹洞宗月光院说法，当地曹洞宗高僧都前去问教。四月十五日，东皋心越乘船离开大阪，五月十一日回到长崎。

本来东皋心越与临济宗黄檗山万福寺派南源性派、木庵性瑫、澄一、铁心道胖和日本僧侣铁眼等人，交往和煦，他们都没有派别门户之见。日本曹洞宗高僧也爱戴东皋心越，如他在大阪停留之际，各寺住持再三挽留。然而，千呆性安知道东皋心越在宇治、大阪等地传播曹洞宗禅风，仇怨更深，竟然去向长崎奉行诬告东皋心越。当年七月初四日，长崎奉行偏向一方，竟然将东皋心越关押在一个幽室里。东皋心越在囹圄处境中，沉着镇静，写成《曼陀罗关记》，称：

> 世间有尽者境也，无尽者心也。以无尽之心处有尽之境，故处境而适其常。②

东皋心越以"无尽之心处有尽之境"，身体可以囚禁而心是不能囚禁的，从而表现出自己内心安宁如常，实际亦是蔑视千呆性安迫害自己的卑劣行径。日本曹洞宗诸高僧，如鳌山、天桂等人知道后，对千呆性安诬告之举非常愤慨。天和元年（1681）七月，经过水户藩主

---

① 高罗佩编著：《明末义僧东皋禅师集刊》卷3《日本来由两宗明辨》。
② 高罗佩编著：《明末义僧东皋禅师集刊》卷3《曼陀罗关记》。

德川光国奏报幕府营救，方使东皋心越获释，并使他获准去江户。直到这时，千呆性安、铁牛道机排斥东皋心越的举动，最终以失败而告终。当然，千呆性安和日僧铁牛道机排斥东皋心越，实际是中土临济宗费隐通容与曹洞宗觉浪道盛僧诤在日本之延伸，仅是明遗民东渡日本历史上一个小小的插曲，这类事件并不影响千呆性安、东皋心越他们各自在中日文化交流史上的贡献和历史地位。

东皋心越在德川幕府过问下获释，并获准前去江户，这个好消息使日本曹洞宗僧侣欢欣不已。这是当时日本禅宗史上的一件重大事情。如肥前州（今佐贺和长崎县一部）曹洞宗庆阎寺高僧牧牛，得悉后说：

> 我邦三百年来，祖灯已灭。禅林洪规，惟存其名，尽失其实。近年黄檗一派盛行于世，我曹洞之禅客亦随学唐步，盖以洞上无宗师也。今幸时至缘熟，真是千岁奇遇，盲龟之浮木也，幸何胜言哉！①

从此以后，东皋心越就有了专心恢复和发展日本曹洞宗的机会。

二、东皋心越复兴日本曹洞宗

天和元年（1681）七月，东皋心越获释后，作为水户藩宾客，移居江户德川光国别邸。当时水户藩曹洞宗天德寺住持月坡禅师，有意退隐，对东皋心越振兴日本曹洞宗，寄予厚望。故月坡禅师初次见到东皋心越后，就赋诗《初会心越禅师三首》云：

---

① 牧牛：《呈心越禅师书》，见高罗佩编著：《明末义僧东皋禅师集刊》卷5。

> 新丰曲断已千年,且喜道兄来续弦。
> 弹指未成神调妙,清音何必在琴边。
>
> 胡言汉语路方通,相遇全提举祖宗。
> 问到西来闲意旨,一声笑倒太虚空。
>
> 破颜无语此心亲,一句未尝分主宾。
> 清会且须终日去,异风互爱异州人。①

月坡禅师之诗,字里行间,流露出对东皋心越的尊敬和对振兴日本曹洞宗的深切厚望,流露出中日两国人民之间深情厚谊。东皋心越当即以《和月坡禅师初会来韵三首》回敬,云:

> 宗风丕振有千年,岂止鸾胶续断弦。
> 曲调更新常溢耳,余音尽在指头边。
>
> 扶桑虽隔久相通,血脉冥符继此宗。
> 妙叶正偏俱解得,虚空粉碎不虚空。
>
> 萍逢两地言何亲,主即主兮宾即宾。
> 觌面少时分袂去,他乡却遇本来人。②

---

① 高罗佩:《东皋心越禅师传》附有月坡《初会心越禅师三首》。
② 高罗佩编著:《明末义僧东皋禅师集刊》卷2《和月坡禅师初会来韵三首》。

此诗既肯定中日两国禅宗交流，历史久远，又主、宾分明，尊重日本僧侣。东皋心越决心改变日本曹洞宗衰颓局面，故又作《和偈五首》，云：

千里同风殊不异，始教大地尽回春。
只将一滴曹源水，随处为霖遍刹尘。

本来心境昭如日，不减光华色色新。
会得非台亦非镜，个中一着自然真。

此邦幸布宗风久，续焰分灯不记年。
但得一枝花茂盛，香飞法界逮诸天。

有时不作寻常见，高步千峰及万峰。
一句洞然兼得到，惟祈法日朗桑东。

全机独露本无尘，祖印高提处处真。
教外别传端的旨，担荷如来正法轮。①

东皋心越《和偈五首》已经充分流露出他是以复兴日本曹洞宗为己任，并对此充满信心，真可谓"千里同风殊不异，始教大地尽春来；只将一滴曹源水，随处为霖遍刹尘"。他用自己的行动，实践了自己的诺言。

---

① 高罗佩编著：《明末义僧东皋禅师集刊》卷2《和偈五首》。

本来德川光国邀请东皋心越接替日僧月坡主持天德寺，东皋心越亦欣然应诺。只因朱舜水已经居住水户，江户幕府暂时不能批准，直到朱舜水逝世后，即天和三年（1683）四月，才批准东皋心越移居水户。这样，东皋心越在德川光国支持下，依照明代寺院样式，开始了天德寺改建工程。这一时期，东皋心越在德川光国精心安排下，居住在水户藩府内北三之丸石野旧宅。当时曹洞宗诸如总宁寺丹心禅师、大中寺连山禅师、青松寺如实禅师、经山寺独庵禅师、慈德寺丹岭禅师、静居寺天桂禅师，特别崇拜东皋心越，均左袒偏衫，顶礼膜拜。元禄四年（1691）五月，水户天德寺改建工程竣工。五月二十四日，东皋心越驻锡天德寺，并改寺名，称"寿昌山祇园寺"，以示不忘记自己早年在中土寿昌寺得益于觉浪道盛禅师之恩泽。祇园寺位在水户城之西北，境内有一水池，绕池花卉成丛，有松柏蟠桃古梅之盛，"茂林修竹"[①]，堪为禅门幽深境域。元禄五年（1692），江户幕府准许东皋心越独立开山，十月初六日，东皋心越在祇园寺举行开山大典，开创了日本曹洞宗寿昌派系。开山时，德川光国穿戴礼服，亲临主持，水户藩府儒官、武士从者如云，远近各处前来祝贺的僧侣甚多，达一千七百余人，真可谓盛况空前了。

东皋心越为祇园寺制定了《寿昌清规不愿共住三十六条》，对复兴日本曹洞宗有着重要的积极意义。当时日本曹洞宗颓势、弊端的具体表现，诸如常有借"法幢地"即法会之仪式，逐求名利，或争论寺院名位高下，或依仗权贵，或使寺院变换师承法系等败坏禅风恶习，凡此均为寿昌山祇园寺清规所不容。《寿昌清规不愿共住三十六条》，将当时日本曹洞宗颓衰弊病，归纳成为如下诸条：

---

① 玄津：《东皋心越禅师末后事实》，见高罗佩编著：《明末义僧东皋禅师集刊》卷5。

欺心自圣，诳惑无知，昂然欲出人头地者；
好胜喜名，夸张声势，自愿为一世之雄者；
智术笼人，机巧中事，僭窃公行为得众者；
假公济私，沽名钓誉，自为结纳树党类者；
自恃贵族，骄矜临人，不屑与大众甘苦者；
结识富贵，亲承贵势，托为倚仗敢作梗者；
才假职权，擅作威福，使真英奇皆勇退者；
远离严师，结交恶友，沾染者利习俗事者；
僭越名分，诈矫多欺，人不可规以中正者。①

以上诸条，说的是当时日本曹洞宗颓衰弊病，实际也是当时日本社会的一种现象。不难看出，东皋心越给寿昌山祇园寺制定的《寿昌清规不愿共住三十六条》，为整顿当时日本曹洞宗禅风，乃至为纠正当时日本不良社会风气，起到了促进作用。

《寿昌清规不愿共住三十六条》，还严禁"邪见不正，拨无因果，不信有教外别传者"，明确日本曹洞宗修行，以"教外别传"为宗旨，同时还明确严禁"不能苦行，不能艺业，经、律、论一无专学者"，②从而表明东皋心越受到明代实学思潮影响，主张禅学修行与艺术技能兼重，禅、教、律兼重。东皋心越还撰写《不二法门念佛宣指篇》，详尽阐述禅宗"识心是佛"、不可言传的教义，指出：

是心是佛，是佛是心；念佛念心，念心念佛。欲得早成，

---

① 详见高罗佩编著：《明末义僧东皋禅师集刊》卷3《寿昌清规不愿共住三十六条》。
② 详见高罗佩编著：《明末义僧东皋禅师集刊》卷3《寿昌清规不愿共住三十六条》。

戒心是律，净律净心，心即是佛。除此心佛，更无别佛。①

东皋心越《不二法门念佛宣指篇》，还引用禅门和儒家经典，论证"收摄心性，归于一念。一念不杂，诸见不生，自无障碍，脱离烦恼，是名极乐"②。不难看出，东皋心越精通儒学，使禅学、儒学交融，如解释大鉴慧能所谓"六祖之言"时，说：

此言以事显理，终无理外之事，而理随事变，事得理融。理随事变，宽廓非外；事得理融，寂寥非内。要知心外无境，境全是心，心法遍周，理、事平等。……知不越乎心，物不越乎理，致知格物之功，亦惟此心此理而已。③

显然，东皋心越阐述禅宗"教外别传"思想，所谓"境全是心"，亦即"除此心佛，更无别佛"，乃扎根于明代禅学。但是，东皋心越所说"以事显理，终无理外之事"，是阐述"事"是第一性，"理"是第二性，故"理随事变，宽廓非外；事得理融，寂寥非内"，强调实践的重要性，显然是汲取了明代中期以来实学思潮发展成果。东皋心越禅学、儒学交融，提出"心外无境，境全是心，心法遍周，理、事平等"，并说"知不越乎心，物不越乎理，致知格物之功，亦惟此心此理而已"，开导义理极深，从而为复兴日本曹洞宗奠定了思想理论基础。

必须指出，日本曹洞宗高僧天桂、连山、梅峰、独庵、丹岭、如实、心光等人，都与东皋心越过从甚密，研讨禅机，深得东皋心越教

---

① 详见高罗佩编著：《明末义僧东皋禅师集刊》卷3《不二法门念佛宣指篇》。
② 高罗佩编著：《明末义僧东皋禅师集刊》卷3《不二法门念佛宣指篇》。
③ 高罗佩编著：《明末义僧东皋禅师集刊》卷3《不二法门念佛宣指篇》。

益，他们也都为振兴日本曹洞宗做出了重要的贡献。东皋心越圆寂多年后，经过独庵、天桂、连山、梅峰等人努力争取和月丹门人卍山支持，元禄十六年（1703）江户幕府终于制定曹洞宗两大本山永平寺、总持寺寺格法度①，从而纠正了过去争夺寺院寺格高下的流弊。在东皋心越《寿昌清规不愿共住三十六条》影响和日本曹洞宗高僧推动下，江户幕府针对曹洞宗寺院僧侣"远离严师"、"僭越名分"等流弊，还制定了维持寺院师承法系的《洞门龟鉴》。另外，天桂、梅峰、独庵等人，在东皋心越影响下，思路开豁，著作甚多，形成了日本曹洞宗文学。如天桂《海水一滴》、《报恩编》，梅峰《洞门剧谈》、《林丘客话》，都是当时振兴曹洞宗禅风的重要著作。特别值得提出的是，独庵《独语》一书流传到中土，与觉浪道盛同辈的鼓山为霖道霈禅师（1615—1702年）阅读后，赞美不绝，并且还专门为《独语》作序，撰写评注。从此以后，曹洞宗书籍在日本流行起来，曹洞宗学校"栴檀林"也在江户出现，日本曹洞宗进入复兴时代。

中土曹洞宗寿昌派创始人，是明朝万历年间无明慧经禅师（1548—1618年），法号无明，俗姓裴，江西抚州府崇仁县人，驻锡江西建昌府新城县寿昌寺，对明代曹洞宗中兴有过重要贡献②，而觉浪道盛禅师是他的法孙，东皋心越之师阔堂禅师是觉浪道盛弟子。阔堂禅师曾授东皋心越无纹印，并以诗的形式对东皋心越说：

无文印子印虚空，印破虚空继祖风。
吾家种草恒垂秀，灯传耀后示千虹。③

---

① 见山崎宏、笠原一男监修：《佛教史年表》。
② 见《补续高僧传》卷16《无明慧经传》。
③ 高罗佩：《东皋心越禅师传》。

阔堂宣扬"心外无法"禅理，对东皋心越影响很深。东皋心越除在水户开创寿昌山祇园寺，还在常陆州（今茨城县）兴建清水寺，在上野州（今群马县）兴建达摩寺，以扩大曹洞宗寿昌派的影响。元禄八年（1695）九月二十九日东皋心越病危时，对他的门人吴云（1654—1715年，姓渡边，日本京都人）口述了曹洞宗寿昌派法系，并将当年阔堂禅师授予的无纹印传授给吴云等人，翌日圆寂。德川光国为东皋心越立碑，碑文云"寿昌开山心大和尚之塔"。东皋心越遗体火化后，其骨灰除留给祇园寺，又分葬于清水寺、达摩寺。吴云为寿昌山祇园寺第二代住持，以后寿昌派仍然兴盛，直至明治维新前夕，寿昌山有四十余座末寺。后来，曹洞宗寿昌派归属临济宗黄檗山寺派，即归属日本黄檗宗。

东皋心越曾作《秋偈》一首，云：

曾乘无底一扁舟，巨浪狂涛乐自由。
欲继一灯传祖焰，重照扶桑六十州。①

"曾乘无底一扁舟"，船无底焉能航行？不过是形容当年东渡时消极、低沉，心中无底。"巨浪狂涛乐自由"，形容狂风恶浪总要过去，长篇史诗《东渡述志》，对此有较详细描述。当时日本五畿、七道共六十六州，故《秋偈》诗称"六十州"。"欲继一灯传祖焰，重照扶桑六十州"，并非是夸张之言，因为东皋心越为复兴日本曹洞宗做出了重要贡献，他实现了自己的诺言。

---

① 高罗佩编著：《明末义僧东皋禅师集刊》卷2《东皋诗选·和偈》。

第三章
明遗民对日本医药学发展影响

明代正德、嘉靖以来，实学思潮是在质疑程朱传注、反对理学斗争中形成和发展的，这对当时社会进步和科学文化发展，起到了促进作用。单就医学和药物学而言，这股思潮培养了一批医药学家，他们深入实际，调查研究，撰写出一批名作，诸如江瓘《名医类案》、薛己《薛氏医案》、李时珍《本草纲目》、王肯堂《证治准绳》、陈实功《外科正宗》、吴有性《瘟疫论》、龚廷贤《痘疹辨疑全录》等，他们的成就，已经超过了前代。有明一代，不断有日本医师、僧医西渡前来，学习明代医药学。如嘉靖年间，吉田宗桂居住中国十余年，并且还曾经给嘉靖皇帝朱厚熜看过病；金持重弘在中国学习针灸后，将此医术传播到日本，不过，德川幕府以前的日本，由于其国内长期动乱，所谓"日寻干戈，文教扫地"①，使日本医药学发展受到了严重的影响。

早在明朝万历、天启年间，即日本德川幕府初期，东渡日本的明朝侨氏就有医师陈冲一（？—1624年）、药商马荣宇（？—1654年）、医师张振甫（？—1680年）等人，他们对中日医药学交流，起过积

---

① 原善公道：《先哲丛谈》卷1《藤原惺窝》。

极作用。直到明朝灭亡以后，由于明遗民东渡者中医家甚多，他们对德川幕府时期日本医药学发展，起到了积极推进作用。如医师王宁宇，号五云子，山西太原人，明朝灭亡后东渡日本，初在长崎行医，后在江户白金町开设医学馆，其门人有不少成为幕府医官。王宁宇还将明代药剂包裹方法，传播到日本，号称"五云子包"。朱舜水博学懂医，将药饵"酪酥"即"醍醐"做法传播到水户，时称"乳酥"。明遗民僧侣中间精通医药学之人也不少，如长崎兴福寺如定禅师创制成药，取名"锦袋圆"；澄一禅师将其医术传授给石原学鲁、国立贞、今井弘济；曹洞宗东皋心越禅师，也将自己的医术，传授给石原学鲁等人。

本章着重介绍戴曼公、化林性英及其门人对日本医学发展的重要贡献，论述明遗民促进了日本本草学发展。

第一节　戴曼公、化林性英与日本医学

一、高玄岱、北山寿安

明遗民戴曼公、化林性英，对日本医学发展，有着重要的贡献。戴曼公事迹，本书第二编第二章第三节，已经专门介绍过。他早年在杭州向云林龚廷贤学医，明朝灭亡前后，行医积累了经验，医道高深，东渡后以医道闻名于扶桑，如长崎奉行患病就曾经请他去诊治。由于戴曼公医术高明且人品极佳，感动了岩国吉川广嘉侯，以至于戴曼公多次被邀去周防州之岩国为吉川广嘉治病，并且他们之间超出了患者与医师的关系，结下深厚的友谊。还应该指出，戴曼公在日本后继有人，他将自己的医术，传授给高玄岱、北方寿安、池田正直等人，为日本医学发展，增添了活力。

僧侣化林性英（1597—？年）①，法名性英，精医术，乃是"浙江一异人"②。明朝灭亡后，化林性英东渡长崎，入住崇福寺。宽文三年（1663）崇福寺住持即非如一离开，前往宇治万福寺，以及此后在小仓广寿山福聚寺开山期间，化林性英一直在长崎崇福寺，以监寺职务留守。清康熙六年即李氏朝鲜显宗八年、日本宽文七年（1667），台湾郑经官商林寅观、曾胜、陈得等九十五人乘船东渡时，赍有蔡政致长崎明遗民林六使信件，内称："专仗化林禅师敦请台兄与顾、魏二翁来宁，共图恢复。"③"林六使"身世及"顾、魏二翁"均尚待考证，"宁"是东宁之简称，郑经将台湾改称东宁。这则十分难得的史料，足证精通医术的化林性英禅师，在长崎明遗民中间声望很高，并且与台湾郑经抗清势力保持着非常密切的联系，故被人称为"浙江一异人"。这里应该指出，化林性英禅师与戴曼公一样，在日本后继有人，他将他的医术传授给了北山寿安。

下面先介绍高玄岱、北山寿安，而戴曼公痘科传人池田正直情况，容后文另述。

高玄岱（1649—1722年），字子新，自号天漪，亦称深见玄岱。祖父高寿觉，生卒年无考。高寿觉，福建漳州府商人，寓居日本当在明朝万历三十八年至四十六年间，即1610—1618年，后归明。父高大诵（1603—？年），号一览，幼时随高寿觉东渡长崎，青年时期"入明，吊祖氏之墟"④，宽永六年（1629）定居长崎，为唐通事，

---

① 关于生年，据宫田安《唐通事家系论考》第3章"陈九官（官兵卫）祖颖川氏家系"载，宽文五年（1665）化林性英六十九岁，以此当生明万历二十五年（1597）。
② 据日本《史学杂志》第25编中村久四郎《近世中国对日本文化的势力和影响》文内引《近世丛语》资料。
③ 详见李氏朝鲜官员李㻋《漂人问答》引蔡政致林六使书文。
④ 原善公道：《先哲丛谈》卷5《高天漪》。

遂改姓高为深见。史称："盖高氏出自渤海，渤海倭读深见，故以称焉。"① 高玄岱乃出生在长崎，从少年时代起，就师事戴曼公先生。故高玄岱自称：

（戴曼公）明亡航海寓长崎二十有余年，仆之亲炙也久，而其语言音韵，则不期而颇解焉。②

戴曼公是南明永历七年、日本承应二年（1653）"航海寓长崎"，时高玄岱刚刚五岁。戴曼公寓居日本二十年，对高玄岱成长影响很大。如高玄岱向戴曼公学习医术，颇有成就。故史称：

天漪自幼有瑰奇。其居长崎，学于僧独立。傍通医术，乃以医游事萨州。③

由于有"僧独立"，即戴曼公的传授，高玄岱方能"傍通医术"，方能在西海道萨摩州（今鹿儿岛县西部）地区行医。延宝年间（1673—1680年），高玄岱曾入京都，将所编撰《养生篇》一书，送给太上皇乙夜御览。正因为高玄岱自幼得到戴曼公培育，才能精通医术，并且精通书法，有较高的文化修养，所以其知名度也大，故史称：

（高玄岱）名声驰远近，遂与室鸠巢、三宅观澜同应大府之

---

① 原善公道：《先哲丛谈》卷5《高天漪》。
② 原善公道：《先哲丛谈》卷5《高天漪》。
③ 原善公道：《先哲丛谈》卷5《高天漪》。

召,来江户列儒员。①

"室鸠巢"即室直清,与三宅观澜同为木下顺庵弟子。室直清,字师礼,又字汝玉,号鸠巢,"师受业木下顺庵,自是学日益精,文日益进",但是"墨守朱学,深恶当世好立异义者"②。而其师木下顺庵,后来受到朱舜水学术思想影响,抛弃程朱传注,注意经、史结合,有所谓"古学开祖"之称,这种转变对三宅观澜等人颇有影响。高玄岱以医为主,兼精书法艺术,就"名声驰远近",并且与木下顺庵弟子室直清、三宅观澜同列为德川幕府儒官,可见其知名度之大。

现在介绍戴曼公、化林性英医术传人北山寿安。北山寿安(?—1701年),亦称北山道长,号友松、逃禅堂、仁寿庵,乃是寓居日本明朝侨民后裔。其高祖马铎,福建福州府长乐县人,据《明史·成祖本纪》记载,系永乐十年(1412)进士。父亲马荣宇(?—1654年)为福建贩卖药材商人,明朝万历末年或天启初年,即日本元和年间(1615—1623年)东渡,定居长崎,晚年对长崎崇福寺的开创贡献很大,给予开基住持超然禅师、第二代住持百拙如理禅师、第三代住持道者超元禅师不少援助。北山寿安曾去宇治万福寺参禅,对长崎唐三寺、宇治万福寺感情深厚,所以有机会向戴曼公、化林性英学习医术。因此,日本学者宫田安《唐通事家系论考》称北山寿安向"唐僧化林、独立修医术,移大阪开业"③,也就

---

① 原善公道:《先哲丛谈》卷5《高天漪》。
② 原善公道:《先哲丛谈》卷5《室直清》。
③ 宫田安:《唐通事家系论考》第22章"马荣宇祖中山氏家系(名医北山寿安道长)"。

是说，北山寿安从化林性英、戴曼公学成后，移居大阪，独自开业行医，遂成为日本一代名医。

北山寿安医德高尚，凡是向他就医者，"不论其富贵人或贫贱人，都亲切施疗"①，因而他的名声很大，如尾张侯就曾经招请之。引人注目的是，他行医注意及时总结经验，所以他的医学著作很多，如撰有《北山医案》、《北山医话》、《方考评议》、《名医方考绳愆》、《删补众方规矩》、《医方大成论抄》、《首书纂言方考》、《首书医方口译集》等书，从而丰富和发展了日本医学理论。北山寿安于元禄十四年（1701）三月十五日在大阪病逝，《长崎县人物传》、《近世丛语》、《皇国名医传》均记载有他的事迹。

北山寿安师从化林性英、戴曼公学习，而后成为日本的一代名医。北山寿安的医学成就，体现了他是顺应了当时日本实学思潮。晚清时人黄遵宪，对北山寿安评价很高，他说：

> （北山寿安）尽扫温补诸论，言："万病一毒，去则体安"；其子猷，引伸之曰："人身气、血、水三者，循环不已。万病生于滞，去滞则复元矣"，皆能扫空理，征实状。其理略近于西医，正如此国朝经生家之舍宋学而求汉学矣。②

黄遵宪（1848—1905年），乃光绪时驻日使馆官员，他对日本历史十分熟悉。所以他说北山寿安"万病一毒，去则体安"，"皆能扫空理，征实状"，"此正如国朝经生家之舍宋学而求汉学"。应该看到，

---

① 宫田安《唐通事家系论考》第22章"马荣宇祖中山氏家系（名医北山寿安道长）"。
② 黄遵宪：《日本杂事诗·史乘类·医术》。

"舍宋学而求汉学"是当时日本实学思潮一大特点,这股思潮造就了北山寿安。不过,黄遵宪说北山寿安儿子叫"猷",据宫田安《唐通事家系论考》介绍,北山寿安儿子是先北山寿安死去,北山寿安家系里没有叫"猷"的人。据富士川游《日本医学史》记载,"万病一毒,去则体安"是稍晚于北山寿安的吉益东洞的主张,"猷"是吉益东洞之子吉益南涯。显然,吉益东洞父子受到了北山寿安的影响,他们医学上的成就,乃是日本实学思潮崛起的产物。

北山寿安,与安东守约、木下顺庵是同代人,当时是处在日本实学思潮崛起年代,即处在"舍宋学而求汉学"年代。所以,北山寿安及其医学派系,能够"扫空理,征实状"、"其理略近于西医",表明当年日本医学发展,正是日本实学思潮发展的必然结果。

二、"日东种痘之法,相传出自戴曼公"

当年,在日本老百姓中间,流传着一种谚语,说:

> 人生有二患,麻疹与痘疮。痘疮最惨毒,十儿九夭殇。[①]

痘疮,俗名天花,是一种烈性传染病。患者开始时,常有高热、头痛、呕吐、惊悸、烦躁、嗜睡等症状,继而周身或面部出现成群脓疱,往往会被夺去生命。即使大病不死,病愈后也会留下豆类状疤痕,造成精神上痛苦。当时日本医药学家,长期苦心研究防治痘疮方法,依然不能改变"十儿九夭殇"的悲惨情景,因而痘疮是一种对当

---

① 据日本《史学杂志》第25编中村久四郎《近世中国对日本文化的势力和影响》文引《宁静阁集》资料。

时日本社会危害性极大的传染性疾病，使当时日本人民深为苦恼。

从我国历史上看，痘疮对人民健康威胁也是非常严重的，医家是在长期摸索中，逐渐探讨出治痘方法的。传说东汉初年马援（公元前14—49年）镇压武陵"五溪蛮"时，就因染上此病而死于军中，兵士患者亦甚多，于是此病就传染到中原地区。到隋唐时期称此病为豌豆疮，宋朝时候称为豆疮，后改称痘疮。北宋真宗时代（998—1022年），出现"鼻苗种痘法"，治疗痘疮的医术，比过去有了非常明显的进步。这一疗法，到明朝时候比较普及，并且得到发展，如《明史·艺文志》就记载有吴洪的《痘疹会编》书名。又如与李时珍同时代的祁门汪机，"精通医术，治病多奇中"①，嘉靖九年（1530）痘疹盛行时，汪机探索诸家治痘方法，撰成医疗理论水平较高的《痘证理辨》一书。到了隆庆年间（1567—1572年），医门已经有了痘疹专科，而当时云林龚廷贤精通痘科医术，所撰《痘疹辨疑全录》，乃发"前人未发"②。当时，"鼻苗种痘法"已经广为推行。

"鼻苗种痘法"，亦称"人痘接种术"，此法是每当气候温和之季，取出痘疮症状较轻的患者（或婴儿症状较轻的患者）痘壳四五粒，研为细末，用棉包裹，塞进健康人的鼻孔内，可以预防痘疮病发。明代这一疗法，在当时世界免疫学领域，应该说是处在领先地位。

戴曼公早在二十五六岁时，就得传龚廷贤痘科医术，彼时当在明朝天启元年（1621）前后，龚廷贤年已八十余岁。后来，戴曼公东渡时将痘科秘籍带到了日本，池田正直是戴曼公痘科医术传人。池田正直，又名池田七兵卫，周防州之岩国人，他是怎样成为戴曼公高足的

---

① 《明史》卷229《李时珍传》。
② 富士川游：《日本医学史》第八章"江户时代医学"。

呢？原来戴曼公东渡长崎后，宽文四年至宽文九年（1664—1669年）经常停留在周防州之岩国。这当然有岩国地方风貌与中土南直隶、浙江自然风光相似的恋乡感情原因，但主要还是因为与吉川广嘉侯交谊深厚。戴曼公在周防州岩国行医，为吉川广嘉侯治病，而吉川广嘉侯所属臣僚池田正直，就有机会接触到戴曼公，并最终拜戴曼公为师，学习医术，日后成为日本一代名医。

池田正直在戴曼公教诲下，领悟了戴曼公痘科秘籍。诸如戴曼公珍藏的《正面定位图》、《面部四位八隅图》、《面色顺逆图》、《三十六面图》、《唇舌症候图》、《病唇十八品》、《病舌三十六品》、《五死舌图》等生理及病理图，以及《痘疹治术传》、《妇人治痘传》、《痘疹百死传》、《痘疹键口诀方论》等医书，池田正直均认真阅读领悟，有了不懂的问题，就询问戴曼公。戴曼公痘科秘籍，使池田正直掌握了治痘秘诀，并为池田氏家族以后历代治痘医术张本。到了池田正直曾孙池田瑞仙时候，治痘医术更趋完善。池田瑞仙，名独美，字善乡。当时岩国由于有池田氏历代行医治痘，结果该地区"痘疮稀"[1]，足证戴曼公痘科医术疗效昭著。而安艺州（今广岛）之宫岛"痘疫流行甚"，池田瑞仙就"移安艺宫岛居"，依照家藏戴曼公痘科图、书医治，治痘"甚效验"[2]。结果池田瑞仙名誉大显，成为当时日本治痘医术权威。宽政十年（1798），德川幕府医学馆开始设立痘科，委任池田瑞仙为教授、医官，这就是日本学者所称之"始国学痘科、医官痘科"[3]也，德川幕府医学馆开始有痘科教育和痘科治疗人员，这应该说是日本医学史上治痘免疫医术一个重要发展。池田瑞仙撰有《痘科

---

[1] 富士川游：《日本医学史》第八章"江户时代医学"。
[2] 富士川游：《日本医学史》第八章"江户时代医学"。
[3] 富士川游：《日本医学史》第八章"江户时代医学"。

辨要》、《痘科戒草》、《痘科键删正》、《治验录》等书，他是继承和丰富了戴曼公痘科医疗理论。另外，由后人整理戴曼公行医经验的《治痘方》一书，也在宽政年间（1789—1800年）流行，更加促使治痘医术大行于日本。

现代牛痘苗的免疫法，俗称"种牛痘"，是1796年由英国医师琴纳发明，发明后并没有能够及时流传到日本。因而，戴曼公治痘医术，对解除日本人民痘疮痛苦的贡献是巨大的。晚清王韬，曾于光绪五年（1879）出游东瀛，他当时对此深有感触，说：

> 日东种痘之法，相传出自戴曼公。今（戴曼公）墓尚在（宇治）黄檗山，京师医流每逢忌日设祭，亦可谓不忘本者矣。[①]

正由于戴曼公治痘医术，对日本人民解除痘疮痛苦的贡献是巨大的，所以"京师医流每逢忌日设祭"，前去宇治万福寺墓地悼念戴曼公，说明日本人民没有忘记他。值得注意的是，戴曼公自己是僧人，但是他打破了日本僧医垄断日本医学局面，这是不能忽视的。本来德川幕府初期，"医师剃发僧形"、"僧医别医师，皆入道剃发"[②]，日本医学大多操在僧医手中，其局限性非常明显，是不利于日本医学事业发展。但是明遗民东渡日本之后，特别是戴曼公等人在日本培养出一批名医，对打破日本僧医垄断局面、促进日本医学发展，有着非常积极的作用和意义。

---

① 王韬：《扶桑游记》。
② 日本学士院日本科学史刊行会编纂：《明治前日本医学史》。

第二节 明遗民与日本本草学

一、《本草纲目》传播和校刊

李时珍（1518—1593年），字东璧，晚年号濒湖山人，湖广黄州府蕲州（今湖北蕲春）人，世业医。三次乡试落第，乃继承家学，潜心钻研医术。曾官楚王府奉祠正。在民间行医多年，感觉历代本草医书谬误尚多，决心编写新书。他上山采药，考察药用植物，解剖药用动物，采掘药用矿物，以毕生精力穷搜博采历代八百余家医书，删繁补阙，订正讹误，写作用时三十余年，三次易改书稿，终于在万历六年（1578）撰成医药学巨著《本草纲目》。这部巨著，在万历十八年（1590）首先刻印发行，即称谓金陵版本；万历三十一年（1603）复刻，即称谓江西版本；崇祯十三年（1640）又刻板印行，即称谓武林钱衙版本。日本传播李时珍的《本草纲目》，是在德川幕府开创时期，以林罗山得到这部巨著为开始的。

参与德川幕府创业的儒官林罗山，"于天下之书无不读"[1]。庆长七年（1602），林罗山游学长崎，搜索明代书籍。翌年，德川家康被委任为征夷大将军，并且在江户设立幕府。日本历史处于重要的转折时期，明朝民间商船，私下去长崎贸易，在此时也逐年增多了起来。庆长十二年即明朝万历三十五年（1607），明朝民间商舶附载《本草纲目》抵达长崎。当时林罗山在长崎，购买此书后回归江户，并且将此书交给了幕府。林罗山当时专攻《本草纲目》，并在宽永八年（1631）撰写《多识篇》，对本草汉文、日文名称进行考订，还撰写

---

[1] 原善公道：《先哲丛读》卷1《林忠》。

《〈本草纲目〉序注》，为日本学者学习《本草纲目》提供参考和方便。本来日本古代设有药园地，但从室町幕府中期到战国时代，因动乱而荒废本草学。《本草纲目》传入日本后，德川幕府重视本草学，故宽永十五年（1638）德川幕府在江户南北两所开设药园，使日本本草学逐渐扩展开来。从此以后，《本草纲目》各种版本就在日本国土上相继流传开来，从而成为日本本草学发展的基础。

日本《本草纲目》最初翻刻的本子，是以金陵版本为依据，可惜这个版本，后来没有在日本保存下来。宽永十四年（1637）由京都鱼尾町通信浓町野田弥次右卫门书肆翻刻印行的本子，是以万历三十一年（1603）江西版本为依据的。明朝灭亡以后，明遗民东渡不绝，使日本翻刻、校刊《本草纲目》甚勤。如承应二年（1653）翻刻的本子，是由野田弥次右卫门依据崇祯十三年（1640）武林钱衙版本刊出的；宽文十二年（1672）校刊的本子，是由贝原益轩依据武林钱衙版本翻刻的。这些版本的刊行，使《本草纲目》在日本国土上广为传播开来。

还应该看到，单纯依靠翻刻明代版本《本草纲目》，是不能满足日本读者需要的，更是不能适应日本本草学发展需要的。所以，注意梓行《本草纲目》翻译本和校刊本，是日本本草学发展标志之一。如贝原益轩，还翻译、整理成《〈本草纲目〉和名目录》。"和"或"大和"，乃是日本民族名称，这里的"和名"，意指日文译名。又如元禄十一年（1698），移居京都的冈本一抱刊刻《和语〈本草纲目〉》；日本正德四年（1714），书肆唐本屋清兵卫万屋作右卫门，据江西版本付梓《新校正〈本草纲目〉》，但舛错甚多。而日本正德五年（1715），卢草硕之门孙稻生若水，结合宽永十四年（1637）京都鱼尾町通信浓町野田弥次右卫门书肆翻刻的版本进行了校对，所编《校正修补〈本草纲目〉》刊行于世,产生了重要影响。

自《本草纲目》传入日本以来,日本医药学家逐渐发现,本草用明代汉文名称验证当时日本产品,时常会有差池。正如黄遵宪说:"本草之学,以华名证倭产,时有参差。"[①] 本来李时珍撰写的《本草纲目》,除已经被载入前代旧有的1518种药物之外,又增补了374种,所以《本草纲目》是集本草之大成,在日本传播或翻译成日本文字刊出,无疑会顺应日本实学思潮,促进日本本草学发展。但是,以明代本草名称证实日本所产的本草产品,如何去消除"时有参差"呢?这实际上关系到日文版《本草纲目》校刊质量问题。

明遗民澄一、隐元隆琦、戴曼公、化林性英、王宁宇、朱舜水、东皋心越等人,本草学造诣深厚。寓居日本的明朝侨民陈明德及明代侨民后裔卢草硕等人,都精通本草学。他们对日本本草学发展是有影响的。因而,伴随着他们的影响和日本本草学的发展,德川幕府时期,有过三次比较重要的日文版《本草纲目》校刊。第一次校刊,也就是前文述及宽文十二年(1672)根据武林钱衙版本校刊,贝原益轩出力甚多。四十二年后,即前文述及日本正德五年(1715)稻生若水的本子,为第二次校刊。再过七十七年,出现了质量较高的第三次校刊本,即稻生若水门孙小野兰山校刊本。第三次校刊质量较高的直接原因是,清朝康熙六十年(1721)苏州名医陈振先东渡后,在长崎山野间采集"倭产"本草162种,并辨明其功能,用汉文撰成《陈振先药草功能书》、《陈振先采药录》,同时又由向井元成(向井元升之子,本书另述向井元升)旁训日文名称。这样就使日本医药学界有了本草功能汉、日两种文字的对照,从而就为消除所谓"以华名证倭产,时

---

① 黄遵宪:《日本杂事诗·人文类·本草学》。

有参差"的问题和保证《本草纲目》校刊本质量，提供了有利条件。小野兰山有了前辈校刊的经验和陈振先、向井元成的汉、日两种文字辨明本草功能基础，因而他在宽政三年（1791）刊行的本子，校正误字质量较高。

总之，《本草纲目》在日本传播或翻刻校刊方面，开始时有林罗山，后来有贝原益轩、稻生若水、小野兰山三大家，所起的作用很大。这三大家的校刊本，在日本流传甚广，影响很大，伴随着日本本草学发展，研究李时珍《本草纲目》的著作也多了起来。早年林罗山撰写的《〈本草纲目〉序注》，于天明五年（1785）再次刊行。当时刊刻的还有木村孔恭撰写的《〈本草纲目〉解》，以及小野兰山撰写的《〈本草纲目〉译说》、《〈本草纲目〉纪闻》、《〈本草纲目〉辨误》、《〈本草纲目〉启蒙》等书，足以表明研究李时珍《本草纲目》，已经成为当时日本医药学重要的课题。

另外，伴随着日本本草学发展，日本医疗、药物学教育，也相应发展起来。明和二年（1765）江户出现医学院性质的"跻寿馆"，以中国传统医学名著为教材，并开设经络、针灸、诊法、药物、医案、疑问六课。宽政二年（1790），德川幕府创立医学馆，教育对象是官医及后生，后来各藩也相继开设医学所。

二、《本草纲目》与日本本草博物学

李时珍撰写《本草纲目》，全书凡五十二卷。卷一、二为《序例》，包含历代诸家本草简介，引据古今361家医书书目，引据古今591家经史百家书目，采集诸家本草药品总数、药名同异，等等。卷三、四为《百病主治药》，介绍113种疾病的治疗药物。卷五以后全为正文，所收录的1892种药物，分成水、火、土、金石、草、谷、菜、果、木、服器、虫、鳞、介、禽、兽、人十六部。每部又分类若干，总计共凡六十类。如"草部"，根据草的生长环境，分成山草、芳草、隰草、蔓草、毒草、水草、石草、苔草、杂草九类。这种分类方法，在当时世界科学领域，占据领先地位。另外，各类之下所属药物，标正"名"为"纲"，附"释名"为"目"，而每一药物则依"释名"、"集解"、"修治"、"气味"、"主治"、"发明"、"正误"、"附方"、"附录"等方面，一一详细解说。如"释名"、"集解"，说明药物的来由、别名、产地、形状、采集方法；"修治"，说明药物加工炮制；"气味"、"主治"、"发明"、"附方"、"附录"，说明药味、药性及功效；"正误"，考订历代医书药物之讹误。全书图文并茂，依部依类附有绘画药物形态图1127幅，所附药方11096条，均以所述药物为主剂，无不涉及。总之，《本草纲目》是当时药物学巨著，使明代药物学进入了新的发展阶段，故此书传入日本后，除了对日本本草学发展有着重要影响，又因为全书包含着大量植物学、动物学、分类学、形态学、生态学、生物地理学和矿物化学等方面的知识，所以《本草纲目》对日本本草博物学发展，也有着重要影响。

日本最初的博物学，应该说是日本本草学的一部分。这里需要指出，虽然德川幕府初期本草学处在幼稚时期，但是当时长崎是明朝侨民和明朝遗民寓居比较集中的地区，因而长崎地区中土文化色彩比较浓，本草学也比较发达，于是就产生了向井元升、卢草硕等著名本草学家。如向井元升，庆长十四年（1609）生，少时移居长崎，万治元年（1658）移居京都，医业大显。由于他在长崎期间，得益于明遗民甚多，本草学造诣比较深厚，故他在宽文十一年（1671）应加贺州（今石川县南部）前田侯之请求，撰成《庖厨备用大和本草》一书。是书用汉、日两种文字辨明动物、植物食品的形态、特点，多达四百余种，被称为是德川幕府时期"最初之本草书"①。其子向井元成，后来在长崎帮助陈振先用日文整理《采药录》等书，推动了日本本草学发展。

卢草硕，名玄琢，字葆庵，通称德兵卫，生于正保四年（1647），乃是寓居日本明朝侨民后裔。其祖父卢君玉，福建延平府沙县人，通晓本草学，万历四十年即庆长十七年（1612）东渡长崎。先是寓居在长崎蒲木新左卫门家，娶岛原口津人福地氏女毛吕为妻，生下一子卢清光，宽永五年（1628）获准在长崎东中街安家。宽永八年即崇祯四年（1631）返明，当年就殁于福建老家。其父亲卢清光，幼名二孙，又名太郎作，通称庄左卫门，元和八年（1622）生于长崎。熟悉汉语，宽文六年（1666）为唐通事，殁于贞享三年（1686）。卢氏祖、父、孙和孙之子四代，琴台东条《先哲丛谈后编》卷3《卢草拙传》均有记载。卢草硕受家传影响，幼时习医，年长之后以行医为业，本草学造诣深厚。他亲自验证"倭产"药物性能，研究甚精，撰有《药性集要》一书，被称为是德川幕府时期"本草学之祖"②，卒于元禄元年（1688）。卢草硕门人，有福山德润。福山德润，乃本草学比较发达的长崎人氏，先从木下顺庵门人南南山学经书，再从明遗民黄公溥学诗，后从卢草硕学本草，并将本草学传授给大阪人氏稻生若水。而稻生若水，后来被称为是"德川时代博物学鼻祖"③。他除校刊《本草纲目》，还培养门徒，通过松冈恕庵，再传至小野兰山。小野兰山，名职博，号朽匏子，享保十四年（1729）生。年十六岁，从松冈恕庵学本草。不及二年，松冈恕庵殁。从此以后，小野兰山独学苦修，潜

---

① 白井光太郎：《本草学论考》。
② 宫田安：《唐通事家系考》第24章"卢君玉祖卢氏家系"。
③ 白井光太郎：《本草学论考》。

心攻究本草群书，亲验"倭产"本草历涉数十年，终于撰成《〈本草纲目〉启蒙》四十八卷。《〈本草纲目〉启蒙》记载的药物，有1882种，凡历代诸书记载的异名，均有日文名称，并附日本诸州方言，还说明羽毛、鳞介、根茎、花叶的形色，以及地产异同、市肆真伪等，是日本本草博物学重要著作。小野兰山的成就不是偶然的，享保年间（1716—1735年）幕府将军德川吉宗坚持实学，重视本草学，而此时正值中土康熙、雍正年间，江苏、福建、浙江等地医师陆文斋、吴载南、陈振先、朱来章、朱子章、周岐来、赵松阳、刘经光相继东渡，他们都为日本本草学发展做出了贡献，对小野兰山也是颇有影响的。

总之，在日本实学思潮推动和《本草纲目》传播影响下，日本本草博物学日益发达。如宽文六年（1666）中村惕斋撰《训蒙图汇》二十卷，图绘七百种动物、植物，并有汉、日两种文字名称，宽文八年（1668）再次刊行，是日本最早的动物、植物写生图。宽文九年（1669）长崎唐通事西吉兵卫撰成《诸国土产书》，是日本最早的本草博物学著作。另外，贝原益轩在向井元升《庖厨备用大和本草》成书刊行基础上，撰写《筑前续风土记》、《花谱》、《茶谱》、《诸菜谱》、《大和本草》等书，他们均为日本本草博物学发展奠定了基础。德川幕府中期、后期，出现了一批比较重要的本草博物学著作，如：后藤光生撰《〈本草纲目〉补物品目录》，后藤梨春撰《〈本草纲目〉会读荃》，小野兰山撰《花汇》（草部四册，木部四册）、《昆虫草木略》、《〈本草纲目〉启蒙》，太田澄元撰《〈本草纲目〉示蒙》，曾槃撰《〈本草纲目〉纂疏》，井口三乐撰《〈本草纲目〉启蒙图谱》，等等。这里值得提出的是，元禄、享保年间（1688—1735年）随着《天工开物》、《农政全书》、《疗马集》、《驯象谈》一类书籍传入，更加丰富了日本博物学知识。如贝原益轩《大和本草》、小野兰山《〈本草纲目〉

启蒙》，就吸收了宋应星《天工开物》有关知识，以及宫崎安贞在徐光启《农政全书》影响下，撰有《农业全书》，等等。

综合前面所述，所谓的日本本草博物学，实际上是日本本草学的一部分，这是随着日本本草学发展而发展的。这一奇妙的现象，源于李时珍《本草纲目》传播和明遗民东渡长崎后所产生的影响。当然，《本草纲目》包含有非常丰富的植物学知识，所有这一切，在欧洲新学影响下，也就是在日本明治维新以后的年代里，"本草"名称内涵已经发生了变化，也就是并非单纯药物，而是兼有植物学新义。如明治七年（1874），文部省刊行《植学译筌》，亦名谓《学校本草》。又如，1858年英国学者韦廉臣撰《植物学》一书，明治年间（1868—1911年）翻译后刊印流传。这实际意味着，日本植物学已经脱离了药物学，即脱离了本草学，日本植物学作为独立学科，已经开始出现，并逐渐兴盛起来。这说明东方历史和文化，是随着时代车轮而前进的。

第四章
明遗民对日本艺术发展影响

　　文化生活习俗与艺术是不可分割的，都是人们精神生活重要组成部分。在论述明遗民对日本艺术发展影响时，必须看到，明遗民定居日本，他们在日本的文化生活习俗上，仍然保持着中土固有的传统，对日本影响甚大。如饮食文化，他们使日本增添了唐果子（点心）、隐元豆腐、黄檗馒头等食品。又如，他们诗文里常用中土地名称日本有关的地名，故元禄年间（1688—1703年），日本文人受到了影响，已经习惯将首畿山城（京都）称作洛阳或京洛，将武藏（今东京都、埼玉和神奈川县部分地区）称作武昌或武陵，将东海道称作长安道。本来他们中间以浙江、福建籍居多，福建、浙江方言参错，故使汉语"吴音"在日本流行。在明遗民影响下，不少日本学者精通汉语，还有改称中国汉族式姓名，如擅长史学的南南山（安东守约、木下顺庵门人），本姓南部，自己改姓南氏，名景衡，号南山；享保年间（1716——1735年）著名思想家狄生总右卫门，本姓狄生，改姓物氏，号徂徕；物徂徕门人平野源右卫门，本姓平野，改姓平氏，名玄中；以善画著称的服部小右卫门，本姓服部，自己改姓服氏，号南郭；等等。

谈论明代艺术时，我们应该知道：明代艺术的发展，以正德年间（1506—1521年）为界，大致可分前后两个时期，与儒家经学领域发展相似。前期一些优秀作品，诸如罗贯中《三国演义》、施耐庵《水浒传》，则集中在元末至明初洪武之际，所以这一时期除了洪武、建文年间（1368—1402年）以外，从永乐至弘治年间（1403—1505年），由于程朱理学桎梏了人们思路，使艺术创作相对岑寂，处于萎靡不振状态。后期，即正德以后，随着江南经济发展和突破程朱传注束缚、实学思潮形成发展，在社会物质生活与精神生活中，或多或少反映出与传统不同的现象，促使明代艺术繁荣起来，戏曲、小说、音乐、绘画、书法和园林建筑艺术，均取得了辉煌成就，这是明遗民宝贵的精神财富。所以，明遗民有着很高的文化修养，是不足为奇的。他们定居日本，除对日本儒学、禅学、医药学产生重要影响外，还对日本人民文化艺术生活产生着重要的影响。

第一节　明遗民与日本书法、绘画艺术

一、高玄岱、林道荣、北岛雪山

我国从甲骨金石文字产生时起，就开始有了书法，后来经过木简文字、造纸术的发明和书写普及，更加促进了书法艺术发展。书法是我国传统的专门性艺术，也是世界文化史上中国独有的专门性艺术。汉字对日本文字体系的久远影响，决定了日本书法与汉字书法交融极深，我国历代书法艺术的发展，也就对日本产生着重大影响。

有明一代，书法艺术大为发展。明初洪武年间书法家，以宋克、宋璲、宋广最著名，其中以宋克成就最高。宋克（1327—1387年），字仲温，苏州府长洲县人，乃章草大家。本来章草绝于晚唐，而宋克

振其绪，墨书汉代史游《急就章》，笔法精绝。宋克还墨书唐代张怀瓘《论用笔十法》，乃真行、章草、草书相间，实开明代真、草书法艺术风气。永乐年代，书法艺术有着极大的局限性，主要是由于《永乐大典》誊写要求极严，于是便形成了"馆阁体"的楷书，沈度是其主要代表。沈度（1357—1434年），松江府华亭县人，与弟沈粲合称"二沈"，都精于楷书。朝廷金版玉册、制诰等，多出其手笔，字体十分工稳，成为流行于馆阁、内阁间书写文件的范本。除此之外，永乐时代书法艺术没有什么发展。到了明代中期就不同了，许多书法家集中在苏州、浙江一带经济发达地区，在质疑程朱传注的实学思潮兴起的影响下，他们突破了"千字一同"的"馆阁体"的束缚，创造出新的书法风格，是书法艺术兴盛时期。这个时期，是以沈周、祝允明、唐寅、文徵明、王宠等人为代表。如沈周（1427—1509年），苏州府长洲县人，行书、楷书书体严整，笔法沉稳，风格浑厚。传世的行书《五律诗》，为中年时期的风格；《咏葡诗》、自书《落花诗》，书法苍秀，是晚年行书的精品。祝允明（1460—1526年），苏州府长洲县人，其草书偏锋，行迹放肆，有惊世骇俗之感，主要作品有《七言律诗》、《闲居秋日诗》。文徵明（1470—1559年），苏州府长洲县人，善写篆、隶、楷、行、草各体，尤精小楷，笔锋挺秀，温淳精纯。其传世佳作，楷书有《上吴愈尺牍》，小楷书有《苏东坡自书赤壁赋真迹跋》，行书有《南窗记》等。由于文徵明书法艺术的惊人成就，故有其"文笔遍天下，门下士赝作者颇多"①之称。王宠（1494—1533年），苏州府长洲县人，精小楷，尤善行书、草书，史称"行、楷得

---

① 《明史》卷287《文徵明传》。

晋法，书无所不观"①，其笔锋以拙取巧，疏岩遒逸。传世作品，楷书有《晋唐小楷》，草书有《李白古风诗》、《五律诗》等。明代进入晚期，董其昌（1555—1638年）、邢侗（1551—1612年）、张瑞图（1570—1640？年）、米万钟（？—1628年）、黄道周（1585—1646年）、王铎（1592—1652年）等人，都是名誉一时的书法家，他们行书、草书成就很高。然而，明朝万历年间以前书法艺术成果，由于当时日本国内动乱、文教未兴的原因，是没有可能传播到日本去的。一直到后来，德川幕府开创时期学者藤原惺窝、林罗山，也没有重视书法艺术，最终还是明朝灭亡以后明遗民东渡日本，才促进了日本书法艺术发展。

　　明代书法艺术，有其自身发展环境。明代科举教育发达，凡是生员都能写字，科举考试必须写字工整，所以明代书法比较普及。明朝历代帝王，也大都酷爱书法，而一般文人书法也都可观。明朝遗民，诸如朱舜水、戴曼公、俞立德、隐元隆琦、木庵性瑫、即非如一、千呆性安、东皋心越等人，书法造诣均很高。如朱舜水为后乐园书写匾额，颇有名气；隐元隆琦书法"略具粗壮韵味"，"带着温和安详和圆润的感觉徘徊着"②；即非如一以草书著称，笔法变化自如；东皋心越善隶书，无前人矫揉造作之习气。需要指出，1995年中华全国图书馆文献缩微复制中心出版由陈智超、韦祖辉、何龄修编的《旅日高僧隐元中土来往书信集》，是书影印了日本宇治市黄檗山万福寺珍藏的中土僧俗书信一百一十七通。这些影印件原物，均出自明遗民之手，亦是我国书法艺术史上的瑰宝，非常珍贵。他们作为明朝灭亡后遗存

---

① 《明史》卷287《文徵明传》附《王宠传》。
② 榊莫山：《日本书法史·黄檗僧和文人书法》。

下来的书法家,完全继承和发展了明代书法艺术成果。这正如日本书法史研究专家榊莫山先生指出:明遗民书法艺术,"充满了文士趣味"、"文人的温雅",表明了他们是"有高级教养的文化人"[①]。明遗民给日本书法艺术,以极大的影响,如高玄岱、林道荣、北岛雪山等人成长过程,就是很好例证。

高玄岱身世,本书本编第三章第一节,已经作了介绍。他自幼师事戴曼公,精通医术。戴曼公书法艺术,是受到王宠影响[②],而王宠与祝允明、文徵明都是明代中期苏州府长洲县人,他们之间生活年代相隔不远,故并称为吴中三大书法家,当时就有"天下书法归吴中"之语。王宠精小楷,尤善行书、草书。戴曼公受其影响,有非凡巨腕,尤善草书,运笔精妙,笔锋别具特色。而高玄岱耳濡目染,亦善草书,深得戴曼公书法艺术真谛。

林道荣,生于宽永十七年(1640),卒于宝永五年(1708)。其父林公琰,福建福州府福清县人,宽永五年(1628)东渡日本定居长崎,后来为职唐年行司,乃崇福寺大檀越。林道荣十六岁以后,受到隐元隆琦、即非如一教诲,指点书法,二十二岁时,就以善草、篆、隶诸体书法而成名。

高玄岱、林道荣都是明朝侨民后裔,而且都是在明遗民培育下成长起来,他们的书法艺术,在延宝、贞享年间(1673—1687年),并驾驰名于日本书法艺苑。但是,两人书法艺术各有特色,高玄岱非草书不挥墨,此不及林道荣;林道荣虽兼诸体,而笔法缺少变化,此不及高玄岱。

---

① 榊莫山:《日本书法史·黄檗僧和文人书法》。
② 今关天彭:《影响日本文化之唐宋元明清五代学者》:"独立之书,学于明之王宠",见《中日文化》第1卷,第4页。

林道荣死后，史称："荣死，子新独步天下"①，高玄岱字子新，高玄岱独家显赫于日本书法艺苑。如日本一代硕儒狄生徂徕，亦善书法，并且他很欣赏高玄岱草书，为了得到高玄岱笔迹，竟然"且求与之缔交"②，足见高玄岱书法艺术影响之大。另外，高玄岱精通汉语，亦通儒学，故被室直清"号称文章家"③。木下顺庵门人室直清，于正德元年（1711）被举为德川幕府儒官，著述甚多，"欲求识者正之"，结果推奖高玄岱，说"得其言以为定论"④。

北岛雪山，乃日本肥后州（今熊本县）人。开始时跟从戴曼公学习书法，后来改学俞立德书法，颇有名气。根据琴台东条《先哲丛谈后编》细井广泽传记载，得知：俞立德，字君成，号南湖，浙江杭州府人，乃文徵明书法艺术"四传"（应是五传）门人。崇祯十六年（1643），俞立德开始东渡，游长崎。明朝灭亡后，俞立德屡次东渡，前后客居北岛雪山旅舍三次，"以其自文衡山所四传笔法，授之雪山"⑤。因而，俞立德将文徵明的书法艺术传授给北岛雪山，使北岛雪山"尽弃旧习也"⑥，成为日本著名的书法家。

总之，通过高玄岱、林道荣、北岛雪山书法艺术成就，我们可以知道：明遗民促进了日本书法艺术发展，并为其发展增添了光彩。高玄岱对戴曼公感情深厚，对先辈故土感情深厚，戴曼公作古时，高玄岱无限悲伤，"仆不自度，妄欲破浪长风，一诣华域者数。而国禁不

---

① 原善公道：《先哲丛谈》卷5《高天漪》。
② 原善公道：《先哲丛谈》卷5《高天漪》。
③ 原善公道：《先哲丛谈》卷5《高天漪》。
④ 原善公道：《先哲丛谈》卷5《高天漪》。
⑤ 琴台东条：《先哲丛谈后编》卷3《细井广泽》。
⑥ 琴台东条：《先哲丛谈后编》卷3《细井广泽》。

许越界，乃退阅中原舆地图等，效作卧游，聊复慰怀云云"①。也就是说，高玄岱数次想渡海到中土，只因德川幕府锁国而不能西渡，于是翻阅"中原舆地图"，权当卧游，聊以慰藉、怀恋祖父高寿觉、恩师戴曼公故乡。高玄岱将戴曼公草书艺术传授其子颐斋，经颐斋再传至泽田东仁，泽田东仁又传其子东里。林道荣笔锋，融汇了隐元隆琦、即非如一特点，对当时日本上层社会书法艺术，颇有影响。北岛雪山书法艺术，深受戴曼公、俞立德影响，他又造就了后一代著名书法家细井广泽。

二、北岛雪山和细井广泽

从日本书法艺术发展史看，细井广泽是高玄岱、林道荣、北岛雪山晚辈，细井广泽从来没有见过戴曼公、俞立德。细井广泽只是通过北岛雪山，间接受到明遗民的影响，成为日本著名书法家的。

细井广泽，名知慎，字公谨，号广泽，生于万治元年（1658）。宽文八年（1668）十一岁时，跟随父亲来到江户，拜坂井渐轩为师。十五岁至二十岁时候，与土佐州（今高知县）人都筑道乙，同客寓坂井渐轩家。时北岛雪山游居江户，与都筑道乙友善，并有机会见到细井广泽，发现细井广泽手写中土晋代陶潜《归去来辞》行书笔锋有功，"知其有笔才"②，于是就对细井广泽进行指导、传艺。结果，深受俞立德书法艺术影响的北岛雪山，将文徵明拨镫法传授给细井广泽，使细井广泽书法艺术升华。

关于俞立德书法艺术，日本史书称："衡山之子嗣，字休承，号

---

① 原善公道：《先哲丛谈》卷5《高天漪》。
② 琴台东条：《先哲丛谈后编》卷3《细井广泽》。

文水，以父书法传之。其子嘉，字启美，号茂园。嘉传之其门人北燕余梁，字栋材，号松舍。梁传之立德。故广泽之书法，原有传来既久矣。"①其记载舛错甚多，"字休承，号文水"、"其子嘉"实是一人，是能书善画的文徵明次子文嘉，死于万历年间。"字启美，号茂园"，是书、画保持家风的文徵明曾孙文震亨，天启时以恩贡为中书舍人，南明弘光朝亡时绝粒殉国，终年六十一岁。文震亨是文震孟弟，是竹坞遗民文秉叔父，其祖父是工书画篆刻的文徵明长子文彭，其父亲是卫辉同知文元发。"北燕余梁"中"余"是衍字。看来，是文震亨下传梁栋材，梁氏下传俞立德已是五传了。俞氏传北岛雪山，到细井广泽已经七传，这就是所谓"故广泽之书法，原有传来既久矣"。

有关北岛雪山、细井广泽书法趣闻甚多。如有一次，北岛雪山应某位僧侣请求，书写《佛说阿弥陀经》。但书写一半，北岛雪山因有要事辍笔，前去肥后州。但这位僧侣需要佛经迫切，就请细井广泽续写佛经后半部分。结果，细井广泽续写的后继部分，犹如北岛雪山一人手笔，"人不能辨识之"②。不久，北岛雪山处理完事情回到江户，细井广泽铺展开《佛说阿弥陀经》，北岛雪山阅览以后，不禁赞叹，说："吾不能为赵魏公，子已为仲穆矣。"③

细井广泽在北岛雪山指教下，掌握了文徵明的笔法。后来，细井广泽将此书法艺术，又传授给其子细井九皋和其他名流雅士，诚如日本史书云："当时有名之士，平林静斋、关凤冈、三井龙湖、饭田百川、葛乌石之辈，皆从广泽学书。"④细井广泽对日本书法艺术影响很

---

① 琴台东条：《先哲丛谈后编》卷3《细井广泽》。
② 琴台东条：《先哲丛谈后编》卷3《细井广泽》。
③ 琴台东条：《先哲丛谈后编》卷3《细井广泽》。
④ 琴台东条：《先哲丛谈后编》卷3《细井广泽》。

大，"故能书之声特至于今，喧传海内云"①。如细井广泽门生葛乌石（又称松下乌石），曾模仿文徵明七绝诗数首笔迹，伪称真品，又古色装潢，卖给某藩主。某藩主请求细井广泽鉴定，细井广泽仔细观览，"墨彩劲摇，装裱绢纸之古雅，以髣髴于衡山"②，认为是真品，使某藩主非常珍重此墨迹。事隔数十日后，葛乌石方将以假乱真始末，告诉给细井广泽。细井广泽听后，"以伪巧欺诬于人，又无耻识鉴之不至"③，而大惊失色，自己嘲讽说："萧诚以己书为古帖，欺李北海。北海不能辨别其真赝，今犹古乎。"④萧诚、李邕（官北海太守，故称李北海）均是唐代书法家，细井广泽将此事比拟萧诚以假乱真、李邕不能识别，以李邕自嘲，是说明学生胜过老师，故葛乌石"有青出于蓝之名"⑤。显然，明代书法艺术成果，经过高玄岱、林道荣、北岛雪山、细井广泽，而在日本进一步传播开来。尤以晚起之辈细井广泽的影响最为突出。

如享保年间（1716—1735年），作为文徵明书法异邦传人细井广泽的书法艺术作品，日本史书称其"声价高于一时"，乃至"奸商之辈赝造其印，伪书其名，鬻之市中，暴致富家"⑥。当时，伪造细井广泽墨迹极多，竟有"鬻之市中，暴致富家"者，足见细井广泽书法艺术影响之大，在日本书法史上实属罕见。

细井广泽于享保二十年（1735）离开世间，终年七十八岁。生平所撰写的著作，有《篆体异同歌》、《紫微字样》各三卷，还有《字林

---

① 琴台东条：《先哲丛谈后编》卷3《细井广泽》。
② 琴台东条：《先哲丛谈后编》卷3《细井广泽》。
③ 琴台东条：《先哲丛谈后编》卷3《细井广泽》。
④ 琴台东条：《先哲丛谈后编》卷3《细井广泽》。
⑤ 琴台东条：《先哲丛谈后编》卷3《细井广泽》。
⑥ 琴台东条：《先哲丛谈后编》卷3《细井广泽》。

长歌》、《君臣歌》、《碑字考证》、《拨蹬真诠》各一卷。

在这里，还应该附带指出，依照中土传统，撰者印章是其书法、绘画艺术重要组成部分，从而形成了篆刻艺术。戴曼公、东皋心越等人篆刻艺术造诣深厚，他们还将篆刻印章的技巧传介到了日本。如经后人整理戴曼公铁笔妙技，编成《独立禅师石印》，于明治三年（1870）刊行日本。东皋心越也善治印章，水户寿昌山祇园寺，曾经珍藏他的《印谱》一书。而他东渡时携带供镌刻印章参考的浙江人陈策编汇《篆文纂要》一书，于元禄年间（1688—1703年）经日本人士翻刻而流传起来，此书在后来清廷编修《四库全书》时被列入"存目"中。隐元门徒、门孙都善书法，对篆刻妙法也是很有研究，如宇治黄檗山万福寺第十五代、第十八代住持大鹏正鲲撰有《印章篆说》专著，刊行于文化八年（1811）。而得到戴曼公传艺的北岛雪山，以及北岛雪山门人细井广泽，不仅对经义辞藻颇有研究，还精通篆刻印章技巧。很显然，明遗民传播篆刻印章妙技，推动了德川幕府时期篆刻艺术发展，这是当时日本书法艺术发展的又一个重要标志。

三、日本汉画发展

有明一代绘画家，大多精诗文，善书法，文化修养较高。明代山水画、人物画、花鸟画，都取得了令人瞩目的进步。不过明代前期是以宫廷画派为主，孙隆、谢环、李在、商喜、戴进、林良等人为其代表。如李在（？—1431年）山水画，笔法劲健豪放，具有工细和粗笔两种画法。林良（约1416—1480年），擅长画梅花禽鱼草虫，《灌木集禽图》为其水墨写意精品，《山茶白羽图》也是他的传世佳作。到明武宗正德年间（1506—1521年）以后，随着江南地区商品经济繁荣，随着实学思潮形成、发展，画坛上出现了一个明显变化，即：

民间画家占据主流地位，明代宫廷绘画创作渐趋消沉。及至嘉靖、万历（1522—1620年）以后，朝政腐败，危机四起，宫廷绘画也就随之衰微了。

明代中期绘画艺术，是以沈周、唐寅、文徵明、仇英、徐渭等人，为其代表。沈周（1427—1509年），主要成就表现在水墨山水画，他的作品多描绘江南胜景，笔墨苍劲结实，简洁含蓄，意韵兼胜，《青园图卷》为其代表作。文徵明及唐寅（1470—1532年）均出自沈周门下，文徵明发展了沈周画风中雅致清淡特色，如《江南春图》、《古木寒泉图》等为其代表作；唐寅则结合工整缜密的宋画风格，而发挥了沈周画风中秀润流丽特色，如《山路松声图》、《落霞孤鹜图》，为其传世佳作。仇英（？—1552年），苏州府太仓州人，出身工匠，后从吴县周舜卿（号东村）学画，能博采众家之长，所绘青绿山水，色调淡雅清丽，《桃源仙境图》、《莲溪渔隐图》为其传世佳作。以上四人，被称"吴门四家"，因为他们都是苏州府人。称他们为"明四家"，因为他们的成就，代表了明代绘画的主流。徐渭（1521—1593年），浙江绍兴府山阴县人，因坎坷个人经历和受实学思潮影响，作品多狂放不羁，走笔如飞，追求新颖奇特，着意于气韵的体现与胸襟的抒发。尤以写意花鸟画成就最为突出，不但推至抒发胸襟的新境界，而且充分发挥笔墨纸张特殊效果，实际是创立了水墨大写意画法。徐渭的成就，对清代"扬州八怪"之一郑燮和现代书画大师齐白石，都产生了很大的影响。其代表作，有《杂花图卷》、《牡丹蕉石图》、《山水人物花卉册》等。

明代晚期，是以董其昌、米万钟、张瑞图、陈洪绶、曾鲸等人为代表的。如董其昌（1555—1636年），松江府华亭县人，画趣古雅，笔墨秀润，"集宋、元诸家之长，行以己意，潇洒生动，非人力所及也"①，是明代晚期继沈周等人之后山水画的集大成者，《秋兴八景图》为其传世佳作。明代人物画，前期有谢环《杏园雅集图》、商喜《明宣宗行乐图》、戴进《达摩至慧能六代像卷》和《秋江独钓图》、吴伟《柳荫读书图》等。不过以成就而论，明代中期唐寅、仇英贡献突出，如唐寅画技全面，行笔于秀润缜密中透出潇洒清逸的韵度，自成一派，《王蜀宫妓图》、《秋风纨扇图》都是其得意之作。然而，明代晚期人物画的主要成就，集中表现在两位画家身上。一位是陈洪绶（1598—1652年），浙江绍兴府诸暨县人，为了适应时代审美需求，他以奇特的造型、古雅的笔法、新奇的构图，使人物画富于装饰情趣，《升庵簪花图》、《饮酒读书图》都是其得意的代表作。另一位是曾鲸（1568—1650年），福建兴化府莆田县人，以画人物肖像著称，他的画技重墨骨，设淡彩，以墨烘染数十层，使人物形象具有体量感，妙得传神，咄咄逼真，《张卿子像》、《王时敏像》、《葛一龙像》均是其代表作。当时，这种画法风行一时，标志着传统的肖像画已经进入了成熟的阶段。

值得注意的是，明代不少书画家耿介自守，如文徵明，史书记载："四方乞诗文书画者，接踵于道，而富贵人不易得片楮，尤不肯与王府及中人，曰：'此法所禁也。'周、徽诸王以宝玩为赠，不启封而还之。"② 有些书画家，雅好禅学，如董其昌，史书记载："性和易，通禅理，萧闲吐纳，终日无俗语。"③ 总之，上述书画家的特别色彩，明朝灭亡以后是更为浓烈，如明遗民中间善于书画、精通禅理的人甚多，长崎唐三寺僧侣大多也擅长书画，就是例证。

---

① 《明史》卷288《董其昌传》。
② 《明史》卷287《文徵明传》。
③ 《明史》卷288《董其昌传》。

德川幕府初期绘画艺术，受到足利氏时代影响，重视体现武士气质，然而曾一度有名气的以中土宋元绘画与日本画技结合的"狩野派"画风，和笔画细如毫发的"土佐派"画风，都失去了艺术活力。明遗民东渡，对日本绘画艺术发展，有着重要影响。如长崎兴福寺第三代住持逸然性融擅长绘画，他在崇祯朝灭亡时东渡，把绘画艺术传授给渡边秀石、河村若芝（释道光），为振兴长崎明代画风奠定了基础。因而，逸然性融禅师被日本人看成是"近代汉画之祖"[①]。渡边秀石、河村若芝等人，在逸然性融禅师影响下，形成了名盛一时的汉画风北派。

继逸然性融之后，隐元隆琦、戴曼公、陈贤、木庵性瑫、陈元兴、即非如一、陈清斋、东皋心越等人，亦善绘画，他们作为明朝灭亡以后遗留下来的画家，完全继承和发展了明代绘画艺术成果。如与隐元隆琦同年东渡的陈贤，继承了曾鲸画技，善画水墨佛像画。隐元隆琦画风，影响了日本画家狩野益信。本来隐元隆琦等人东渡时，携带了不少明代书画，这些书画都充满了文雅趣味，其中福清县黄檗山万福寺僧侣创作的书画，如今已被日本宇治市黄檗山万福寺珍藏。黄檗山万福寺僧侣善绘人物画，对日本人物画艺有很大的影响。如慧门如沛弟子高泉性潡之法弟卓峰，善绘观音应身画，对祇园南海、柳泽淇园等人深有影响。祇园南海名瑜，又名正卿，字伯玉，号南海，纪伊州人，是木下顺庵弟子；柳泽淇园是大和州人，他们在卓峰画风影响下，厌弃"狩野派"画风，都以能绘制黄檗宗诸僧侣像，为其画艺之目标。传说祇园南海曾向朱舜水请教设色之法，并且又将此技传授给柳泽淇园。

[①] 中山久四郎：《近世中国对日本文化势力和影响》，见日本《史学杂志》第25编。

东皋心越善绘兰竹，亦长于人物画。元禄元年（1688），东皋心越所创作的《涅槃像图》，是当时明遗民艺术杰作。德川光国为《涅槃像图》禅学灭谛，即圆寂而没有烦恼、进入无碍解脱境界的艺术表现手法所感动，特在东皋心越此画面空白处题字，称：

> 释尊假现涅槃为众生示生死，易晞朝露，可惜分晷。拜此像渴仰心生，预慈会无常念起。①

除了德川光国《题赞涅槃像图》外，安积觉也给东皋心越写信，赞颂此画之艺术成就，云：

> 顷在公（按：即德川光国）邸，观和尚所画《涅槃像图》，真容凄楚，布置精妙，春云黯淡，草木如秋。至于七十二类匍匐号哭之态，咸穷其微，虽吴道子、张僧繇，恐不过如此。虽非俗子所可容吻，深知笔墨三昧纵横无碍也。②

不难看出，东皋心越《涅槃像图》构图奇特，人物形象具有体量感，"笔墨三昧纵横无碍"，是继承了陈洪绶、曾鲸绘画艺术成果，故安积觉将其与唐代善画佛像的画圣吴道子、南朝梁武帝时"画龙点睛"画家张僧繇相比较说，"恐不过如此"。可见东皋心越《涅槃像图》对日本绘画艺术发展是有影响的。

另外，据日本学者大庭修《江户时代唐船持渡书研究》援引商舶

---

① 高罗佩补注："按此图仍存于身延山久远寺，有德川光国题云"，见《明末义僧东皋禅师集刊》卷5。
② 安积觉：《吴禅师书》，见高罗佩编著：《明末义僧东皋禅师集刊》卷5。

载来书目资料表明,《芥子园画谱》自享保四年(1719)以后,就时常由中土商舶载运至日本。《芥子园画谱》共三集,刻于戏曲家李渔在金陵别墅"芥子园",故名之。第一集,刻于康熙十八年(1679),主要为山水、人物、亭楼等画谱凡五卷,由浙江嘉兴府秀水县明遗民王概根据万历、天启年间苏州府嘉定县李流芳教课画稿,增添补充编成,木版彩色套印。第二集,刻于康熙四十年(1701),为梅、竹、兰、菊四谱八卷,由浙江杭州府仁和县明遗民诸升、海宁县明遗民王质绘画,秀水县明遗民王概、王蓍、王臬论订,木版彩色套印。第三集,也是刻于康熙四十年(1701),为花卉草虫、花木禽鸟两谱四卷,均由王概、王蓍、王臬编绘,木版彩色套印。每集都对画法、诸家画式加以说明,故受到初学者欢迎,流传甚广。本来中国绘画历史自唐代开始分成南北两大宗派,南宗始自王维(698—759年),经过五代北宋荆浩、关仝、董源、巨然异代四家及米芾父子,以及元代黄公望、王蒙、倪瓒、吴镇四家,一直传至明代沈周、文徵明、唐寅、仇英四家;而北宗自李思训(651—716年)开始,下传五代南唐赵干、北宋赵伯驹、南宋夏珪和马远等人。《芥子园画谱》收汇的是南宗画,与峭拔、重彩的北宗画相对应,注重渲染,线条恬泰。此画谱传入日本后翻刻流行,使日本人民对中国南宗画技巧有了深入的了解,促使日本南宗画兴起。如本来就受到黄檗山万福寺僧侣画风影响的祇园南海、柳泽淇园,此时都受到《芥子园画谱》影响,成为日本南宗画始祖。

在这里顺便指出,浙江善画山水的南宗派画家伊孚九,于康熙五十九年(1720)东渡,将南宗画艺传授给清水逸,日本南宗画泰斗池大雅乃伊孚九之私淑。然而,融汇南宗、北宗两大流派画法的沈南蘋,于雍正九年(1731)东渡,沈南蘋画风流行一时,日本画坛于是就抛弃深受中土南宋马远、夏珪画风影响的雪舟和狩野流派画风。

第二节　明遗民与日本园林建筑

明代中叶以后，由于经济、文化的发展，大江南北的园林建筑比较兴盛。

先看北方，如明代书法家米万钟（？—1628年），万历年间居住京师海淀建"勺园"（位在今北京大学校址西南部），他还在德胜门积水潭等处建"漫园"、"湛园"。又如刘侗、于奕正《帝京景物略》记载，北京有"定园"、"宜园"、"十景园"、"曲水园"、"惠安园"等园林。值得注意的是，北京四合院往往形成住宅、书斋和小巧玲珑园林组合在一起的建筑，从中可以看到私人建园兴盛景象。

但是明代园林建筑，尤以江南城乡园林为盛。如正德年间，王献臣在苏州创建"拙政园"，嘉靖十二年（1533）书画家文徵明撰写《拙政园记》，又绘画《拙政园图》。正德年间，秦金在无锡惠山寺两处僧房修造园林式别墅，后来万历年间改名为"寄畅园"。嘉靖、万历时文豪王世贞自号"弇州山人"，在太仓州城里建造"弇州园"。万历年间，潘允端、顾名世分别在松江府上海县创建"豫园"、"露香园"。另外，江南园林式建筑，又扩展到农村较大的市镇。如苏州府嘉定县城及所属南翔镇交通便利、商业繁荣，嘉靖、万历年间就有私人园林"迈园"、"嘉隐园"等十余所。

明代园林建筑，离不开山石、流水、花鸟、曲廊、台亭等因素，都十分注重因地制宜和诗情画意般的布局。所以，明代各处园林建筑特色，在于因地而异，自有通幽的妙趣。

明遗民文化修养较高，也熟稔明代园林建筑，故他们在长崎修建园林，充分传播了明代园林建筑艺术。

一、明遗民与长崎园林

长崎兴福寺第三代住持逸然性融禅师，乃浙江杭州府仁和县人，他是崇祯朝灭亡年代东渡的，传播了明代园林建筑艺术。他将前任兴福寺住持如定禅师隐居之所，修建成园林式"东庐庵"。本来兴福寺亦名东明山，兴福寺背靠山麓，山临长崎湾，海水清波。逸然性融在兴福寺修建"东庐庵"时，种植诸如松、竹、桃、梅、海棠等花木，筑长廊、曲榭，布局有流泉怪石之胜。境内有八景，即：石挂珠帘、龙泉剑池、午夜松声、石屏梅友、海棠垂丝、晚风听竹、寻话雨窗、秋山落照，俗称"东明八景"。东明八景，使园林建筑与自然景色巧妙融合，富有诗情画意，可以说是明代园林艺术在长崎的缩影。每逢风和月夜，寓居长崎的明遗民，或日本文人墨客，经常来此处游玩，即景赋诗。如东皋心越刚到长崎就进住兴福寺，领略了此寺园林幽深境界，当即赋诗《东明八景》，云：

珠帘

逐日悬崖悄自喷，凭栏宜望不须把。
人间就此为朱户，一些红尘那得存。

剑池

寒影光芒一道泉，似君砥砺未知年。
只教晓夜潜踪迹，莫作长虹去倚天。

松声

千载凌云苍玉骨，终朝频作老龙号。
坐堪顿异非人世，无限余音落翠涛。

梅友
屏拥岂知何岁月，寒香飞舞点苔班。
生来不与群芳伴，曾忆幽人折玉还。
垂丝
弱态柔条千万枝，娉婷欲语正开时。
娇娇滴滴无言处，一点芳心诉与谁。
听竹
巅岩长自长龙孙，一任萧萧若凤鸣。
渭水晚风虽不足，潇湘意味略堪评。
雨窗
云移岭外苍山润，风拂堦前绿树肥。
此际雨中谁得似，悄见千寻玉露飞。
落月
光浮瑶海彻乾坤，隐隐随波泛一痕。
今夜未知何处是，明朝依旧转前邨。①

东皋心越禅师是画家，也是诗人，深感东明八景之胜，故作咏景之诗，借以表达其情怀，情景交融，写出如此上乘之作。

明遗民传播明代园林建筑艺术，使长崎出现了园林建筑高潮。如除前述兴福寺东明八景外，崇福寺檀越林守壂，为了隐元隆琦晋山有休息处所，于明历元年（1655）在崇福寺内建造园林式"卧游居"②，隐元晋山后作七绝《题卧游居》，五绝《卧游感怀》，载

---

① 高罗佩编著：《明末义僧东皋禅师集刊》卷2《东明八景》。
② 见宫田安：《唐通事家系论考》第15章"林楚玉祖林氏家系"。按：林守壂于宽文九年（1669）在宇治黄檗山万福寺脱俗，法名性英，法号独振。

在《隐元禅师崇福寺语录》内。唐通事、福济寺大檀越陈道隆于明历三年（1657）在稻佐海岸近丘处，兴建园林式别墅，名谓"水月居"，内有龙鼻径、钓鳌亭、晚棹渔歌、长江月色、隔岸钟声、山城烟雨六景，俗称"水月居六景"①。水月居情景交融，诗情画意浓厚，专供中土东渡长崎僧侣借宿。木庵性瑫禅师曾宿居，并赋诗五律《重游月居》、七绝《水月居》，载在木庵性瑫《东来集》卷二。蕴谦戒琬禅师作七律《宿水月居刻韵》，载在蕴谦戒琬《分紫山适兹草》卷上。又如崇福寺檀越何高材，建造别墅"一粟园"，因其庭园风雅，自号一粟居士，木庵性瑫、蕴谦戒琬都曾参观"一粟园"。另外，来往安南和长崎贸易的崇福寺檀越魏之琰，于明历二年（1656）前后，建造明式香木楼阁"凌云阁"，亦是当时长崎一个重要的景观区，木庵性瑫曾赋诗五言律《秋登凌云阁》咏怀，载于木庵性瑫《东来集》卷二。

　　长崎唐三寺的僧侣、檀越，在修建园林同时，还注意建造砖桥或石桥，造福于长崎人民。如定禅师，江西南康府建昌县人，为兴福寺第二代住持，他开堂说法之余，向日本人传授以砖造桥技术，在长崎建造"眼镜桥"。眼镜桥，是日本桥梁建筑史上拱式构造伊始，至今仍然受到日本人民珍视、保护。又如承应元年（1652），兴福寺某苏州府籍居士，筑造石桥"高丽桥"；承应二年（1653），陈道隆建造石桥"一濑桥"，"为长崎十二景之一"②，该桥明治十五年（1882）改称"西道仙桥"；承应三年（1654），林守壁造"中川桥"石桥；宽文六年（1666），何高材造"百尺桥"；延宝七年（1679），魏之琰造"石

---

① 见宫田安：《唐通事家系论考》第 2 章 "陈冲一祖颖川氏家系"。
② 见宫田安：《唐通事家系论考》第 2 章 "陈冲一祖颖川氏家系"。

廊桥"等。这些石桥,有一些是在日本旧式木桥毁坏基础上重建的。兴建这些石桥,方便了长崎交通,增添了长崎胜地景点,同时也是明代侨民、遗民桥梁建筑艺术佳作。

二、朱舜水与后乐园

后乐园,原称后园。提起后园,不能不说起德川光国的父亲赖房。水户藩府原来是在江户城西,但藩主德川赖房(1603—1661年)喜爱园林,以其府第不便造园,就迁移到小石川,植林堆石,建筑林苑,即名后园。

德川光国就藩不久,礼聘朱舜水。朱舜水离开长崎,寓居水户藩邸。其后,德川光国修饰后园,请朱舜水参与其事。朱舜水博学,长于工艺,依照明代园林建筑艺术,规划修建此处苑囿。朱舜水根据自己的学术思想,取范仲淹"先天下之忧而忧,后天下之乐而乐"名句,建议德川光国将后园改称后乐园,意见被采纳后,就手书后乐园匾额"后乐园"三字。

晚清著名学者王韬到过后乐园,说:

(后乐)园之甫建,朱君实为之经营。引水成池,广袤无际,仿佛小西湖。池畔为山,盘旋而上有得仁堂,以祀孤竹二子伯夷、叔齐者也。①

后乐园内,富有明代园林情景交融的艺术色彩,诸如唐门、西湖堤、小庐山、蓬莱岛、水车、圆月桥,均由朱舜水指导筑成。如建成

---

① 王韬:《扶桑游记》。

后的圆月桥,是石造拱式桥,横跨水上,皓月当空时半圆形石桥洞映照到水面上,犹如一轮明月,堪称后乐园一大绝景。后乐园,乃人工建筑与自然风光融为一体,是日本园林建筑艺术佳作。

朱舜水弟子人见传,撰写《春游小石川邸后乐园记》,记载当时后乐园景观,云:

> 此地有崇山层峰,有奇树怪石,有石堤长流,有深渊平渚。泉音潎潎乎曲沚,浪花踊跃乎激湍。虹霓涵影而长桥横,霹雳轰空而悬瀑落。高楼傍山,茶店临水,檐宇翚飞,轮奂尽美。诚绝世之佳境,可谓真乐土也。①

可见,后乐园之所以成为名园,是因此园依照明代园林艺术而设计修建的,使日本工匠"自愧其能之不及也"②。

德川光国重视修史,在江户的水户藩府内开设修史馆,即彰考馆。彰考馆与后乐园相毗邻,即:

> (彰考)馆旁设园池,即此地(后乐园)。木石苍古,池水潆洄,临水一椽,即当日修史亭也,常会集诸名士于此流觞飞觯。③

几乎每年春天,樱花盛开之际,德川光国都会邀请彰考馆学者,在后乐园宴乐观景。如宽文九年(1669)三月十九日,德川光国邀请

---

① 人见传:《春游小石川邸后乐园记》,见《朱舜水集》附录三。
② 今井弘济、安积觉:《舜水先生行实》。
③ 王韬:《扶桑游记》。

朱舜水及彰考馆学者聚宴赏花,朱舜水为后乐园情景交融艺术特色大加感叹,说:

> 余览天下之名园多矣。两都帝王之居,今姑舍是。其他多伤于富贵,富贵则易俗。不者病于寒俭,寒俭则易枯。其有不肥不瘠,亦精亦雅。远近合宜,天然高下。耕稼知勤,杂作田野。水流山峙,茅店潇洒。小桥仄径,纡回容冶。则未有若斯之胜者也。就吾游览之所至,斯园殆甲于天下矣。①

在朱舜水看来,修建园林切忌"俗"、"枯",应该"不肥不瘠,亦精亦雅",后乐园符合标准,故后乐园"殆甲于天下矣"。

天和元年(1681),东皋心越来到江户,被德川光国安排在后乐园东侧琴画亭侧楼寓居。琴画亭规格、面积,乃是"冠于园中堂阁"②。东皋心越利用琴画亭的优越条件,尽情观赏后乐园景物,诗意大兴,写下了诸如《后乐园漫赋》、《后乐园偶成》、《后乐园奇葩竞吐,吟兴无涯,聊缀一词》等诗篇。

东皋心越深刻理解朱舜水"后乐"含意,热情赞美后乐园自然风光与人工建筑融汇一体景观,赋诗云:

> 应诣佳园集胜游,慰民后乐放林丘。
> 台符建极参乾象,天祚调元爵位修。
> 瑶草奇花依曲涧,珍禽异鸟绕芳洲。

---

① 朱舜水:《朱舜水集》卷12《游后乐园赋并序》。
② 大田锦城:《游后乐园记》。

几回攀跻凭临处，指点沧溟一海沤。

名园景物自天成，永日盘桓风味清。
缓步画桥看鱼跃，屡登翠壁听莺鸣。
萧萧竹籁舒金色，落落松涛杂珮声。
树杪阔空闲眺望，数行云际雁南征。①

另外，晚清黄遵宪、王韬等学者名流，东渡时亦特意观览后乐园，并都写下记游诗文。现在，后乐园是东京著名风景区，虽经大地震破坏损害甚大，但在日本人民重修和保护下，仍然保持着三百年前古朴通幽的园林风貌。

除此之外，除了园林建筑艺术，朱舜水对日本工艺的另一大贡献，是为德川光国依照明代学校建筑规模，作《学宫图说》。德川光国重视儒学教育，有创建藩学构想，故命工匠依照《学宫图说》，并在朱舜水指导下，制作了学宫模型。这个模型设计精密，栋、梁、柱、椽莫不悉备，把它放大而造成实用的建筑物，对日本孔庙建筑风格产生极大的促进作用和影响。宽政十一年（1799），江户幕府德川家齐将军，依照这个模型在汤岛新建了大成殿，以及有些地方上的孔庙，也是依照或参考这个模型来建筑的。

第三节　其他

明遗民对日本精神文化的影响很大，除了前面所述之外，还有传

---

① 东皋心越：《后乐园偶成二首》。

授拳术、赋诗唱怀、传授琴艺等，他们为日本柔术（亦称柔道）发展奠定了基础，也给日本诗坛带来新的活力，并使日本音乐史出现琴乐繁荣局面。自崇祯朝灭亡后，伴随着明遗民东渡不绝，明代小说、戏曲书籍源源流入日本，对日本文学、戏曲发展，产生着重要影响。

一、陈元赟与日本拳术

陈元赟，字义都，号既白山人，浙江杭州府钱塘县人，生于万历十五年（1587）。天启元年（1621）东渡，后归明应试，"崇祯进士，弗第"①，又于崇祯十一年（1638）东渡。梁容若先生认为，万治二年（1659）"因使事至日本，归化不归"②，遂定居日本。

陈元赟博学，精通医术，擅长手工艺技术。曾应尾张藩主德川义直之招请，受命为藩医，并参与名古屋孔庙建筑，指导工匠烧制具有安南风格、质量佳优的陶器，名传甚广。"乃后，时时入京（按：即山城），又来江户，与诸名人为文字交。"③他与万历、天启间定居日本的侨民张振甫交往，同朱舜水、隐元隆琦等人也保持着联系。

据日本史料记载，陈元赟精通拳术。在日本相传，他早年在河南少林寺学过拳术④，然而有待考证。但是，他对日本拳术发展，有着重要的贡献。

日本虽然有柔术流传，可是当时还没有拳技。正保年间（1644—1647年），陈元赟"于江户城南西久保国正寺教徒"⑤，聚徒传授拳

---

① 原善公道：《先哲丛谈》卷2《陈元赟》。
② 梁容若：《中国文化东渐研究·读梁任公著朱舜水年谱》。
③ 原善公道：《先哲丛谈》卷2《陈元赟》。
④ 见中村新太郎《日中两千年——人物往来与文化交流》书中《招徕学者的德川光国》。
⑤ 原善公道：《先哲丛谈》卷2《陈元赟》。

术，门徒中"尽其道者为福野七郎左卫门、三浦与次右卫门、矶贝次郎左卫门"①。福野七郎左卫门等人拜陈元赟为师，为了掌握拳术的技击和技法，他们就"拼命地学着，甚至把室内的地板都蹬掉了。这就是日本所谓的'起倒流柔术'的发端"②，足见陈元赟对日本武术影响之大。

元禄十四年（1701）三月，由于上野介吉良义央所谓"非礼"之故，"赤穗侯长矩，时赐死而国除"③。翌年十二月，赤穗侯长矩的遗臣四十七人袭杀上野介吉良义央，在之后不久四十七人又同日自刎，此即日本历史上所称"赤穗四十七义士"。而陈元赟拳术门人福野七郎左卫门、三浦与次右卫门、矶贝次郎左卫门，都是"赤穗四十七义士"成员。

总之，在陈元赟之前，日本尚没有拳技。故日本史学家称："当时世未有此技，元赟创传之。"④陈元赟传授拳术，刺激了日本柔术，使日本柔术柔而克刚，充实了当身、搏击因素，从而为日本柔术发达奠定了基础。故日本史籍《先哲丛谈》云"此邦拳法，以元赟为开祖矣"⑤，是陈元赟开创了日本拳术。

宽文十一年（1671），陈元赟殁于名古屋，终年八十五岁。著有《既白山人集》，惜久已失传，当是明遗民东渡日本史料之一大损失。

二、陈元赟、东皋心越与日本诗风

明遗民，包括长崎唐三寺和宇治黄檗山万福寺诸僧侣，都喜欢写

---

① 原善公道：《先哲丛谈》卷2《陈元赟》。
② 中村新太郎：《日中两千年——人物往来与文化交流》书中《招徕学者的德川光国》。
③ 原善公道：《先哲丛谈》卷2《陈元赟》。
④ 原善公道：《先哲丛谈》卷2《陈元赟》。
⑤ 原善公道：《先哲丛谈》卷2《陈元赟》。

诗唱和,从而丰富了日本诗史内容。陈元赟、东皋心越的诗篇,对当时日本诗坛,产生着重要的影响。

陈元赟多才多艺,与当时日本诸名流结为文字之交。他娴熟日语,亦精书法,故日本史籍称"国正寺后徙麻布二本榎,此寺昔多藏元赟笔迹"①。陈元赟还善诗,如曾与林罗山唱和。日本诗坛推崇袁宏道而出现新的流派,实际是起源于陈元赟。

万治二年(1659),陈元赟在名古屋城中认识日本僧侣元政,"契分尤厚"②。元政亦善诗,他通过陈元赟介绍,始知中土有袁宏道公安流派。一日,元政在书肆购得《袁中郎集》一书,异常喜悦,特致书陈元赟,云:

> 数日之前探市得《袁中郎集》,乐府妙绝,不可复言。广庄诸篇,识地绝高,瓶史风流,可想见其人。又,赤牍之中言佛法者,其见最正,余颇爱之。因足下之言,知有此书。今得之,读之,实足下之赐也。③

元政致陈元赟书信,洋溢着对袁宏道诗文情调倾慕之情。袁宏道,字中郎,号石公,湖广荆州府公安县人,生于隆庆二年(1568)。举万历二十年(1592)进士,官至吏部郎中,于万历三十八年(1610)殁。袁宏道与兄袁宗道、弟袁中道,都有才名,时称"三袁",开创公安流派。所谓"明自三杨倡台阁之体,递相摹仿,日就庸肤。李梦阳、何景明起而变之,李攀龙、王世贞继而和之,前后七

---

① 原善公道:《先哲丛谈》卷2《陈元赟》。
② 原善公道:《先哲丛谈》卷2《陈元赟》。
③ 原善公道:《先哲丛谈》卷2《陈元赟》。

子,遂以仿汉摹唐,转移一代之风气"[1],也就是说"前后七子"处在明代实学思潮兴起、发展时期,文学界"仿汉摹唐"是配合学术界排斥程朱传注需要,这是自永乐以来文学界萎靡和发展的分水岭。然而,前后七子"迨其末流,渐成伪体。涂泽字句,钩棘篇章,万喙一音,陈因生厌,于是公安三袁又乘其弊而排抵之"[2],三袁针对摹拟汉唐复古主张,强调"诗文主妙悟"[3],故三袁诗文"变板重为轻巧,变粉饰为本色,致天下耳目于一新"[4],抒写唯持"妙悟",即"性灵",尤以袁宏道成就最大。史称:"至宏道,益矫以清新轻俊,学者多舍王、李而从之。"[5]陈元赟当然也受到袁宏道"性灵"说影响,故他在名古屋向日本僧侣元政介绍了《袁中郎集》,不是偶然的。陈元赟此举,在日本诗史上具有重要的意义。故日本史书称:

元政诗文,慕袁中郎。此邦奉袁中郎,盖以元政为首。[6]

显然,日本僧侣元政在陈元赟影响下,推崇公安流派,并与陈元赟相唱和,合著《元元唱和集》。"元元"即陈元赟之元、元政之元,二人唱和,故称《元元唱和集》,鼓吹性灵,促使日本性灵派诗风兴起。如著名史学家新井白石(1657—1725年)也善诗,著有《白石诗稿》,诗风清新,就是受到了陈元赟、元政性灵派诗风影响。

东皋心越善诗,他在晚明实学思想影响熏陶下,没有染上诗酒狂

---

[1] 《四库全书总目》卷179《集部·别集类存目·袁中郎集》提要。
[2] 《四库全书总目》卷179《集部·别集类存目·袁中郎集》提要。
[3] 《明史》卷288《袁宏道传》。
[4] 《四库全书总目》卷179《集部·别集类存目·袁中郎集》提要。
[5] 《明史》卷288《袁宏道传》。
[6] 原善公道:《先哲丛谈》卷2《陈元赟》。

放之习,诗作情调不是消极、超然或单纯个性灵感的挥洒,所以诗意宽广。正因为如此,东皋心越诗篇韵味浓厚,情趣高深,这正如荷兰学者高罗佩指出:

> 初诵之,似感拙朴。再诵之,则绵密渊中,如葩开暖风。熟诵之,则引人入胜,豁然得其幽韵矣。①

东皋心越继承并发展了明代诗人创作的优良传统,在当时日本诗坛颇有名气,日本僧侣、学者,皆闻风而赓续唱酬。

东皋心越诗篇,都是为现实而抒发情感。他的近二百首诗词,除禅学唱怀外,还有感旧唱和、游览咏物、感时述怀等类,都是着眼现实的抒怀情思之作。如禅学唱怀,有关禅机的《和偈》一首,云:

> 曾乘无底一扁舟,巨流狂涛乐自由。
> 欲继一灯传祖焰,重照扶桑六十州。②

可见这首《和偈》是着眼现实,流露出东皋心越有国不能回,身在异邦,以及振兴日本曹洞宗的决心。

东皋心越身在异邦,热爱故土,是他诗词创作情思的重要基础。如他的纪实性史诗《东渡述志》,堪称代表作,本书第二编第三章第三节有过专门介绍。又如他在肥前州(今佐贺和长崎县部分地区)唐津港作《除夜》诗,长叹:

---

① 高罗佩编著:《东皋心越禅师传》。
② 高罗佩编著:《明末义僧东皋禅师集刊》卷2《和偈》。

此地唐津不是唐，唐津昔日把名扬。
唐山唐水非唐境，唐树唐云非唐郡。
唐日唐月同唐突，唐时唐节光阴速。
唐津除夜今宵延，明日唐津又一年。

东皋心越借唐津港山、水、树、云、日、月，思恋故土，抒发思明反清情怀。又如贞享三年（1686），东皋心越赴长崎迎晤家兄时作《至崎得晤家兄》诗，云："忆别乡心几断魂，思亲梦里泪添痕。……"可以窥见东皋心越怀念祖国慷慨悲愤的心境。这类诗篇，在他诗集里不胜枚举。

心越热爱大自然，如赏花观景时诗肠鼓吹，诗内有情有画，情景交融，是他诗词创作一大艺术特点。如他作《望月有感》诗，云：

皎皎洁洁一轮月，照尽今今古古人。
此际天边人盼望，不见天边月下人。

一轮明月，照尽古往今来多少英雄豪杰，此处月下盼望心切，但不见中土月下人，寓意深长，耐人寻味，这是情景交融佳作。东皋心越喜爱花木，观赏白茶花、莲花、桃花、海棠、木棉花、水仙花等，吟哦不已，留下不少诗篇，尤以咏梅类居多。如所作《庭梅》诗，云：

乍交春至满园芳，傲骨生来不肯降。
一任月明林下处，几枝瘦影怯横窗。

梅花幽香、耐寒，如"傲骨生来不肯降"正是诗人东皋心越精神气质所在，令人吟咏玩味不已。另外，除前述《东明八景》、《后乐园偶成》诗篇，东皋心越于元禄六年（1693）游那须山温泉、心月山长溪寺，为其胜景所动，赋诗《那须山温泉八景》、《心月山长溪寺十景》，都是情景交融的杰作。在这里顺便指出，那须山位于东山道下野州（今栃木县北部），当时其地幽僻，名胜灵迹，日本知者甚少，后来依靠东皋心越《那须山温泉八景》流传，才使日本知道那须山胜景的人多起来。东皋心越此诗原稿，德川幕府后期时珍藏在那须山温泉明神宝殿内。水户藩彰考馆学者立原翠轩（1744—1823年）谈及东皋心越此诗，不禁感慨，说："今因异邦人之笔，而传其事，不亦奇哉。"①

还应该看到，东皋心越诗篇对日本诗风有着重要的影响。如东皋心越作有《佛国礼普陀大士像》诗，云：

千尺岩头涌梵音，松涛万壑径幽深。
雨华尽见皆甘露，总是大悲不二心。

德川光国博学，善诗，通晓禅学，继东皋心越诗韵，唱和：

银涛殷殷海潮音，下看水流岩谷深。
甘露满山无悴色，慈岳法雨大悲心。

可见德川光国与东皋心越唱和之韵调、情思，如出一辙，这乃是

---

① 立原翠轩：《〈那须山温泉八景〉跋》。

当时日本诗坛之佳话。

东皋心越诗篇,深得日本学者喜爱。如人见友元,林罗山视其犹如己子,故人见友元曾从林恕学,后来拜东皋心越为师,学诗鼓琴。人见友元熟读《东渡述志》长诗,为东皋心越艰辛经历和高尚爱国情操所感动,特致书东皋心越,云:"顷日偶得一闲暇,和以呈之"①,想赋诗唱和。结果,人见友元在东皋心越影响下,自称"养莺学语"②,创作《水竹深处吟》等诗篇。又如朱舜水门人安积觉,知道东皋心越喜爱花木,于元禄二年(1689)十月,特意在自家菊园内折下数枝菊花,送给东皋心越,以表示:"供给之寸忱",并恳求东皋心越"赐以新诗,则莫大之幸,为花增价耳"③。

荷兰汉学专家高罗佩,评论东皋心越诗时,说:"其诗不求奇而自奇,不求工而自工,唯一任自然而已"④,其评价切中肯綮。东皋心越诗篇,之所以会得到日本人民喜爱,主要是因为他的诗作不拘一格,语句朴实、流畅,诗境寄情于天、地、人,即自然、社会之间,着眼于现实,令人有亲切感。

总之,陈元赟推崇袁宏道公安流派,鼓吹性灵,以及东皋心越诗肠鼓吹,朴实、亲切,都为日本诗坛带来了一种清新俊逸、富有活力的风气,从而为日本诗词发展起到了促进作用。

三、东皋心越开创日本琴学

东皋心越多才多艺,长于琴学。东渡时,携带七弦琴若干张,向

---

① 人见友元:《上东皋禅师书》,见高罗佩编著:《明末义僧东皋禅师集刊》卷5。
② 人见友元:《上东皋禅师书》,见高罗佩编著:《明末义僧东皋禅师集刊》卷5。
③ 安积觉:《呈禅师书》,见高罗佩编著:《明末义僧东皋禅师集刊》卷5。
④ 高罗佩:《东皋心越禅师传》。

日本人传授琴艺，为日本音乐史谱写了瑰丽的篇章。

当时日本没有七弦琴。所谓七弦琴，我国原本称"琴"，传说"伏羲作琴"①。其实，琴在西周初期才开始出现，汉、魏时期构造样式定型，后人俗称"古琴"。琴身狭长，有额、颈、肩、腰部位。琴首有弦眼、岳山，琴尾有龙龈。琴面，一般用桐木制成，有弦七根，外侧有十三个标记音位的"徽"。琴身下部板面，有大的出音孔，称"龙池"；小的出音孔，称"凤沼"。演奏时弹空弦（不按弦）发出的琴音，叫"散音"；左手按弦，同时右手弹弦，发出的琴音叫"按音"；右手弹弦，左手对准徽位轻按弦，发出的琴音叫"泛音"，故音域较宽，音色变化丰富。而日本古籍中的"琴"字是指和琴，日本使用和琴历史久远。和琴琴面有弦六根，其构造亦与我国琴或筝类乐器殊异，演奏时不用手指弹、按，而是用拨片弹拨。严格地来说，和琴不是琴，而是一种有日本民族特色的筝类打击乐器。日本民族音乐史专家伊庭孝，曾经指出："日语中的'ユト'，写作筝，亦写作琴。琴在日语中读'キン'，'ユト'，应当是筝。琴属曼多林类，筝属竖琴类。而和琴的实体则是筝，因为它是例外，从属竖琴类。"②

东皋心越东渡时，从浙江携带七弦琴若干张，抵达长崎。其中三张琴，分别题以"虞舜"、"素王"、"万壑"命名。当时日本人只听说中国有七弦琴，但不知其实际构造。东皋心越在长崎停留期间，亲眼看到"崎港有粗俗之人，得古破琴，断作器而弃其余"，而此"古破琴"，乃是"成化十二年八月李大用所斫"③，即明代二百余年遗物，其历史价值是非常珍贵的。毁"古破琴"是由于不识琴，东皋心越见

---

① 朱国祯：《涌幢小品》卷4《琴四则》。
② 伊庭孝：《日本音乐史》第一章第三节。
③ 人见友元：《书琴腹》。

到这种情况，非常惋惜，于是就拾起被"粗俗之人"破坏、遗弃的残缺琴身，后来补修琴肩并珍藏起来。

天和元年（1681），东皋心越以水户藩主德川光国宾客身份，从长崎携带七弦琴移居江户。德川光国知道他弹琴善画，特意在景物宜人的后乐园东侧琴画亭筑侧楼，供他起居用。东皋心越在这里，除了向人见友元、杉浦琴川等人传授弹琴技艺，还向他们讲解《关雎》、《松弦谱》、《静观》、《蝶庵》、《兰亭》、《高山流水》等著名乐曲，另外还创作《熙春操》新曲。琴曲《熙春操》在当时引起了强烈的反响，朱舜水门人今井弘济就曾经向人见友元索要《熙春操》曲谱[①]。人见友元、杉浦琴川就这样在东皋心越传授下，掌握了七弦琴弹奏艺术，并融汇了东皋心越讲授的琴谱，后来他们还各自成立宗门，传继东皋心越琴学，使日本音乐史上出现了琴乐繁荣的局面。

先看东皋心越琴学人见友元派系。人见友元，亦称野节，山城（京都）人。祖父友德以行医为业，父亲元德为官医，伯父道生（野卜幽，即人见壹）为水户藩著名儒官，与林恕、堀杏庵、那波活所关系密切。人见友元从林恕学，并参与林恕主持《本朝通鉴》编修工作。后来人见友元为水户藩彰考馆馆员，与朱舜水笔谈书问甚多，受到朱舜水实学思想感染。东皋心越移居江户后，人见友元就拜东皋心越为师，并托人去深山砍伐古桐树，将东皋心越长崎拾起并珍藏的明朝成化年间残琴，补修如新。东皋心越特将嘉靖四十三年（1564）造的七弦琴赠送给他，并在琴腹亲笔"云和天籁"四字，希望他传继琴学。其后，人见友元传至人见桃源，本人殁于元禄九年（1696）。后来，人见桃源相继传至甲州屋七兵卫、杜澂、驹泽某等人。杜澂于天

---

① 人见友元《上东皋禅师书》云："且前日今井氏请《熙春操》之谱。"

明二年（1782）著有《琴传说》一书。

再看东皋心越琴学杉甫琴川派系。杉甫琴川，乃江户幕府儒官，拜东皋心越为师，学习琴艺，于宝永五年（1708）出版《东皋琴谱》。杉甫琴川琴学门风，传嗣二百余年。一传门人小野田东川琴艺高超，享保至宽保年间（1716—1743年）常为江户幕府八代将军德川吉宗弹琴，受到德川吉宗将军赞誉。二传门人，铃本兰园博通中国、日本音乐，于安永元年（1772）编撰《律吕辨说》、《东皋琴谱》，又著《琴学启蒙》一书；幸田子泉，精通儒学、数学、历法，手抄明代琴谱数种，仿造东皋心越琴斋，专修琴、筝类乐器。三传门人甚多，如浦上玉堂善画山水，为了普及琴学，曾以《青柳》、《樱人》、《伊势海》等日本歌改为琴曲，记之于谱，并于宽政三年（1791）编撰《玉堂藏书琴谱》，刊行于世；兰室，晚年患眼疾失明，而传授门徒琴艺不倦；永田萝堂，遍游日本西部寻找明遗民可能留下的古琴，门人甚多；儿玉空空，在江户安养寺开创琴社，影响很大。儿玉空空，生于享保十九年（1734），殁于文化八年（1811）。幸田子泉博学多才，对儿玉空空影响甚大，故儿玉空空所创琴社有会约，明确会期、会场地点等项，似乎类于明朝末年以文会友、立盟结社，但琴社鼓琴之余可从自己所好，如赋诗诵书，或写字绘画，或唱词曲弄丝竹，或谈经史论文章，是单纯文化活动。琴社开展以琴艺为中心的内容多样的文化活动，参与者百余人，培育出新乐闲叟、山本德甫等著名琴学家。直到六传门人今泉雄作，他生于嘉永三年（1850），曾留学法国，后为东京大仓集古馆馆长，博学多艺，抄琴谱二十余种，殁于昭和六年（1931）。

从人见友元、杉浦琴川各立琴学宗门，以及其传嗣情况，不难看出，东皋心越为开创和发展日本琴学，做出了重要贡献。因此，东皋心越在日本音乐史上占有不容忽视的地位。

还应该指出，除东皋心越外，寓居日本的明遗民精通音乐者，大有人在，他们为丰富和发展日本音乐也做出了贡献。如长崎唐三寺和宇治黄檗山万福寺的浙籍、闽籍僧侣，念唱佛经时伴有旋律的曲调，对日本说经戏曲发展有着重要影响。又如朱舜水为水户藩学校制定释奠仪式，率领生员操练，"击柷作乐"[1]，唱、奏明代洪武年间制定祀孔的《咸和》、《宁和》、《安和》、《景和》等安谧、庄重的乐曲，对日本雅乐形成有影响。特别是明亡后往返长崎和安南间经商贸易的长崎崇福寺檀越魏之琰，"注文章而源泗水，权儒业以扇邹风"[2]，文化修养很高，又精通音乐，宽文十二年（1672）定居长崎时携带不少明代乐器，还曾应邀去京畿山城演奏明代乐器，被称为长崎明清乐祖。其曾孙魏皓，日名钜鹿民部，号君山，汇辑整理其乐曲，定名《魏氏乐谱》刊行于日本，时称《钜鹿君山音乐》。魏皓门人筒井景周，根据魏之琰带来的乐器撰成《魏氏乐器图》一书，图示大多为日本少有的明代乐器。而在日本风靡一时的《魏氏乐谱》，现在已经回到孕育其成熟的文明故土，成为我国著名古曲之一，常为我国古曲演奏家演奏。记得中央人民广播电台二十年前亦不时播放魏双侯乐曲，但对其身世介绍有误，说明当时国内对他的历史情况不太清楚。我当年曾给该台写信，但没有回音，以后也很少听到该台播放魏双侯乐曲。作为听众，我希望能不时听到播放魏双侯乐曲，表明中国人民没有忘记流亡异邦的明遗民音乐家——魏之琰。

---

[1] 朱舜水：《朱舜水集》卷22《改定释奠仪注》。
[2] 刘宣义：《潜翁魏老先生七袠寿章》。

四、明小说与戏曲书籍输入日本

德川幕府初期锁国甚严，禁止有关天主教书籍传入，然而明代儒学、禅学、医药、艺术类书籍，却是畅行无阻。当时，江户幕府和诸藩府，都注意收藏明代书籍，如德川幕府藏书处所"御文库"，于庆长七年（1602）建立在江户城南之富士见町，至宽永十六年（1639）迁移至红叶山新址，才相应称之为"红叶山文库"[①]。"御文库"珍藏明代书籍最为丰富，其中有不少为后来中国失传的孤本。自明朝中期以来随着实学思潮兴起、发展，随着商品经济发展，江南市镇兴起以及市民阶层日益活跃，中国通俗易懂的话本小说和戏曲艺术相应繁荣起来，而这些书籍在明朝灭亡前后，就源源流入日本。

单以明末市民爱读的白话小说为例，德川幕府"御文库"就收藏了泰昌、天启年间刊行冯梦龙编的《古今小说》（即《喻世明言》初版本）和衍庆堂刻本《喻世明言》，然而明朝灭亡后战乱不绝，国内久佚其书。冯梦龙（1574—1646年），字犹龙，苏州府长洲县人，受晚明实学思潮影响，不受程朱理学束缚，酷爱李贽学问，放荡不羁。科举不得志，五十七岁时补贡生。崇祯时任福建建宁府寿宁县知县，上疏陈述朝政衰败原因。清兵入关占领北京后，忧愤而死。现在国内《古今小说》最早的通行本，是1947年由上海商务印书馆据日本藏本的照片来排印的，并成为之后重印此书的底本。"御文库"还收藏了中土已佚的崇祯年间刻本西湖义士述《皇明中兴圣烈传》，是书乃依据天启时候邸报、传闻而演成小传，是揭露宦官魏忠贤迫害东林党人的故事。谢国桢先生《晚明史籍考》，仅据日本藏本辑录是书目录。

[①] 参见大庭修：《江户时代唐船持渡书研究》第三章第二节。

明代小说的传入，对日本文学发展产生了重要影响，如前面提及冯梦龙《古今小说》，是书汇集了宋、元、明四十篇话本小说，大多是反映了中层、下层社会生活，也有不少作品是以描写男女青年爱情和婚姻为主题，塑造了一些具有反叛精神的人物。这种艺术创作特色，促使德川幕府中期小说体裁一新，如井原西鹤（1642—1693 年）所写的《好色一代男》、《好色一代女》、《日本永代藏》等作品，就打破了过去贵族式的文学传统，通过爱情描写强调人世丰富的情感，实际是反映了当时日本商人和市民阶层的生活。由于明代小说输入和其艺术创作特色的影响，在京都和大阪等地出现了吸引民众的"浮世草子"（即以追求丰富情感、强调人性为题材的一种小说，亦称"人情本"），使"町人文学"，即市民文学兴起、繁荣。另外，明初洪武时瞿佑《剪灯新话》和宣德、正统时李昌祺《剪灯余话》传奇小说，在德川幕府初期、中期流行，对日本传奇小说也有影响。如宽文六年（1666）刊行的浅井了意《伽婢子》、无名氏《续伽婢子》，天和二年（1682）刊行的《新御伽婢子》、元禄五年（1692）刊刻浅井了意接《伽婢子》续编的《狗张子》，均受到了《剪灯新话》的影响，而《狗张子》还撷取了《剪灯余话》多处题材。

明代戏曲，本来主要是杂剧与南戏。明朝前期独宗程朱理学，推行八股取士制度，从而桎梏了学者思路，并且严重影响到戏曲发展。自正德、嘉靖以来，一些学者冲破程朱理学束缚，与阳明心学辩难，从而形成实学思潮，整个学术思想界发生巨大变化，也为戏曲发展扫除了思想上的障碍。嘉靖、万历时期，戏曲艺术有了重要发展，如海盐、弋阳、余姚、昆山四大声腔流行，南曲、北曲用箫管、弦索伴奏，优美动听，同时剧本多产，尤以传奇、曲折的情调最为瞩目。

如万历年间，"今惟《明珠（记）》盛行"①。《明珠记》乃嘉靖时陆采（1497—1537年）所撰，该剧本取材唐代传奇小说《无双传》，描写刘无双与王仙客相爱结为夫妻的传奇过程。如张凤翼久负才名②，嘉靖四十三年（1564）举人，但他早年取材唐代传奇小说《虬髯客记》撰《红拂记》，该剧本描写唐初名将李靖与红拂女遇合、虬髯客倾家帮助李靖，并插入徐德言和乐昌公主"破镜重圆"的传奇故事，影响甚广，故"演习之者，遍国中"③。如梁辰鱼（约1510—1580年）所撰《浣纱记》，乃描写春秋时越王勾践向吴王夫差献浣纱女西施灭吴的传奇故事，该剧本有盛名，并且"至传海外"④。明代剧本丰富多产，超过了元代，尤以传奇剧本最为突出，这正如戏曲史专家指出："明人于戏曲最大之贡献，其有异于元贤者，惟在'传奇'。"⑤

明朝灭亡前后，戏曲书籍传入日本的情况，参照《日本研究》1944年8月版第3卷第2期傅芸子《日本戏曲与中国戏曲》一文提供的资料，得知德川幕府"御文库"珍藏明代戏曲书籍颇多，由此可见一斑。如正保元年（1644）以前，也就是明朝灭亡以前，"御文库"入藏的有：嘉靖、万历之交黄文华编辑的戏曲时调选集《八能奏锦》（万历元年刻本，大部分是昆山腔或弋阳腔中折子戏）、嘉靖年间无名氏编辑《雍熙乐府》（保存不少宋、元、明南戏、杂剧曲文及南北散曲、时调小曲）、王实甫《西厢记》（元代杂剧本）、孙柚《琴心记》、徐复祚《红梨记》、屠隆《昙花记》、陆采《明珠记》、薛近兖

---

① 沈德符：《万历野获编》卷25《填词名手》。
② 见《明史》卷287《皇甫涍传》。
③ 沈德符：《万历野获编》卷25《张伯起传奇》。
④ 沈德符：《万历野获编》卷25《梁伯龙传奇》。
⑤ 卢前：《明清戏曲史》第二章，见《国学小丛书》。

《绣襦记》等明代传奇剧本。明朝灭亡以后，伴随着明遗民东渡日本的潮流，"御文库"藏书量也骤然增加起来，如正保二年至明历元年（1645—1654年）十年间，先后入藏的比较著名的戏曲书籍，有：沈泰《盛明杂剧》（初集、二集，计六十种，大多是明代嘉靖以后作品）、臧懋循《元人杂剧百种》、李渔《双瑞记》（明代传奇剧本）、张旭初编辑《吴骚合编》（明代散曲选集）、锄兰忍人编辑《玄雪谱》（明末刻本，戏曲选集）、沈采《千金记》（明代传奇剧本）、无名氏《寻亲记》（明代传奇剧本）、范文若《花筵赚》（明代传奇剧本）、张凤翼《红拂记》（明代传奇剧本）、高则诚《琵琶记》（元末南戏传奇剧本）等。还应该指出，明朝灭亡后戏曲书籍东渐甚速，如《盛明杂剧》本来刊刻于崇祯二年（1629），崇祯十七年（1644）明朝灭亡，是书日本正保二年（1645）即由德川幕府"御文库"入藏；《吴骚合编》刊刻于南明弘光元年（1645），第二年即为"御文库"收藏，中土这种快速输出文化现象，当然是由明遗民东渡日本的历史因素决定的。

明代戏曲艺术发展成果，通过戏曲书籍输出传播到日本，对日本戏曲发展，产生了重大的影响。

本来明代戏曲，主要是杂剧与南戏。而明代传奇戏曲，开端于南戏。南戏亦称戏文，是宋、元以来用南曲演唱的戏曲形式，南曲则以箫笛乐器伴奏，声调婉转柔和。随着传奇戏曲发展，嘉靖、万历年间江南出现"三弦合南曲，而又以箫管叶之"[①]。本来三弦为北曲伴奏乐器，有"弦索调"之称，声调朴实浑厚，杂剧则用北曲演唱。在"三

---

① 沈德符：《万历野获编》卷25《弦索入曲》。

弦合南曲"同时，"箫管可入北调"①，这表明当时南曲、北曲演奏艺术日臻成熟，互为交融，传奇戏曲在南戏、杂剧基础上进一步得到发展，这是明代戏曲演奏艺术发展的重要标志。而作为当时南曲、北曲伴奏乐器之一的三弦，于万历二十年至四十二年，即日本文禄至庆长年间（1592—1614年），就传入日本，被日本人称为"三味线"，并成为日本歌舞伴奏乐器②。另外，《雍熙乐府》、《吴骚合编》等书向日本传介了明代散曲，而散曲没有"宾白"（即道白）、"科泛"（即动作、表情等舞台提示），是一种有宫调、曲牌一韵到底的诗词，用于清唱，从而使日本出现了三味线组歌、三味线长歌。其意义则表现在：在三味线组歌之后，人们不再把一些相互之间无联系的小歌组合起来，而是把一些类似的歌曲组合起来，进一步创作出长篇的歌。③

也就是说，自万历年间中土三弦传入日本后，使日本有了名谓"三味线"伴奏乐器。到了明朝灭亡前后，明代散曲传播到日本，使日本各类有内容联系的歌曲组合起来，有了三味线组歌、三味线长歌，从而促进了日本歌舞、戏曲演奏艺术发展。换言之，明代散曲传播，促使日本"诗意贫乏的歌词作者，把各种各样东西按种类并列起来，把它作为创作歌曲的指南"④，从而对日本歌曲创作产生了重大的影响。

另外，明代情调曲折的传奇剧本传入，对日本戏曲创作更有直接影响。如元禄、宝永年间（1688—1710年）著名戏曲家竹本义太夫、近松门左卫门，都主张戏曲改革，"对以前那种缺乏描写、剧情乏味

---

① 沈德符：《万历野获编》卷25《弦索入曲》。
② 参见伊庭孝：《日本音乐史》第五章第二节。
③ 伊庭孝：《日本音乐史》第五章第四节。
④ 伊庭孝：《日本音乐史》第五章第四节。

的唱本进行改革，使之面貌一新"，并强调有"情趣的曲调"和"音色富于变化"[①]。如近松门左卫门（1653—1724年）创作的《曾根崎情死》、《国姓爷合战》等传奇性剧本，都是当时戏曲改革硕果，公演时受到观众欢迎。总之，在明代戏曲书籍影响和日本戏曲改革的促进下，德川幕府中期出现了戏曲繁荣的局面。

日本传奇剧本，是在明代传奇剧本影响下出现的。如著名戏曲改革家近松门左卫门，于正德四年（1714）创作以郑成功抗清为题材的《国姓爷合战》，第二年由大阪竹本座剧团公演，并且连续公演一年半，盛况空前。该剧本描写明朝灭亡后，吴三桂携太子出逃，太子姐姐梅檀公主东渡日本；和藤内（即郑成功）与其父（指郑芝龙）回国，打死猛虎，并与吴三桂一起复兴了明王朝。该剧创作、演出，当是在清代中国康熙盛世之际。不难看出，该剧在情感上同情明遗民，虽然剧中许多情节与史实大相抵牾，纯属虚构，但是其艺术表现手法，是受到了明代传奇戏曲艺术的影响，如传入日本的剧本，有一些是描写历史事件、历史人物，如沈采《千金记》描写楚汉战争，其中"追信"一出则表现了萧何月下追韩信的传奇情节；沈泰编《盛明杂剧》，其中辑录徐渭《四声猿》、陈与郊《昭君出塞》，也都是描写有关历史人物的传奇故事；张凤翼《红拂记》则通过李靖、红拂女结识和活动的传奇色彩，寓意唐王朝应运而兴。明遗民对日本精神文化影响甚大，而近松门左卫门作为异邦晚辈，思想感情上同情明遗民，在戏曲艺术风格、创作手法上受到明代传奇剧本的启迪，故他撰写《国姓爷合战》传奇剧本不是偶然的。

---

① 伊庭孝：《日本音乐史》第六章第二节。

附　录

高寿觉寓日归明考

高寿觉，福建漳州府人，生卒年无考。其子高大诵（1603—？年）入日本籍，孙高玄岱（1649—1722年）得南明时东渡日本的明遗民戴曼公（1596—1672年）医术、书法真谛，遂成为日本一代名医和书法家。因而，高寿觉就成为中日文化交流史研究者关注的人物。如日本现代著名历史学家木宫泰彦先生，依据《长崎志》、《长崎纪事》等史籍，在其所著《日中文化交流史·明清篇》第六章记叙侨居长崎的入日籍明清人情况时，谈到高寿觉事迹，说：高寿觉，漳州人，最初跟随父亲高赞潮来到日本，侍候萨摩侯。十六岁时，因砍断装饰松枝被处禁闭，自己觉得丢了脸，想要回国，但在海上遇盗，流浪中国各省十二年后，又来到长崎，任唐通事，日本名为深见久太夫。

本宫泰彦没有指出高寿觉寓日返明年代，只是说他十六岁时想要回国，流浪祖国各地十二年后又东渡长崎，任唐通事。然而，原善公道《先哲丛谈》卷5《高天漪》却记载：

祖高寿觉，西土人也。父大诵，号一览，为长崎译者。一览改称姓高为深见，盖高氏出自渤海，渤海倭读深见，故以称焉。

原善公道说高寿觉"西土人"，其子高大诵为唐通事，还说由于高氏出自渤海，故高大诵改姓深见。《先哲丛谈》卷5《高天漪》引高玄岱（天漪）写给朝鲜聘使李东郭诗序，谈其祖、父情况甚详：

　　本中华族，祖渤海高寿觉，福建彰（漳）郡人，航海萨摩州寓焉，后归明。父大诵年十六，迹祖入明，吊祖氏之墟，游鲁转齐，逾燕跨赵，北经匈奴之域，南及东宁之隈，叹天下文物之盛，历览名山大川之胜，殆十有余年矣。一日，慕母之念不歇，辄登商船，直到长崎。时宽永六年，父亲二十有七。仆即长崎之产也。

高玄岱告诉我们：高寿觉归明后未复往日本，是高大诵年十六岁入明，沿着高寿觉在明时踪迹，即"吊祖氏之墟"，遍游祖国各地"十有余年矣"。只是高大诵因其夫人尚在长崎，使他思念不已，入明十二年后，即二十七岁时，"辄登商船"复去日本，并且指出了年代。高玄岱出生在长崎，曾得到戴曼公培育，文化教养较高，对其祖高寿觉、父高大诵轶事本当熟悉，故有此自叙，最为可信。因之，高寿觉返明后未复去日本，当确凿无疑。

原善公道未言高寿觉复往日本事，只说"西土人也"、"出自渤海"，与高玄岱自叙中说"祖渤海"、"归明"相吻合。木宫泰彦所云十六岁返明十二年后复去日本事，显然是高大诵冠高寿觉戴，与史实相舛忤。原善公道言高大诵为长崎译者，当是日本宽永六年（1629）高大诵复去日本直抵长崎以后时的事。

根据高玄岱诗序自叙"祖渤海高寿觉，福建彰（漳）郡人"，从而产生了这样的问题；闽人高寿觉为何出自渤海呢？这当然与高氏姓源出于齐、望出于渤海遥远史实有关，但问题的另一方面却涉及高寿觉时代，即明代嘉万之际中国沿海有关情况。

本来长崎距我国东海海岸，要比渤海海岸近，故明朝嘉靖以前日本贡使、客商前来明朝之舟，一般在台州、定海、温州、泉州、漳州等地停泊，为此明朝曾在泉州、宁波设市舶提举司。市舶司职掌朝贡市易事项，如辨其勘合真伪、征其私货、平其交易、严禁勾引滨海边民下海等。但是，日人常引闽、浙滨海边民下海。嘉靖时滨海奸商汪直、徐海勾引倭寇，乃至倭乱蔓延，给人民经济生活带来严重破坏。有明一代很注重海防，特别是闽、浙、南直隶为嘉靖时倭乱重灾区，故嘉靖时海禁甚严，实际是侧重于淮、扬以南的沿海沿江防务。东南沿海地区，直到隆庆、万历年间，仍时有倭乱。值得注意的是，王士性《广志绎》卷3《江北四省》云"倭不走登州也"，山东沿海地区倭乱祸害不大。据郑若曾《筹海图编》卷7《山东倭变记》载，山东嘉靖时倭乱只有三十四年（1555）、三十五年（1556）两起，并很快平息，结合嘉靖以来东南沿海地区倭乱祸害背景，这不能不给北方沿海贸易发展提供了较为有利的条件，特别是嘉靖十七年（1538）山东修浚胶莱新河以后，直接促进北方海上贸易发展，如嘉靖三十三年（1554）崔旦在《海运编》卷上《船舶考》说："（胶莱）新河之事兴矣，自此之后，商贾云集，货物相易。"崔旦家居渤海之滨登州，其僮仆贸易海上。隆庆五年（1571），山东巡抚梁梦龙因漕河多故而极论海运之利，曾说"第考海道，南自淮安至胶州，北自天津至海仓，各有商贩往来。中间自胶州至海仓一带，亦有岛人商贾出入其间"，这在沈德符《万历野获编》卷12《河漕·海远》和《明史》卷86《河渠·海运》均有记载。从梁梦龙所言得知,隆庆、万历之际以胶莱为中心,南从淮安北至天津沿海的贸易比较活跃,而胶莱新河环绕胶东郡境,该河长三百余里,南、北河口使黄海、渤海通连,大大缩短海上里程,故黄海、渤海商贩和岛人沿河深入郡境。由此可知,高寿觉之所以出自渤海,当与嘉靖以迄隆庆、万历之际胶东半岛南北海域贸易往来的史实分不开。

东南沿海地区除倭乱祸害外,自嘉靖初年撤闽、浙市舶司以来,奸商势豪潜通倭寇而强夺致富,使福建、浙江民间商人利益和海上贸易,均受到了影响,乃至朝野有主绝、主通之事。如嘉靖四十四年(1565)闽开而复禁。据《万历野获编》卷12《户部·海上市舶司》云,隆庆、万历之际"闽南士大夫亦有两种议论,福、兴二府主绝,漳、泉二府主通,各不相下"。这场争论,迄万历年间援朝抗倭胜利以后,即悉复闽、浙市舶司时方告结束。看来高寿觉之家很可能是主通派,出于撤市舶司使奸商致富和倭乱缘故,自嘉靖以来或隆庆、万历之际,离开闽乡漳州府,转移在渤海一带,即转移山东、河北沿海地区经商多年。不然的话,高玄岱岂能称"祖渤海高寿觉"?高大诵返明"吊祖氏之墟",岂能有游访齐鲁、燕赵之举?渤海贸易活跃的背景,对高寿觉一生经历影响甚大,使他较有名气,就是他的儿子高大诵定居日本入籍时,亦受其影响,将姓改为深见。高寿觉后裔编家谱时,使高寿觉姓名相应变化,因而就有深见久太夫之称。

"祖渤海高寿觉"问题的澄清,有助于了解高寿觉东渡前在明朝时活动的时代背景,以及其寓日时的年代。

假设高寿觉从福建东渡,然援朝抗倭胜利前闽、浙两市舶司未恢复,作为活跃在渤海地区商人,他从渤海返闽东渡可能性不大。高寿觉既然出自渤海，理应从渤海地区"航海萨摩州寓焉"。据《万历野获编》卷17《兵部·日本》云：

> 日本贡道，本从浙、福二省。自朝鲜之役，我往彼来，俱从朝鲜之釜山径渡。

按：釜山与日本对马岛乃一水相望，自万历二十六年（1598）明朝军队在李氏朝鲜军队配合平定丰臣秀吉入侵后，德川家康向朝鲜议和，遂于万历三十八年（1610）釜山与对马始有开放往来之举。这正如《明史》卷320《朝鲜传》载："（万历）三十五年四月，昖以家康求和来告，兵部议听王自计而已。由是和款不绝，后三年始画开市之事。"因而，釜山也就成为当时中日来往的途经之地，日本贡道是从朝鲜釜山陆路北上进入明朝。然而活跃在渤海地区的民间商人，从海上去日本要比陆路方便，这是万历末年民间东渡较多的重要原因之一。高寿觉之家在渤海一带从商，高寿觉似应在万历三十八年或稍靠后的年代里，"航海萨摩州寓焉"。归明年代，从高玄岱诗序中可以找到线索。从时间顺序上看，高寿觉归明在前，高大诵入明在后。日本宽永六年乃明崇祯二年（1629），是高大诵二十七岁复去日本之年代，而其初十六岁入明则当在明万历四十六年（1618）。依此推之，高大诵最初随其父高寿觉东渡时，年方八九岁左右；高寿觉寓日时间只有几年，最多不会超过七年，归明当在万历四十六年以前的某年。

（原载《中国史研究》1986年第2期，原署"宁生"，
收录本书时略有增补）

《明太子、福王亡命在日本》献疑

台湾医师徐尧辉先生，行医之余，历十八年探索穷究，涉笔而成专著《明太子、福王亡命在日本》，1984年由台湾中华书局印行。是书凡二十一章，十五万余字，论述明亡之际福王朱由崧、崇祯太子朱慈烺东渡扶桑，均改姓张，定居名古屋。

徐尧辉先生以医家涉足史坛，治学精神十分感人，其专著论述无疑是南明史研究的新观点。很遗憾笔者拜读全书后，不敢苟同，特抛出本文，就教于徐尧辉先生。

一、张振甫、张寿山问题的提出

《明太子、福王亡命在日本》（下简称《亡命在日本》），导言说："这本书的主题，本来就是张振甫与张寿山。"因而，弄清楚张振甫与张寿山的问题，就显得必要了。

张振甫，明末时寓居日本，以行医为业。今名古屋市一张氏家庭即其后裔，其墓所是名古屋著名古迹。记得1982年深秋，笔者间接收到名古屋市张礼吉先生信，内称据其兄调查始祖振甫是明朝皇室成员，并附有资料出处证明张振甫是明崇祯太子朱慈烺，询问能否成立。当时我据所掌握的史料，答函持否定意见。现在拜读《亡命在日本》，得知徐先生在张振甫后裔支持下曾赴日本，到张氏墓园、宇治万福寺等地考察，得到了一些资料，断定张振甫即崇祯太子朱慈烺，张寿山即福王朱由崧。看来，徐先生的结论对名古屋张家是有影响的。

经过徐先生实地考察和研究，他发现：德川幕府对待张振甫、张寿山的策略，一方面予以庇护和优遇，另一方面因为外交上的顾虑又极力掩盖两人身世。他同时还发现："就张家当时处境而言，一方面，当然必须遵照幕府政策，对振甫、寿山二人的身世以及渡海入日的经过、年月日等，也就极尽其隐瞒之能事；另一方面，却又期望后代子孙总有一天能够寻根知本。"[①] 言外之意，振甫与寿山身世非凡。幕府有无庇护和掩盖，姑且莫论，因为不探明振甫身份就无从谈起。

二、关于张振甫身份问题

《亡命在日本》第三章"张振甫之谜"指出：尾张藩主把振甫当宾客优待，振甫可以骑马乘轿谒见藩主，"是个令人瞠目惊异的奇观。振甫身份之非凡，由此可知"[②]。其实，这与振甫做藩主御医有关，即与幕府尊儒、医政策分不开。早在德川家康时，幕府就有御医乘轿之制。后来宽文三年（1663）颁新令时重申尊儒、医，如儒学造诣深厚的朱舜水就受到水户藩主"肩舆直入朝中"待遇（见朱舜水《答王师吉书》）。徐先生专著承认振甫做了藩主御医，可见他把振甫受到待遇说成是奇观，断言其身份非凡，显然不妥。

徐先生还认为：振甫建立医王堂，门前石像文臣一对，显示"张振甫者生前是个明室诸王，或者比诸王更为高贵的人物"[③]。然而，医王堂所祀乃佛家菩萨"药师如来"，况且振甫自身包括其后世均是医家，所以门前文臣石像一对，乃是反映张家对药师如来崇拜之深，决非什么振甫"比诸王更为高贵"。

徐先生很重视振甫墓碑，说："墓碑造型的奇拔和勒文的奇异，

---

① 徐尧辉：《明太子、福王亡命在日本》，台湾中华书局1984年版，第3页。
② 徐尧辉：《明太子、福王亡命在日本》，台湾中华书局1984年版，第22页。
③ 徐尧辉：《明太子、福王亡命在日本》，台湾中华书局1984年版，第49页。

都令人煞费思量。"①墓碑正面浮雕地藏像,徐先生认为地藏与坟墓之间没有联系,他为了揭开其谜,就在是书第六章专门探考,述其在玩童叫喊声中大悟,"读'地'字一顿,'藏'字改读平声,而与'王'字连读,则大义明矣",即"此地隐藏着王,埋藏着王"、"此地乃是王者之墓也"②。他这种将"地藏"名称作字义声韵推论以印证身份不凡,恐怕是出乎振甫及其后裔意料。其实,地藏像与振甫生前信仰有关,"张氏家纹"图案更能说明此问题,下文不能不多费些笔墨。

《亡命在日本》第四章附有"张氏家纹",是呈车轮状浮在云上的图案。徐先生说:"从图样成分和结构而言,应称为'明·云龙五爪珠纹'","这一下点破,顿时把张振甫家世和身世几乎完全暴露出来,张振甫者乃是朱明帝室之人"③。笔者览此图案,外延圆形━━虽表示易卦之一阳一阴,但犹如车轮旋转,应是人世间事(阳)与死者之事(阴)相对应含义,赋予佛家生死轮回内容,而决非徐先生所谓日(阳)月(阴)之合,导出朱明之义。再细观阴阳符号内部并没有龙或龙爪的影子,实乃五个球体连接于中心球体,因而徐先生所谓"五个龙爪握着一颗珠"的说法颇难成立。五个球体,应是《阿毗达磨俱舍论》称之"地狱、傍生、鬼及人、天"五道标志。被连接的中心球体乃"心"标志,因为佛家认为三界唯心,五道或六道(含修罗)众生,都归于心迷悟两路。佛家以车乘喻佛法,认为世人都要辗转生死六道之内,似如车轮的下端有大片祥云,应是佛家济度众生标志,云占据突出地位,故呈现出众生驾云飞渡完整图案。徐先生为了验证他的说法,书内又举汉武帝"龙币"云龙珠文为例。然而"龙币"之龙

---

① 徐尧辉:《明太子、福王亡命在日本》,台湾中华书局1984年版,第24页。
② 徐尧辉:《明太子、福王亡命在日本》,台湾中华书局1984年版,第57—58页。
③ 徐尧辉:《明太子、福王亡命在日本》,台湾中华书局1984年版,第124页。

游居云中，龙占据突出地位，从图样成分和结构看，都与"张氏家纹"风马牛不相及，"张氏家纹"是根本不能证明"张振甫者乃是朱明帝室之人"。

为何"张氏家纹"会有禅学色彩呢？张振甫是医家，虽然没有削发受戒，但据名古屋市蓬左文库藏的《诸士传略稿》载其"平生修禅教，从黄檗隐元学，与木庵、即非等研究其道"，足见其禅学造诣深厚。《妙法莲华经》云"六道众生，生死所趣"，"张氏家纹"恰恰反映了振甫生前这一信仰。再联系墓碑地藏像，地藏本乃誓渡众生苦难的菩萨，其含义与"张氏家纹"图案贯通，即佛家只有明心见性才能免遭轮回之苦，这当是研究张振甫禅学思想的珍贵文物资料。然而，这个明明白白的史实，经过徐先生论述就复杂化了，即变成崇祯太子化身并得到藩主庇护的玄谈妙论了。

三、张振甫与张寿山是两个人吗？

徐先生在日本考察时到京都宇治参观万福寺，断定千呆手书寺内威德殿楹联中"德齐燕赵"的"赵"是借赵氏孤儿典故影射明室遗孤张振甫做过皇帝，"道契周召"的"周召"是影射振甫之下"有一个伯叔父辈的第二位人物辅佐着他"[①]。这是徐先生为揭开振甫与寿山身世秘密而特意首先流露出的笔调。故其误不能不纠。

徐先生引申说，振甫如果不是明太子，"千呆一定不敢用此典故；就是千呆因一时失察误用此典故，隐元以下的高僧们也会以为不然，而指摘其文过其实，也就不会容许此长联挂在殿上"[②]。然而历史

---

① 徐尧辉：《明太子、福王亡命在日本》，台湾中华书局1984年版，第87页。
② 徐尧辉：《明太子、福王亡命在日本》，台湾中华书局1984年版，第89页。

情况却不是这样。宇治万福寺为隐元（释隆琦，俗姓林，闽福清人）东渡后所建，得到德川幕府支持，寺规禅风都依闽黄檗山旧制，使濒临衰颓局面的日本临济宗振兴起来。所以，隐元门徒出于禅宗昌盛感恩幕府，在威德殿内祀幕府历代将军，而楹联与此对应。"道契周召，天下千秋歌圣化"，显然借周公旦、召公奭辅佐幼主典故，赞扬第一代将军德川家纲辅佐七岁秀赖，歌颂幕府政治；"德齐燕赵，法门万古仰恩光"，则歌颂幕府同情和宽容之恩，因为隐元及其门徒有反清复明意识，曾掩埋过南明抗清大臣钱肃乐遗体，舟山破后不能在故土讲经传法，自有悲惋之绪。此联句出自千呆（俗姓陈，名昙瑞，福州长乐人）实非偶然。清军入关时千呆九岁，不肯辫发髡首，为了保存民族气节躲避于寺院，成为浮屠，师事隐元门徒即非，后来与其师追随隐元东渡，入万福寺，以后起之秀继高泉任第六代住持，十一言联句正是他在异邦见到禅宗振兴时发自肺腑之言。可见，张振甫尽管与隐元及其门徒有联系，然十一言联句与他毫无干系。所谓影射振甫及其伯父的说法，不过是捕风捉影罢了。

徐先生在威德殿探幽基础上，判断振甫与寿山是两个人，其根据乃来自振甫墓碑文。墓碑背面镌有"延宝八庚申年。延宝甲寅。大明国张氏道延寿山振甫居士。孟夏寿山立。二月二日"，碑文凡五句。

中间长句"道延寿山振甫"，日人包括张振甫后裔多年来认为是一人名号，如《张氏家谱》虽无寿山，但却显示"道延号振甫"，小松原涛《张氏系谱》则称"道延称振甫号寿山"。北京师范大学客座教授、研究日本汉学专家梁容若先生亦持此观点。"孟夏寿山立"，可证实是生圹碑。徐先生认为中间三句是振甫死前六年刻的，所见确凿。

问题在于中间长句，被徐先生理解成："把大明国张氏道延即于寿山的人，名振甫（居士）"①，断为"张氏道、延寿山"，作寿山即振甫家长解释。这不单文法不通，与明代和当时日本碑文墓主人称习俗不合，而且还与《张氏家谱》"道延号振甫"不合。故判为二人不妥，使《亡命在日本》主题缺乏依据，尤为突出。

张振甫墓碑正面地藏像两侧，镌有："若人欲了知三世一切佛；應觀法界性一切惟心造。"这十言不成对仗的联句，本出自《大方广佛华严经》，宣扬善恶因果及佛与众生皆由心造，是佛家重要经典理论，当是振甫生前信仰。作为医家的振甫崇拜药师如来，以及前述地藏像和"家纹"图案，都是基于这个信仰，它们的含义是相通的。徐先生认为这联句是个谜，"看来总是佛家语，似是佛经中既有之文句，但愧不知其出处"②，就用拆字切音方法专门在第十四章揭其谜，所谓谜中有谜。如"佛"切为"亻（立人）弗（福北音）"导出"人立福"，推指拥立福王；"應"切"丶（主）雁（赝失贝）心（慈失心）"，解为弘光乃假福王下慈烺狱而失去宝座；"觀"切"廿（慈字头）叩（双目）隹（雁失厂亻）见目"，推成"慈头在，目见赝首人取去"，即慈烺目睹假福王弘光帝被清军俘去斩首；"法"从水东去，"是说渡海东去日本"；"界"切"田"、"人"、"介"，解成"田"即"由（由崧）""一直在日"③，等等。此外，徐先生在第八、十二章对碑文"振甫居士"拆字音韵，释为"振"与"兹心"（慈烺之慈）切，而慈烺之"烺"有"火"、"丶"（主音）切"甫"④，"居士"切成"居（车）所"导出车驾所在，即

---

① 徐尧辉：《明太子、福王亡命在日本》，台湾中华书局1984年版，第97页。
② 徐尧辉：《明太子、福王亡命在日本》，台湾中华书局1984年版，第156页。
③ 徐尧辉：《明太子、福王亡命在日本》，台湾中华书局1984年版，第156—162页。
④ 徐尧辉：《明太子、福王亡命在日本》，台湾中华书局1984年版，第143—147页。

"行在"①。这样，振甫墓就变成崇祯太子朱慈烺埋葬处所。看来徐先生字义音韵功夫深厚，拆字分析亦细，但在主观臆断下只能是毫无史实价值的文字游戏，未免有史学流于卜工习气之嫌。

令人惊奇的是，徐先生的研究使振甫儿子居然变成为振甫的伯父。本来据《张氏家谱》载，第二代家长为振甫次子知祐。徐先生认为家谱故意湮灭寿山证据，就在第九章以张家墓园里知祐儿子武里碑残存"前崧祐觉"四字，断定知祐即崧祐，崧祐即由崧，或知祐即寿山，成为与振甫世系不同的另一个世系始祖，以印证朱慈烺、朱由崧亡命在日本②。造成家谱人伦错乱的直接原因，就是徐先生把"前"释为父辈、导出"前崧祐"为武里父称崧祐的看法，而且有"崧"字必是由崧者。然而，其"前"应作墓主生前解。如贵言碑文"前振甫"，参照《张氏家谱》得知不是其父而恰是他自己号振甫。因而，"前崧祐"则表明武里生前名号崧祐，与乃父无关。可见，崧祐即知祐的论点不能成立，崧祐即由崧之说更是无稽之谈。

综上可知，张振甫是寓居日本有禅学修养的医家。其名号，振甫生圹碑文可靠。《张氏家谱》名号虽无寿山，然道延号振甫说法有据。小松原涛《张氏系谱》判道延、振甫、寿山为一人名，合乎史实。所谓振甫即明太子、寿山即福王的说法，是站不住脚的。

四、明太子、福王亡命日本之说没有史料根据

徐先生为了突出《亡命在日本》的主题，注意挖掘明清史料寻取根据，但他未能得到验证。恕笔者直言，徐先生根据史料所述，均与

---

① 徐尧辉：《明太子、福王亡命在日本》，台湾中华书局1984年版，第102页。
② 徐尧辉：《明太子、福王亡命在日本》，台湾中华书局1984年版，第121—128页。

史实抵牾。

(一) 弘光帝是假福王吗?

《亡命在日本》为了说明福王东渡,在第十一、十五章提出南明弘光帝是假福王的问题,断言假福王开端于崇祯十七年(1644),三至四月间福王避乱淮安之际,即假福王被人接去南京称帝后,真福王为了避免杀身之祸,只好韬迹再度流亡[①]。同时,还引用《鹿樵纪闻》"士英素不识王,犹未稔其真伪"记载,作假福王取代真福王重要证据。

然而,有一个基本史实不能忽视。即:朱由崧在河南逃亡时避至潞王处,后来与潞、周、崇诸王南奔,会于淮安,可见诸王是认识他的。再说他在南部臣僚中间不陌生,如议立时人望皆在潞王,以及史可法等人的七不可说就是明证。要知道,弘光时诸王尚在,他人假冒称帝是不可能的。显然,"士英素不识王"不足成为假福王取代称帝的证据。

徐先生认为,"对于南都福王真伪的问题,史家见解早自清初就分歧为二,形成了正反两派"[②],断言黄宗羲、钱秉镫是主假冒一派最高代表,并批评主真福王一派"对于具有关键性的事项或者字眼"采用"删略并施的写法"[③]。其实,明清时一些不轻信轶闻的史家,对弘光厥疑不妄加论断,如钱秉镫《田间所知录》云"若予所不知者,虽信亦不敢载也",顾炎武《圣安本纪》云:南都疑案"伪与否不可以臆断也",把史家分成真假福王两派欠妥,如顾苓《金陵野钞》、李清《三垣笔记》和《南渡录》、陈贞慧《过江七事》、黄宗羲《弘光实

---

① 徐尧辉:《明太子、福王亡命在日本》,台湾中华书局1984年版,第166页。
② 徐尧辉:《明太子、福王亡命在日本》,台湾中华书局1984年版,第130页。
③ 徐尧辉:《明太子、福王亡命在日本》,台湾中华书局1984年版,第133页。

录钞》、文震亨《启福王登极实录》、顾炎武《圣安本纪》、陆圻《纤言》等书,都有朱由崧登极明确记载,是可信的。其中,虽有林时对《荷牐丛谈》云有一审理冒认,佚名《研堂见闻杂录》云庶子冒嫡承统,都乃针对弘光帝昏庸失伦当为疑问而发,况几说并存,并非定伪,《鹿樵纪闻》亦是这样。

需要指出,《鹿樵纪闻》针对童妃案,批语借黄守羲、钱秉镫之名,云"福王为李伴读,非朱氏子",徐先生很重视这则批语。然黄宗羲、钱秉镫治史不轻信风闻,他们的著作并没有非朱氏子之意,显然是伪托梅村野史的人强加给黄、钱,故不能成为所谓假冒派最高代表的证据。亦不能由此导出《鹿樵纪闻》主假冒说,因为是书下面叙述与批语不同,承认弘光帝是朱由崧。

(二)"青史千年纪马牛"寓意着什么?

《鹿樵纪闻》批语附有佚名讽刺诗:"隆准几曾生大耳,可哀犹自唱无愁。白门半截迷朱李,青史千年纪马牛。"徐先生对后两句颇有兴趣,如套红印在《亡命在日本》封面内下切口处,而且最后一句成为书中专门考证福王真伪章题。

在徐先生看来,"李与朱本来风马牛不相及。这一联诗句,不管作者是谁,就是讥刺这件事"[①],视弘光帝为李伴读非朱氏子的旁证。这里,徐先生将"马牛"理解为朱、李风马牛。

观全诗不难看出:上阕高鼻大耳自唱无愁,乃为马士英、阮大铖浊乱朝政而发,如当时就有"匹马横行天下"、"元凶有耳"歌谣;下阕乃着眼弘光、大顺两政权兴亡教训。本来在清军进逼下,大顺军将

---

① 徐尧辉:《明太子、福王亡命在日本》,台湾中华书局1984年版,第167页。

领"闻南京立天子,欲归附,不知所介绍"①,"白门半截迷朱李"实为南京弘光政权(白门)未与李自成队伍联合抗清而叹息;"青史千年纪马牛"则显露历史谴责马士英、牛金星,似如《鹿樵纪闻》福王上民谣"北不永、南不光,真人未出;贼任牛、官任马,异类同时"和《三垣笔记》"闯用牛,明用马,两般禽兽"的意思相通。

讥刺诗寓意鲜明,徐先生视而不见,偏要牵合附会成"原来弘光不是福王朱由崧,真的福王由崧渡海亡命在日本。毕竟,'青史千年纪马牛'"②,似乎历史被所谓弘光帝为李伴读非朱氏子迷雾遮掩。

(三)南京太子及其与福王的下落

关于崇祯太子朱慈烺,徐先生认为南京太子是真的,"继弘光之后,登位做了四五日的皇帝",是"南都末帝"③。

当时北京、南京相继发生太子案,史籍留下真假难辨疑案。据近人孟森先生考证北太子为真,对于澄清史实,无疑是很有裨益的。徐先生书内不提北太子,不作辨疑就论定,似为不足。

从史籍看南太子,主真的《纤言》、《江南闻见录》等书,还是主王之明假冒的《三垣笔记》、《南渡录》、查继佐《罪惟录》、邹流绮《明季遗闻》等书,均载当弘光朝亡时入宫取戏具翊善顶之,文武百官无一拥奉,连民间积极的追随分子也被暗与清兵约降的忻城伯赵之龙杀掉。这场小小闹剧很快平息下来,因而若称"登位"或"南都末帝",当然不妥。未几,南太子和朱由崧都成了清廷阶下囚。

诚然,朱由崧、南太子下落,史籍记载不一。如《明季遗闻》云清兵定江、浙后二人不知所在;《三垣笔记》、《南渡录》云由崧被押

---

① 见王夫之:《永历实录》卷13《高李列传》。
② 徐尧辉:《明太子、福王亡命在日本》,台湾中华书局1984年版,第133页。
③ 徐尧辉:《明太子、福王亡命在日本》,台湾中华书局1984年版,第135页。

于北；《罪惟录》云由崧被押于北而南太子不知所终；《江南闻见录》云南太子被押于北；《弘光实录钞》和《南天痕》云由崧遇害；《纤言》则云二人被害。

以上无论哪种说法，都有一共同点，即承认他们为清兵所俘。基于当时严峻的政治和军事形势，看来被清廷杀害说法符合史实。这里没有启示被释或逃脱的疑窦之点，亡命日本之说是没有史料根据的。

五、张振甫东渡年代问题

《亡命在日本》第十五至十九章，考证了张振甫（明太子）、张寿山（福王）入日年代。但鉴于振甫、寿山乃一人名号，以及明太子、福王没有东渡的史实，故其立论不能成立。

关于张振甫东渡年代，据名古屋市当局1963年在振甫墓所立的木牌，云"元和年中，归化我国"，时当明万历四十三年至天启三年（1615—1623年）间。另外，日本过去还有元和七年（1621）说法。徐先生当然不同意上述说法。

令读者惊奇的是，徐先生将上述元和七年分解为一与七之年，即日正保改元为明崇祯十七年（1644）"一方有一，另一方有七之年"[1]，并推此为寿山东渡年代。这种随心所欲的论法，是不可取的。另外，徐先生费了不少笔墨以正保四年（1647）"唐舰"事件推为振甫东渡年代。徐先生认为，船内搭乘三百余人并身穿大明衣服，就是证据。其实这在当时不足为奇，据《长崎记》载日庆安元年至宽文元年，即清顺治五年至十八年（1648—1661年），浙、闽沿海每年往来日本之船常有四五十艘，估计其中除南明使者的官船和官商船外，还

---

[1] 徐尧辉：《明太子、福王亡命在日本》，台湾中华书局1984年版，第171页。

有民间商船。船容数百余人常有之。据《李朝实录》载，1652年南明官商苗珍实等213人，就从长崎发船回国。苗珍实后来遇风漂至朝鲜，曾云："弘光天子被害，天下汹扰，小等不敢回归"①，足证朱由崧被害确凿无疑。而张振甫不是明太子，正保四年入日说法是不对的。

不能忽视的是，振甫墓所木牌的记载，竟然与师高寿觉的传说吻合。徐先生书内，亦承认日本有师高寿觉传说。经考证，高寿觉寓日当在明万历三十八年至四十六年前的某七年内②，可证振甫墓所木牌所载年代是可靠的。张振甫东渡，当在明万历后期某一年。因而，徐先生是书最后两章，将振甫后裔沿着明代帝王宗室，归入崇祯太子和福王两个世系，实乃化为乌有也。

以上意见，尽忤徐尧辉先生，难免一偏。不当处，尚望斧正。

（原载台湾《历史月刊》1988年第3期）

附记：台湾《历史月刊》1988年第3期《编辑室手记》云："大陆社会科学院历史研究所的韦祖辉先生有一篇对《明太子、福王亡命在日本》献疑，是一篇书评形式的考证，指陈真福王流亡日本，假福王却在南京的传说，作了另一番还原史实的查考。……引人入胜。"另外，台湾该刊同年第4期刊登读者陈玉庆先生来函，称："在《〈明太子、福王亡命在日本〉献疑》中，作者韦祖辉先生，针对台籍医师徐尧辉先生力作，提出反证。文称：'特抛出本文，就教于徐尧辉先

---

① 《李朝实录》孝宗三年。
② 宁生：《高寿觉寓日归明考》，《中国史研究》1986年第2期。

生'，'不当处，尚望斧正'。查徐先生，新竹人，留日医学博士，晚年在台北市四维路行医。三年前弟曾与其同游日本，途中犹乐道此一发现，意气风发。不幸返台未久，竟以心肌梗塞遽归道山，得年七十有三。韦先生虽论道有心，而徐博士已剖复无日矣。"没有想到，徐尧辉先生作古，他没有看到本文，故不能答辩，是深为遗憾之事。

参考文献

书籍

查继佐：《罪惟录》，浙江古籍出版社1986年版。
陈献章：《白沙先生全集》，国家图书馆出版社2012年影印本。
陈献章：《白沙语要》，《丛书集成初编》本。
陈垣：《清初僧诤记》，中华书局1962年版。
陈智超、韦祖辉、何龄修：《旅日高僧隐元中土往来书信集》，中华全国图书文献微缩复制中心1995年影印本。
程嗣章：《明儒讲学考》，清道光刻本。
崔铣：《洹词》，明嘉靖刻本。
范彪西：《理学备要》，清刻本。
范鄗鼎：《理学备考》，清刻本。
费密：《荒书》，浙江人民出版社1983年版。
冯从吾：《冯少墟全集》，清康熙刻本。
高玉珍：《东林书院志》，清刻本。
谷应泰：《明史纪事本末》，中华书局1977年版。
顾炎武：《日知录》，清道光刻本。
何良俊：《四友斋丛书》，中华书局1959年印本。

何瑭：《何柏斋文集》，明刻本。

黄道周：《榕坛问业》，清刻本。

黄宗羲：《明儒学案》，中华书局2008年修订本。

黄宗羲：《明夷待访录》，古籍出版社1955年版。

黄宗羲：《日本乞师记》，《国粹丛书》本。

黄遵宪：《日本杂事诗》，湖南人民出版社1981年广注本。

计六奇：《明季北略》，中华书局1984年印本。

计六奇：《明季南略》，中华书局1984年印本。

江日升：《台湾外纪》，福建人民出版社1983年版。

蒋良骐：《东华录》，中华书局1980年版。

焦竑：《焦氏笔乘续集》，上海古籍出版社1986年版。

李言恭、郝杰：《日本考》，中华书局1983年版。

李颙：《二曲集》，中华书局1996年版。

梁启超：《中国近三百年学术史》，中国书店1985年版。

梁容若：《中国文化东渐研究》，台北中华文化出版事业委员会1956年版。

娄东无名氏：《研堂见闻杂记》，商务印书馆1914年《痛史》第五种印本。

卢前：《明清戏曲史》，《国学小丛书》本，商务印书馆1935年版。

陆容：《菽园杂记》，中华书局1985年版。

罗曰褧：《咸宾录》，中华书局1983年版。

吕柟：《泾野子内篇》，清咸丰刻本。

明河：《补续高僧传》，台湾新文丰出版公司1975年版。

彭孙贻：《明史纪事本末补编》，中华书局1977年谷本增补合印版。

全祖望：《鲒埼亭集》，《国学基本丛书》本。

日本学士院：《明治前日本医学史》，日本学术振兴会1955年版。

阮旻锡：《海上见闻录》，福建人民出版社1982年版。

邵廷寀：《东南纪事》，上海书店1982年版。

沈德符：《万历野获编》，中华书局1980年版。

沈云：《台湾郑氏始末》，《嘉业堂丛书》本。

施璜：《塾讲规约》，《丛书集成续编》本。

施璜：《紫阳书院志》，《徽学研究资料集刊》2010年。

施琅：《靖海纪事》，福建人民出版社1983年版。

谈迁：《国榷》，古籍出版社1958年版。

陶望龄：《歇庵集》，北京大学图书馆藏翻刻本。

王夫之：《永历实录》，岳麓书社1982年版。

王守仁：《传习录》，中州古籍出版社2008年版。

王韬：《扶桑游记》，《小方壶斋舆地丛钞》第10帙。

韦祖辉：《中国文化小通史》第七卷《明》，福建人民出版社2006年版。

魏源：《圣武记》，中华书局1984年版。

翁洲老民：《海东逸史》，浙江古籍出版社1985年版。

吴伟业：《绥寇纪略》，清刻本。

谢国桢：《明末清初的学风》，人民出版社1982年版。

性派：《黄檗开山普照国师年谱》，日本黄檗铁眼印经会版。

徐秉义：《康熙桐乡志》，清刻本。

徐光启：《海防迂说》，《明经世文编》卷491。

徐光启：《徐光启集》，上海古籍出版社1984年版。

薛瑄：《读书录》，明嘉靖刻本。

严辰：《桐乡县志》，清光绪刻本。

颜元：《颜元集》，中华书局 1987 年版。

杨凤苞：《书南山草堂遗集后》，《秋室集》卷 1，清刻本。

杨陆荣：《三藩纪事本末》，中华书局 1985 年版。

杨英：《从征实录》，"中央研究院"历史语言所 1931 年影印本。

姚舜牧：《四书疑问》，《四库全书存目丛书》影印本。

姚舜牧：《姚承庵文集》，《四库禁毁书丛刊》影印本。

伊藤维桢：《论孟字义》，《日本儒林丛书》本。

佚名：《纪事略》，中华书局 1959 年合集本。

佚名：《制御四夷典故》，明代手抄本。

隐元原著，性幽独往等编订：《福清黄檗山万福禅寺志》，清刻本。

于慎行：《穀山笔麈》，明刻本。

余继登：《典故纪闻》，中华书局 1981 年版。

喻谦：《新续高僧传》，北洋印书局 1923 年版。

张尔岐：《蒿庵闲话》，中华书局 1985 年版。

张瀚：《松窗梦语》，中华书局 1985 年版。

张煌言：《北征录》，《张苍水集》，上海古籍出版社 1985 年版。

章潢：《图书编》，上海古籍出版社 1992 年影印本。

郑晓：《今言》，中华书局 1984 年版。

周文炜：《观宅四十吉祥相》，清刻本。

朱国祯：《涌幢小品》，明刻本。

朱之瑜：《朱舜水集》，中华书局 1981 年铅印本。

祝世禄：《祝子小言》，《宝颜堂秘笈》第 21 帙。

〔朝鲜〕李墰：《漂人问答》，朝鲜手抄本。

〔荷兰〕高罗佩：《明末义僧东皋禅师集刊》，商务印书馆 1944 年版。

〔日本〕川口长孺:《台湾郑氏纪事》,台湾大通书局1987年版。

〔日本〕村山专精:《日本佛教史纲》,商务印书馆1981年版。

〔日本〕大庭修:《江户时代唐船持渡书研究》,关西大学出版部1967年版。

〔日本〕德川光国:《常山文集》,日刻本,难觅。其祭朱舜水文见中华书局版《朱舜水集》。

〔日本〕富士川游:《日本医学史》,东京日新书院1941年版。

〔日本〕冈崎信好:《扶桑钟铭集》,日本1901年刻本。

〔日本〕宫田安:《唐通事家系论考》,长崎文献社1979年版。

〔日本〕林春胜、林信笃:《华夷变态》,东京秀光社本。

〔日本〕林春胜、林信笃:《华夷变态》,东洋文库本。

〔日本〕林恕:《鹅峰先生林学士文集》,1689年日刻本。

〔日本〕木宫泰彦:《日中文化交流史》,商务印书馆1980年版。

〔日本〕平泽元恺:《琼浦偶笔》,江户年间日刻本。

〔日本〕琴台东条:《先哲丛谈后编》,1911年日刻本。

〔日本〕山崎宏、笠原一男:《佛教史年表》,法藏馆1979年版。

〔日本〕榊莫山:《日本书法史》,上海书画出版社1985年版。

〔日本〕伊庭孝:《日本音乐史》,人民音乐出版社1982年版。

〔日本〕永田广志:《日本哲学思想史》,商务印书馆1978年版。

〔日本〕原善公道:《先哲丛谈》,1911年日刻本。

〔日本〕中村新太郎:《日中两千年——人物往来与文化交流》,吉林人民出版社1980年版。

《明清史料》丁编,台湾"中央研究院"历史语言研究所1948年版。

《明史》,中华书局1974年版。

《四库全书总目》,中华书局1983年影印本。

论文

顾诚：《顺治十一年——明清相争关键的一年》，《清史论丛》1993年。

彭鉴：《二千年中国遗民归化日本者之一考察》，《日本研究》1945年第4卷第4期。

韦祖辉：《吕柟及其〈泾野子内篇〉版本和学术价值评述》，《明史论丛（二）》。

韦祖辉：《明代学术弊端和万历、天启间姚舜牧学术贡献》，《中国社会科学院历史研究所学刊》第7集。

韦祖辉：《永乐皇帝与明代经学》，《明史研究论丛》2016年。

〔日本〕今关天彭：《影响日本文化之唐宋元明清五代学者》，《中日文化》第1卷。

〔日本〕岩成生一：《近世日支贸易数量的考察》，《史学杂志》62编11号。

〔日本〕中村久四郎：《近世中国对日本文化的势力和影响》，《史学杂志》25编2、3、4、7、8、10、12号和26编2号。

《栉田良洪博士颂寿纪念论文集》，日本山喜房佛书林版。

后　记

　　二十多年前我就撰写了本书稿，王春瑜先生审阅后，极力主张出版。春瑜兄退休前后，多次替我联系出版社，其中一次即2011年因某出版社自身变故不能出版，他最终联系上商务印书馆，让我珍重此事。听他一说，我暖流涌向心田，当即愉快答应下来。去年秋天，商务印书馆打出本书清样，鉴于眼下学术专著出版成本太高，我就将《海外遗明竟不归——明遗民东渡研究》清样上报给中国社会科学院，申请出版资助。经中国社会科学院评审后，依照规定全额资助。本来，一般是在院内出版社出版，中国社会科学院历史所离退休办公室黄淑琴女士也希望我在院内出版，但我意在商务印书馆，这次中国社会科学院同意资助商务印书馆出版本书，对我乃是开心事。我为何执意由商务印书馆出版此书？

　　王春瑜和黄淑琴女士都不知道，老商务印书馆是我韦家维持生计的饭碗，我与老商务印书馆有着特殊感情。我三伯父韦福霖先生，字傅卿，是张元济先生老部下，在商务印书馆多年，任过要职，堪称老商务印书馆元老级职工。家父韦士霖先生和我的两位堂兄韦智寅、韦敬群先生也都经过考试进入商务印书馆工作，是商务印书馆下层普通职工，他们为商务印书馆出版发行工作默默付出，迎来了新中国的诞生。1950年冬，我经过考试也成为商务印书馆北京印刷厂普通职工。因此，说老商务印书馆是我韦家饭碗不过分。正因为如此，现在《海外遗民竟不归——明遗民东渡研究》由商务印书馆出版，深慰我心。

三伯父韦福霖先生在韦家威信很高，他无愧于老商务印书馆职工称号。如今商务印书馆创业有120年历史，旧中国多灾多难，商务印书馆一路走来是不容易的。如"九一八"事变后，随着日军铁蹄蹂躏，商务印书馆各处分馆遭受损失。1932年"一·二八"日军大轰炸，使上海总馆遭受巨劫，损失无法估量。1937年上海沦陷，家父和堂兄韦智寅等多数职工相继转移香港、重庆，而三伯父等人跟随张元济留守上海，不向日伪当局注册，克服困难，安排生产，保存大量印版和资产，为战后恢复工作提供有利条件。故代经理鲍庆林（商务印书馆创始人鲍咸昌长子）病逝时，三伯父以营业部主任升协理，暂代经理职。新中国成立初，三伯父与谢仁冰（章汉夫之父）、史久芸等联合主持馆务工作，以适应新中国文化出版事业发展需要。1951年商务印书馆总管理处设在北京，由史久芸经理主持工作；上海设办事处，三伯父即留在上海。后来总馆编审部、出版部迁京，其成员率眷属纷纷来京，时家父在京分馆供职事务主任，想方设法购买房子安排他们住处，前后奔波，忙了几年。岁月不饶人，这些迁调北京的总馆职工，如今大多作古。如今商务印书馆蓬勃发展，欣欣向荣，是不会忘记他们的。

1956年夏，我考上大学，适值韦福霖先生来京开商务印书馆有关重要会议。他在饭店见到我很开心，说："以前我们韦家没有上过大学的，现在有了"，对我勉励有加。会后他回上海，将他个人收藏商务版文史书籍赠送给我，显然对我寄予厚望。20世纪70年代初，我因事路过上海时，在新闸路与三伯父谈家常，他希望我写点学术东西。他赠给我的这些书对我十分珍贵，但我没有计划，平时只是零星挑选着阅读。"文化大革命"后，他的次子韦景丞先生来函索借其中某书。但我不肖，每忆此事不由鼻子发酸，因为我没有保存好这些书籍，"文化大革命"时寄存在安阳徐家桥学生王金福家处，后来竟然全部遗失。看到景丞兄信，我无言以对。这是我最痛心的巨大损失，悔恨不已，我是有愧于三伯父的。鉴于这种特殊复杂情感，现在由商务印书馆出版《海外遗民竟不归——明遗民东渡研究》一书，我自然心甘情愿了。

商务印书馆的丁波先生为此书出版做了大量工作，特致谢意。望尽快梓行，除将此书献给关心中日文化交流史、南明史、明代政治文化史读者外，还要献给以已经作古的长辈韦福霖、史久芸、伊见思、戴孝侯、宣节等为代表的老商务印书馆职工，纪念他们为传播祖国文化所付出的劳动和贡献。

于丁酉正月廿日